全民阅读丛书
·名家系列·

造就中国人

阅读与国民教育

朱永新 著

海天出版社
·深圳·

图书在版编目（CIP）数据

造就中国人：阅读与国民教育 / 朱永新著. — 深圳：海天出版社，2019.11（2021.3重印）
（全民阅读丛书·名家系列）
ISBN 978-7-5507-2787-8

Ⅰ. ①造… Ⅱ. ①朱… Ⅲ. ①读书活动－中国－文集 Ⅳ. ①G252.17-53

中国版本图书馆CIP数据核字(2019)第223453号

造就中国人：阅读与国民教育
ZAOJIU ZHONGGUOREN: YUEDU YU GUOMIN JIAOYU

出 品 人	聂雄前
丛书策划	深圳市全民阅读研究与推广中心
责任编辑	朱丽伟
责任校对	万妮霞
责任技编	郑　欢
装帧设计	知行格致

出版发行	海天出版社
地　　址	深圳市彩田南路海天综合大厦7—8层（518033）
网　　址	http://www.htph.com.cn
订购电话	0755-83460239（邮购、团购）
设计制作	深圳市知行格致文化传播有限公司
印　　刷	深圳市华信图文印务有限公司
开　　本	889mm×1194mm 1/32
印　　张	12.75
字　　数	270千字
版　　次	2019年11月第1版
印　　次	2021年3月第3次
定　　价	68.00元

海天版图书版权所有，侵权必究。
海天版图书凡有印装质量问题，请随时向承印厂调换。

自序

全民阅读造就中国人

一个人的精神发育史就是他的阅读史。

一个民族的精神境界取决于这个民族的阅读水平。

一个没有阅读的学校永远不可能有真正的教育。

一个书香充盈的城市才能成为美丽的精神家园。

共读、共写、共同生活，才能拥有共同语言、共同价值、共同愿景。

回想起来，我几乎是在用生命的全部时光，在践行这几句话。

童年时，我在父母的期待下懵懂践行着；青年时，在老师和同学的关照下勉力阅读，奋起直追；工作后，面对具体事务更是感觉"书到用时方恨少"，从不敢有丝毫懈怠；发起新教育实验后，更是启动了一个庞大的阅读行动与研究体系……作为社会个体，我一直被阅读造就。

被阅读造就的我，就格外渴望分享我的经验，希望阅读能够造就更多中国人。早在1993年，当时我担任苏州大学教务处处长,在苏州大学了建立大学生必读书制度;1995年,我邀请全国专家学者,全面启动书目研制工作,并于2005年发布了大、中、小学生和教师书目,推出了《新世纪教育文库》;1999年,新教育实验在江苏省常州市武进区湖塘桥小学萌芽,我走进这所学校讲课、收徒,最重要的工作就是指导校长、教师、学生、父母进行阅读;2010年,我在北京创办成立了新阅读研究所,这个专业公益机构的使命就是为中国人推荐各类好书,研制共读书目,研发阅读课程。

2010年,一直热切关注和深度参与新教育实验的麻省大学(University of Massachusetts,简称 UMass)教育领导系主任严文蕃教授对我说,我们做的工作与美国学者艾瑞克·唐纳德·赫希在美国做的工作非常相似——"你们是在做一项'造就中国人'的工作!"

无独有偶,赫希在2010年出版了《造就美国人:民主与我们的学校》一书。此前,他已经出版了《新文化素养词典》《我们需要怎样的学校?》《知识匮乏:缩小美国儿童令人震惊的教育差距》等一系列著作,在美国发起了一场颇有声势的核心知识运动。

赫希作为核心知识运动的主要创始人和代表性人物,分析了核心知识与文化素养的内在关系,认为阅读是拥有核心知识的关键所在,是文化素养形成的路径。只有共同阅读,掌握共同的核心知识,才能拥有共同的语言和密码、共同的价值和愿景,形成共同的文化,并且对推进教育公平具有不可或缺的价值。所以,共同阅读是造就美国人的前提。也正因为如此,赫希主张学校教育需要核心知识的教学,需要把各学科的核心知识具体化。他主编的《新文化素养词典》就明确列出了美国人应当掌握的知识和技能的基本要点。

东西方在阅读研究上的这番不期而至的相遇,可以称为同一个时代赋予人们的共同使命。一方面,我陆续引进赫希的一系列著作,包括《造就美国人:民主与我们的学校》在内,并组织翻译,经过几年努力,赫希知识系列中文版已经全部出版发行;另一方面,我们聘请了百余位专家,全面展开了幼儿、小学生、初中生、高中生、大学生、教师、父母、公务员、企业家九个书目的研制工作。经过九年的辛勤劳作,《中国人阅读书目》研制工作终于全面完成。这本书的第二部分,就是这九个书目的第一次整齐亮相。

我们相信,"阅读的高度,就是国家的高度",阅读造就了我们的精神世界。通过专业的阅读研究与践行,可以提升我们国家和民族的精神境界。

我们期待,通过全国专家学者精心遴选的书目,通过共读、共写、共同讨论和践行,能够从精神上真正造就中国人。

我们更盼望,每一个中国人都能以阅读提高自己,以阅读造就自己,以知行合一进行自我教育,创造完整幸福的人生。

为了这个目标,我们还需要更多的行动。2019年9月27日,"中国阅读三十人论坛"在西安启动,这个论坛是由一个跨领域的学术研究团体、非营利的独立民间智库发起的。作为论坛的共同发起人,希望《造就中国人:阅读与国民教育》一书能够为"中国阅读三十人论坛"工作的深入推进,提供一点参考。

最后,特别感谢王京生先生的盛情邀请,让我能借此之际,为推进全民阅读尽一点绵薄之力;特别希望读者诸君能够多多批评指正,我一直认为,一本真正的书,是由作者和读者共同完成的。

朱永新
2019 年 10 月 7 日写于北京滴石斋

· 目录 ·

第一章　有书香，才有故乡：阅读为什么很重要？

改变，从阅读开始 / 002
书籍是比枪炮更有威力的武器 / 014
儿童阅读决定着民族未来 / 022
阅读，让我们的生活更美好 / 026
有书香，才有"故乡" / 029
共同阅读，共创幸福生活 / 032
全民阅读：一个重要的国家战略工程 / 035
全民阅读奠基未来 / 041
国家阅读基金：为明天投资 / 048
我心目中的书香社会 / 052
让校园充满书香 / 061
阅读拓展生命的长宽高 / 065
打造"中国人的精神春节"：国家阅读节 / 071
书香强国路迢迢 / 075
充分认识阅读对未来教育的意义 / 080

第二章　阅读的高度，决定国家的高度：中国人应该读什么？

为民族精神导航：我们为什么需要国家基础阅读书目 / 094
阅读，让孩子成为天使：中国幼儿基础阅读书目 100 种 / 102
把最美好的东西给最美丽的童年：中国小学生基础阅读书目 100 种 / 125
做一个快乐的读书人：中国中学生基础阅读书目 100 种 / 142
大学是读书的天堂：中国大学生基础阅读书目 100 种 / 154
专业阅读造就幸福教师：中国教师基础阅读书目 100 种 / 180
与孩子一起成长：中国父母基础阅读书目 100 种 / 191
领导人热爱阅读是民族的福祉：中国公务员基础阅读书目 100 种 / 208
做一个有情怀的企业家：中国企业家基础阅读书目 100 种 / 225
学科书目为学科架起阅读的钢筋铁骨 / 247

第三章　阅读，从儿童开始：今天我们应该怎么读书？

阅读，从儿童开始 / 254
我为什么喜欢儿童文学 / 264
为什么纸质阅读很重要？ / 274
朗读者，读出时代心声 / 277
做书的主人 / 279
培养鉴赏者是文艺繁荣的重要路径 / 283
新教育晨诵：擦亮每个日子，呵护每个生命 / 286

重视农村孩子的"精神正餐" / 311
疏通文化传播的"毛细血管" / 314
未来的图书与未来的阅读 / 323
人工智能会改变人类阅读吗？/ 327
文化中心、精神客厅、心灵牧场："理想图书馆" / 331
高铁阅读：最美的风景 / 346
高校图书馆是全社会的珍珠 / 350
农家书屋：让书籍走进生活 / 358
书香一缕，心香一路：书香城市需要书香宾馆 / 361
"让城市因热爱读书而受人尊重" / 364
以阅读为翼：新教育实验的阅读理论与实践 / 370

代后记 / 386
编后 / 393

第一章

有书香，才有故乡：阅读为什么很重要？

从根本上来说，一个民族、一个国家的竞争力不是取决于它的物质力量，而是取决于它的精神力量；而一个国家、一个民族的精神力量，不是取决于这个民族的人口数量，而是取决于它的阅读能力。国际阅读学会在总结阅读对于人类最大益处的时候，曾经做过一份报告，报告指出，阅读能力的高低，直接影响到一个国家和民族的未来。

> 改变,从阅读开始

一个人的精神发育史就是他的阅读史

我们很少认真思考:每个人的精神是怎么成长起来的?个体精神成长的历程是怎样的?如果把精神成长与躯体成长做个比较的话,躯体的成长更多是受遗传和基因的影响,个体的精神成长却不完全依靠基因和遗传,而与后天阅读息息相关。

个体的精神发育历程是整个人类精神发育历程的缩影。每一个个体在精神成长过程中,都要重复祖先经历的过程。这一重复,是要通过阅读来实现的。

人类的历史有很多的精神丰碑,要达到或者超越那些精神高峰,阅读和思考是唯一的途径。只有通过阅读,通过与孔子、孟子等先贤达人的对话,才能达到他们那个时代的精神高度;只有通过阅读,通过和文艺复兴时期的大师们交流,才能达到他们那个时代的思想境界。

人类精神的阶梯就这样随着重复阅读不断延伸。如果没有这样的重复,人类的精神就会退化,就会衰落。没有阅读,我们这一代人的精神境界可能还远不如文艺复兴时代的大师们,甚至还不如更早以前的历史阶段。

我推崇书籍阅读而不是网络阅读。人类最伟大的思想在书里。尽管我国目前的网络阅读人数已经超过了纸质阅读人数,但我认为，人类最伟大的思想还处在离线状态。网络上更容易吸引眼球的是信息、广告和娱乐的内容，人类的理解，特别是人类理性的洞察力，通过网络很难获得，智慧的内容在网络上更是凤毛麟角。对人类思想的进化而言，对个人思想的发展而言，从信息到知识到智慧，就像一个金字塔，它是精神与智力逐步升级发展的过程。唯有通过书籍阅读，我们每一个人的智慧才能一步步地通往精神的"金字塔"之巅。将每一个人的智慧汇总起来，才能体现我们这个时代的精神高度。

没有阅读就不可能有个体心灵的成长，不可能有个体精神的完整发育。

通过阅读，我们不一定变得更加富有，但我们一定可以变得更加智慧。

通过阅读，我们不一定能改变我们的长相，但一定可以改变我们的品位和气象。有些人相貌普普通通，但"听君一席话，胜读十年书"，令人如沐春风，你会觉得他深邃厚重，觉得自己得到很多启迪。人的相貌基于遗传无法改变，但是人的精神可以通过阅读而更加丰富多彩。

通过阅读，我们不一定能延长我们生命的长度，但一定可以改变我们生命的宽度，增加我们生命的厚度。人的生命长度有基因等先天因素在起作用，而后天阅读可以让我们的精神世界更加宽阔而充实。

通过阅读，我们可以在有限的生命当中欣赏无限的美景，体验精彩人生。

通过阅读，我们不一定能实现我们的人生梦想，但一定可以帮助我们更接近我们的人生梦想。

阅读，对个体的精神成长至关重要。

一个民族的精神境界取决于这个民族的阅读水平

很久以来，我们一直都仅将阅读看作个体的行为。这样的认识是片面的。我认为，一个国家、一个民族的共同阅读决定了其精神力量，而精神的力量对于一个国家软实力与核心竞争力的培育，起着关键作用。国际阅读协会在一份报告中曾经指出，阅读能力的高低直接影响到一个国家和民族的未来。

犹太民族是值得我们关注和研究的民族。在以色列本土，有600多万犹太人，全世界的犹太人加起来不超过3000万人。这个在公元70年以后就失去了祖国、到处流浪并寄人篱下的民族，为什么会产生那么多世界级杰出人物？

看看这些伟大的名字——马克思、爱因斯坦、弗洛伊德、海涅、卓别林、毕加索、门德尔松、柏格森、胡塞尔、大卫·李嘉图、卢森堡、基辛格、斯皮尔伯格、玻尔、费米、罗斯柴尔德、摩根、洛克菲勒、巴菲特……在全美200名最有影响的名人和100多名诺贝尔奖得主中，占美国总人口2%～3%的犹太人占了一半；在全美名牌大学教授中，犹太人占1/3；全美律师中，犹太人占1/4，华盛顿和纽约两地的大律师事务所合伙人中，犹太人占40%；美国的百万富翁中，犹太人占1/3；全美文学、戏剧、音乐的一流艺术家中，犹太人占60%……不胜枚举。

人类的物质世界和精神世界，几乎都被犹太人改变过——

马克思的唯物史观,改变过或依然在改变着人类对社会和历史的观点;弗洛伊德的精神分析学说,改变了人类对自身的认识;爱因斯坦的相对论,改变了人类对物理世界和时空的认识。《货币战争》一书甚至认为,是犹太人掌握着当今世界的金融命脉。

一个民族获得这些杰出成就,靠的是什么?是智慧。而智慧的背后,是犹太人精神成长历程中对于书籍宗教般的情怀。犹太人嗜书如命,将阅读置于很高的地位:每 4500 个犹太人就拥有一个图书馆;在以色列,平均每 6 个人就订一份英文报纸;犹太人会在书上涂一层蜂蜜,让孩子一生下来就知道书是甜的,他们还喜欢将书放在枕边。这种对书的迷恋和敬畏之情,非常值得我们关注。

我认为,阅读对我们不断强化文化认同,凝聚国家民心,振奋民族精神,提高公民素质,纯净社会风气,建构核心价值等都具有不可替代的作用。

我们曾经提出建设中华民族共同的精神家园,提出构建社会主义核心价值体系,但是讲了这么多年,我们却一直没有寻找到最有效的方式。倡导阅读也许是最佳切入口。

我们所处的时代,几乎与所有快速成长的时代一样,有很大进步,但也有很多问题。今天,我们的社会缺乏共同的语言,而缺乏共同语言,又怎么可能有共同的理想、共同的道德标准和共同的价值观呢?

作为一个民族共同的精神密码,共同的语言从哪里来?从我们的历史中来,从我们对于世界文明包括中国经典的共同阅读中来。没有共同的语言,没有共同的思想和价值,我们的民族也只能是一盘散沙。

我们曾经或者依然拥有共同的神话和历史、共同的英雄和传说、共同的精灵与天使、共同的图画和音乐、共同的诗歌和小说,但很长时间以来,我们冷落了这些共同的精神财富。这种冷落给我们带来了严重的后果:共同信仰的缺失、文明道德的滑坡、共同愿景的混乱,社会主义核心价值体系和思想基础的建设,举步维艰。

为了寻找我们的历史,寻找我们自己,我们需要共读神话和历史。通过共读盘古开天、女娲补天、后羿射日、嫦娥奔月、精卫填海、夸父逐日、炎黄的战争与结盟,我们才能真正成为中华民族祖先的文化后裔;通过阅读希腊神话、希伯来神话,通过阅读美洲发现的历史,通过阅读南北战争解放黑人的美国历史,我们才能了解其他民族的历史和传说,才能让整个人类的文明在更大的生活圈里融为一体。

共同的阅读,是能够形成我们这个民族共同语言和共同精神密码的关键,共同的阅读,是形成我们这个民族核心价值体系的唯一途径。

我很喜欢《朗读手册》这本书,书里面有一句话:"阅读是消灭无知、贫穷与绝望的终极武器,我们要在它们消灭我们之前歼灭它们。"

为了我们这个民族的精神力量的养成,为了我们未来的终极前途,我们应该上升到国家战略的高度来认识阅读。

一个没有阅读的学校永远不可能有真正的教育

很多人说,我们天天不都在读书吗?天天都在看教科书、教辅书。但是,这些并不是我的阅读观所提倡的真正意义上的书,这些书相当于母亲的乳水,对孩子来说很重要,很安全又容易吸收。但如果一个孩子终生都吃母乳,我相信他肯定是一个发育不良的孩子。每个孩子在两三岁之后就要开始自主进食,甚至更早。

学校教育尤其是义务教育阶段,通过最有效率的课堂教育方式,将人类的知识高度集约化、效率化和组织化,在有效的时间内教给我们的孩子,作用就相当于母乳。但教科书不是真正意义上的原生态的思想。一个人的精神发育如果离开了自主阅读,离开了对于人类经典的阅读,就不可能走得很远,精神发育肯定不健全。

我一直认为学校教育最关键的一点是,让学生养成阅读的习惯、兴趣和能力。如果一个学校将这个问题解决了,主要的教育任务应该说就算完成了。如果一个孩子在十多年的教育历程中,还没有养成阅读的兴趣和习惯,一旦他离开校园就很容易将书本永远丢弃到一边,这样的教育一定是失败的。相反,一个孩子在学校里成绩虽然普普通通,但对阅读养成了浓厚的兴趣,养成了终生学习和阅读的习惯,他的未来一定会比考高分的孩子走得更远。学校教育不仅要像提供母乳一样给孩子们提供最初的滋养,最重要的是要通过提倡自主阅读让孩子们学会自由飞翔。

苏联教育思想家苏霍姆林斯基说，一个学校可以什么都没有，只要有了促进学生和教师精神成长的书，那就是学校。只要有了书，孩子们就有了阳光，有了成长的空间。苏霍姆林斯基的学校条件比我们现在很多乡村小学的硬件设施还要差得多，但他每天都要和老师、孩子们一起读书，让孩子们真正走进图书的精彩世界。

一个人的精神饥饿感是在中小学形成的。古代的士大夫说"三日不读，面目可憎"，这正是精神的饥饿感造成的。人的很多习惯和能力的养成是有关键时期的，在这个时期如果适当地给予刺激，只要一学习就能够掌握。精神饥饿感的形成也有关键时期，一旦错过这个关键时期，再想养成阅读习惯，就很困难了。

现在，我国学校和学生的图书拥有量是很低的，民众阅读相当匮乏。我国每年出版的图书超过30万种，但是户均消费图书只有1.75本。作为世界上最大的图书生产国，我们却又是人均阅读量最少的国家之一。

不仅仅是普通民众，大学生也没有阅读习惯。据复旦大学的一个调查：大学生阅读本专业经典著作的只有15.2%，阅读人文社会科学经典著作的仅有22.8%，阅读专业期刊的只有9.3%，阅读外文文献的更是只有5.2%。美国大学是怎么上课的呢？不是满堂灌，不是学生"课堂上记笔记、考前背笔记、考后全忘记"，美国的大学首先是重视阅读，在有了共同语言的前提下再进行接下来的课程，这是建立在阅读基础上的对话。而我们的老师甚至可能二三十年来都拿着同样的备课稿去给学生们讲课，这被人戏称为"拿着一张教育的旧船票每天重复昨天的故事"。

没有阅读的学校，培养出来的学生也很难有阅读的习惯；没有阅读习惯，我们培养的学生就是半成品甚至是废品。面对未来的社会和挑战，他们将很难有完整的精神生活和充实的人生。

让我们的学校，都成为阅读的天堂吧。

一个书香充盈的城市才能成为真正的家园

日出而作，日落而息，这是古代田园牧歌式的生活场景。当郁郁田园变为水泥森林，城市化进程已是人类的现代生活不可回避的发展趋势。但是，发展导致家园的失落。这里的家园，是实指，也是喻指。城市安放了身体，却未能安放灵魂。对家园的呼唤，表面指向草木花鸟等物质，归根结底却是指精神与心灵。

在城市的霓虹下，一个真正的家园，应该是一幅怎样的图景？从外观上，它可以千姿百态，从内在而言，却必然有着强大的精神力量，能唤起人们的归属感。这种精神力量从何而来？只能从人而来。因为，城市的美丽固然表现在它的建筑、规划和绿化上，但一座城市的真正的美，还在于这座城市里的人的品位和气质。而人的品位和气质是怎么来的？是通过阅读而来。我认为，最优秀的城市就应该拥有最善于阅读的市民。

一个城市最美丽的风景应该是阅读的风景，一个文明的城市应该是学习型的城市。学习型城市的美丽不在于外在的山水树木、街道建筑的感官之美，而在于内在的思想之美、文化之美。学习型城市的美丽在于有着自我超越的市民、催人上进的组织、简单宁静的生活和自觉创新的文化。这是学习型城市的生命之美、灵动之美。

学习型城市的核心要素是学习型市民，市民的素质决定城市的竞争力。著名的城市学家刘易斯·芒福德认为，推动人类进步的两个伟大发明是文字和城市。是文字和城市的出现让信息的交换和物质的交换得以跨越时间和空间进行，而这个过程正是通过阅读来实现的。阅读在城市发展和城市自我校正、自我完善的过程中，具有怎样的重要作用，是不言而喻的。

我们应该继承中华民族的优良传统，以创建学习型城市、构建和谐社会为目标，通过广泛开展群众性阅读活动，倡导阅读理念，弘扬阅读文化，营造书香城市，让读书学习真正成为广大市民群众自觉追求的一种生活方式，自我发展的一种内在需求，进而确立现代市民意识，培育现代生活方式，养成现代文明行为，进一步提高文明素质，并通过阅读，让市民真正了解自己所居城市的文化，甚至积极参与塑造城市文化，从而促进城市文化由文化自觉状态走向文化创新状态，为中华民族的伟大复兴提供强大的动力支持和良好的人文环境。

我曾主持编写过《阅读，让城市更美丽》，这本书介绍了包括苏州市在内的很多国内外城市建设书香城市的经验。"阅读，让苏州更美丽"，这是苏州阅读节的主题词。每年的 9 月 28 日，也就是孔子的诞辰日那天，就是苏州的阅读节。我也呼吁设立"国家阅读节"，呼吁领导干部率先垂范，少一点烟酒味，多一些书卷气。

有书香的城市，有阅读氛围的城市，才是令人向往的美丽城市，才是都市人真正的心灵家园。

共读、共写、共同生活

在今天，无论是学校还是社会，都亟须重建共同的话语、共同的语言、共同的价值。同样，我们也需要以真诚的共同行动来创造共同的未来。

我们首先需要拥有共同的历史、共同的英雄、共同的文化符号、共同的心灵密码。这就是说，我们亟须通过共读，通过对话和相互用文字交流（共写），来实现真正的共同生活。新教育实验认为，共读共写共同生活，是过一种幸福完整的教育生活的必由之路。

共读，是指一个班级、一个家庭、一所学校、一个社区、一个国家乃至于整个人类通过阅读继承共同的文化遗产，拥有共同的语言和密码，从而能够共同生活的最重要的途径之一。

共写，是指同学之间、师生之间、亲子之间乃至于整个社会通过反复交互的书写，彼此理解，并在不断的自我反思中加深认同，体认存在的过程。

共同生活，是指同学之间、师生之间、亲子之间、社区成员之间，乃至于东西部之间以及所有公民之间，通过共读共写共做（行动）等途径彼此沟通，相互认同，在保持差异性的同时不断地消除隔阂，并逐渐拥有共同的愿景、共同的未来。共同生活的努力，也是整个社会逐渐民主化的过程。

令人遗憾的是，因为没有对经典的共同阅读，因为没有师生之间真诚的共读与对话，因为许多教师自身没有把阅读当成一生学习的重要途径，因为没有学生与学生、学生与教师、教师与教师之间的真正意义上的共同生活，许多学校不要说成为社区的文化中心，甚至已经沦为精神与文化的荒芜之地。

共读、共写、共同生活，意味着这样一种文化上的努力，即恢复书香传统以及书写传统，在现代生活背景下，通过对传统文明以及人类文明的反思继承，逐渐形成新的价值观，将班级、学校、家庭、社区、国家重新凝聚起来，冲破个人主义屏障，打破人与人之间相互隔离的状态，恢复生活的整体性和人与人之间的联系，从而不断地创造新的更加美好的未来。

我们希望，通过共读努力打破教科书和教辅资料一统天下的格局，恢复师生之间、亲子之间的共读传统，为每一位孩子寻找此时此刻最适合他的书籍，让师生、亲子沉浸在民族乃至人类最伟大的作品之中，恢复与传统的血脉联系，恢复师生之间被应试教育异化的密切联系。我们同时期待从书香校园的建设走向一个真正的书香社会。

我们还希望，通过共写，将人们的写作与生活连为一体，并成为反思交流的重要手段。师生、亲子之间的彼此的言语沟通与交流，将彼此的生命编织在一起，从而尽可能地消除隔阂，避免相互隔膜、相互对立甚至相互伤害，使人类生活的真正经验能够通过共写（沟通与交流）在彼此之间传递流动。

我们更希望，通过共读、共写、共同生活，不但使人们生活在共同的空间里，而且也生活在共同的精神背景下，逐渐疗治被畸形竞争隔开的孤独的心灵，更强调人与人之间的合作与和谐。

阅读对一个人、一个学校、一个城市、一个民族的价值和意义，我们怎样去强调它也许都不过分。

曾经有一位儿童文学作家这样说，我们种一棵树的目的是什么？我们需要一张桌子，可以种一棵树。但是，如果种一棵树只是为了制作一张桌子，就忽视、蔑视了一棵树的价值。一棵树，当然可以是一张桌子。但是，同时树木可以防止水土流失，是一道好风景；是一片浓荫，可以让人遮阳避暑；可以让孩子玩耍，可以拴一根长长的线，让风筝在天上飞；可以让鸟鸣唱、筑巢；可以花团锦簇，果实累累；可以千秋傲立，成为沧海桑田的见证……这就是种一棵树的价值。阅读就是种树。阅读的价值就是一棵树的价值。

阅读，是一种主动的承继和发展的力量。阅读作为人类行为，它源自书籍却不限于书籍，也通过阅读绘画、雕刻、音乐，以及阅读不同的人生，进而改变我们自己，改变我们的生活，改变我们的社会，改变我们的世界。

改变，从阅读开始。

> 书籍是比枪炮更有威力的武器

在 20 世纪世界出版史上，有一个概念非常特别：军供版图书。它是二战期间美国图书出版、发行组织和美国军方合作开展的一个"国家紧急状态"项目，专门为参战的 1600 多万美军提供便于携带、适合阅读的特制平装书，其选题涵盖各个领域。这些共计 1.2 亿册的军供版图书，为战壕里、医院里、飞机和舰艇上的士兵排遣寂寞、克服恐惧，坚定战争胜利和与家人团聚的信念，发挥了极为重要的作用。尤为值得一提的是，在战争后期，退伍军人的安置问题被纳入选题范围，一系列为他们重新就业或上学、缓解精神压力、更好地融入战后生活出谋划策的图书应运而生。

有一位出版界的朋友专门写信问我，对于这种特殊的图书出版项目，我会有什么样的观察和思考？二战期间的中国战场是否有类似的为军人服务的图书项目？现在假设一下，当时的中国有这样的项目，而且我全程参与其运作，那么，我会从哪些方面来考虑选题、设计书目或推荐什么样的图书？

针对这位朋友的来信，我专门阅读了两本书，一本是广西师范大学出版社出版的《当图书进入战争》，一本是商务印书馆出版的《作为武器的图书》。这两本书讲述的就是朋友信中提到的"军供版图书"。

其实，战争与图书的关系当然不是从二战开始的。自古以来，两军对垒勇者胜，胜者的智慧除了来自实践，更多的是来自图书。毛泽东一介书生指挥百万雄师，战胜了比自己强大得多的国民党军队，自然与他博览群书密切相关。而陈胜吴广起义时鱼腹藏书"大楚兴，陈胜王"，大概是中国最早的宣传鼓动心理战之一了。

但是，真正地大规模地把图书用于战争，应该是从1939—1945期间开始的。1933年5月10日，这是一个人类文明史上耻辱的日子。这一天，纳粹政府举行了声势浩大的焚书行动，大量的"非德意志"读物被付之一炬。同时，希特勒的《我的奋斗》被大量印刷发行，思想上的世界大战首先打响。

1940年下半年，美军制订了一个为所有训练营地订购图书的庞大计划，但由于缺乏资金支持而无法实行。于是，美国图书馆协会发起了一场向军队捐赠书籍的"国防图书活动"。1943年上半年，当募集的900多万册图书送达前线的时候，图书成了广大官兵最重要的武器，他们"在图书中找到他们需要的力量，减轻了身体在战场上受到的伤痛，获得治愈情感和心理伤疤的力量"。同时捐赠活动还成功地把全国人民团结于共同的荣誉感中，"在战场上的战争获得胜利前，他们已经提前在精神上获得了胜利"。随着美军参战进程的推进，"国防图书活动"正式更名为"胜利图书运动"。时任美国总统罗斯福亲自向士兵赠送图书，并且发表声明说："在这场战争中，我们知道，图书便是武器。"

由于赠书数量和质量都受到一定局限，图书开本等也无法满足前线士兵的阅读需求，一个为军队量身定制的"军供版图书"计划应运而生。首先是图书的开本要便于携带，有关部门专门研究了士兵制服的口袋尺寸，做到大号图书能够装入士兵的裤袋，小号图书能够装入士兵胸前的衣袋，而更小的微型图书能迅速塞到口袋里。其次是图书内容的选择要满足士兵多样化的阅读需求，包括了从当代小说、历史小说、神秘小说、幽默故事、西部小说到励志、冒险、航海、历史、传记、游记、漫画、古典文学、音乐、诗歌、科学等各种题材的图书，都在出版选择范围，以适应广大士兵的阅读趣味。在军供版图书中，中国作家老舍的《骆驼祥子》被列入书目，译者伊万·金是曾经出任美国派驻中国的外交官，被称为"为数不多的对中国的一草一木都很熟悉的美国人"。

"军供版图书"计划不仅面向在海外的美国军队，也同时面向同盟国军民以及法西斯占领区的千万民众，所以，委员会选配了许多反映美国价值观的书籍，如《伟大时代》《美国如何生存》《美国外交政策和美国的战争目标》等，不仅用英语，还有法语、荷兰语、中文等不同国家的语种，其中就有《缅甸医生》《瓦塞尔医生的故事》和《美国》三种中文图书。英国也加入了这场运动之中，出台了"海外版本系列"图书计划。据统计，在二战中美英出版发行的"军供版图书"总数达到了1.2亿册，超过了纳粹在欧洲烧毁的图书总量。

《作为武器的图书》中有一个非常感人的细节：1944年6月6日，盟军在诺曼底海滩登陆，仅仅几周之后，一批令人惊讶的货物——成千上万箱图书，与增援部队、武器弹药、食物药品一起运抵诺曼底海岸，运往法国各地乃至整个欧洲。这些图书为驰骋战场的士兵们排遣寂寞、克服恐惧,坚定战争胜利和与家人团聚的信念,在战后也为深受纳粹和日本军国主义宣传机器影响的人们进行"头脑解毒",发挥了极为重要的作用。正如莫里·古皮提尔·曼宁在《当图书进入战争》的自序中写的那样:"美国士兵衣兜里揣着图书,向诺曼底海岸发起猛攻,朝莱茵河挺进,解放了欧洲;他们从太平洋的一个死亡之岛跳到另一个死亡之岛,从澳大利亚的海岸进攻到日本的后方。有些人读书是为了记住他们离开了的家乡,有些人则是为了暂时忘记周身所处的地狱般的环境。图书激发了他们的思想,使他们原本疲倦的心骤然振奋。正如那封写给贝蒂·史密斯的信中所说,图书既有安慰人的力量,又让人对未来充满新的希望;当人们无处逃避的时候,图书可以成为暂时的避难所。对于美国的许多战士而言,图书是他们最重要的武器。"

关于朋友在信中询问的二战期间的中国战场是否有类似的为军人服务的图书项目的问题,全国政协委员、原二炮政治部副主任张西南在《中美两军二战前后阅读情况比较分析》中有一个比较深入的介绍。他在文章中写道:日本侵华战争开始后,中国工农红军处于外国侵略者和国内反动派的双重"围剿"之中,我国左翼文艺战线的作家以笔为枪,全力支持红军救亡图存的斗争。鲁迅翻译的法捷耶夫《毁灭》,曹靖华翻译的绥拉菲莫维奇《铁流》,夏衍翻译的高尔基《母亲》等被送到根据地和红军部队,对于引导青年投身革命、坚定信仰起到了积极的作用。

在红军到达延安后,党中央决定正式成立新华书店并逐步向陕甘宁以外地区拓展。毛泽东在延安亲笔为新华书店题写店名,还指示"每个根据地都要建立印刷厂出版书报,组织发行和输送的机关",并且与中央出版发行部门的同志一起研究向各个抗日根据地运送图书的线路,确定最近、最快、最安全的书刊运输线和运输方式,切实做到战斗打到哪里,就要把图书送到哪里,力求覆盖所有重要的抗日根据地。新华书店在极端困难的条件下,出版了列宁的《论左派幼稚病》、范文澜的《中国通史简编》,以及《钢铁是怎样炼成的》《日日夜夜》《小二黑结婚》《李有才板话》《李家庄的变迁》等图书,在前线部队引起很大反响。

晋冀鲁豫军区司令员刘伯承要求前线中高级指挥员抓住作战间隙阅读苏联作家西蒙诺夫的名著《日日夜夜》,联系中国革命战争实际,向书中的主人公炮兵大尉沙布洛夫营长学习。军区政治部大量翻印《日日夜夜》运到部队,规定该书为营以上干部必读书籍之一。进攻太原时,徐向前要求把书中描写楼房战斗的一章摘要印成战场传单,发给作战部队参考。

在抗战全面爆发的前夕,鉴于当时没有现成合适的图书提供部队阅读,我军便自己动手征稿选编了30余万言的《二万五千里》,在延安的窑洞里用草纸油印成书下发全军。在抗战最后胜利的前夕,我军又将描写新一代苏联红军战士在同德军浴血奋战中成长的小说《恐惧与无畏》翻译成中文大量印发,为适应战士的文化水平还编写了通俗本。此外,苏联作家里多夫的《丹娘》《苏联红军英雄故事》等,都是受到前线指战员欢迎的读物。

从上可见，1939—1942我国战场上也是比较注意运用图书作为武器来武装官兵的，尤其是注重政治思想与实战技能的学习。但是，由于当时我们军队的条件所限以及我国出版业的专业化程度相对落后等原因，我们的图书装备，从内容的系统性到形式的适合性，都是明显不够的。

朋友在信中提到，现在假设一下，当时的中国如果有这样的项目，而且让我全程参与其运作，我会从哪些方面来考虑选题、设计书目或推荐什么样的图书？

时光无法倒流。我也不可能回到那个时代去设计一个中国版的"军供版图书"。但是，他的问题是有着非常积极的意义的。在这个星球上，战争的硝烟仍然弥漫，战争的危险依然存在。如果敌人侵略我们的国土，如果我们被迫卷入战争，我们是否需要这样的项目呢？答案无疑是肯定的。而且，这项工作不能够等到战争发生才开始。

这些年来，我们已经为幼儿、小学生、中学生、大学生、教师、父母、公务员、企业家等不同人群研制了基础阅读书目，受到了广泛的好评，我们正在研制中小学学科基础阅读书目（针对中小学不同学科），即将启动中国学生学科研究基础阅读书目（针对大学生为主体的学科研究），我们也完全应该为我们的解放军指战员，为未来战场上的战士研制一个基础阅读书目。

有了二战期间美国、英国等国家的经验，有了我们研制中国人基础阅读书目的经验，我们有信心能够研制一个真正的"军供版图书"书目。如果退回到当时的二战现场，我们的图书配置远远比美军复杂，我们的部队服装不统一，设备不完整，纸张很紧张，我们的战士文盲半文盲很多，只能更多地考虑他们的阅读水平和阅读需要，更多地利用电台、广播等"有声书"进行推广，简易读物中更多以图文并茂的形式出版。

但是，面向未来的战场，我们应该有比较完整的研制方案。首先，从图书的形式上，应该有电子版和纸质版两种。如果是纸质版，建议采用轻型纸，分量要尽可能轻。图书的装帧要与不同军种的服装相配，尽可能是口袋书，可以直接装入各种口袋和背包，所以要考虑军人服装与装备的情况。

其次，在内容的选择上，可以吸收美国、英国的经验，尽可能考虑官兵的多样化需求，考虑现代人的阅读特点。所以，一方面要有体现爱国主义精神、追求信仰和人生价值的正能量书籍，要有反映战争生活、乡情亲情的小说，要有安抚情绪、慰藉心灵的作品，要有人文、历史、科技的知识类读物，一方面也要有针对前线战士量身定做的图书。

二战期间最受美军士兵欢迎的书目中，名列前茅的两本书分别是《布鲁克林有棵树》和《快乐无疆》，前者讲述的是阅读让卑微的生命变得高贵，知识可以改变人的修为与命运，最终依靠家庭的力量支撑孩子实现梦想的故事。后者则是一个少女眼中的母亲的故事，热情的个性、善良的心灵、滑稽的人物和浓郁的生活气息，给战争中思念亲人怀有乡愁的士兵以心理上的安抚和慰藉。前者属于励志类，后者属于情感类。所以，近年来特别受读者欢迎的畅销书，如《红星照耀中国》《解忧杂货店》《追风筝的人》《摆渡人》《岛上书店》《平凡的世界》《假如给我三天光明》《小王子》等，以及关于战争题材的小说《西线无战事》《战争与和平》《永别了,武器》《被遗忘的士兵》《法兰西组曲》《第二十二条军规》《铁皮鼓》等都是可以列入书目的。

在战场上,图书有时候是比枪炮更有威力的武器。这是二战给我们最好的经验和提醒。

也许,我们新阅读研究所会在不远的将来,与有关部门一起合作,拿出一个可以为现在军队的将士和未来战场上的官兵而准备的书目。尽管至今仍然有人对书目提出不同看法,但是我始终认为,无论什么时代,书目就是一张阅读地图,永远会提供参考,把不同的人带向自己希望去的地方。尤其在信息时代,这样的一张阅读地图在浩瀚的信息世界里,总是有用的。

> 儿童阅读决定着民族未来

我曾经说过,童年的长度决定了国家的高度。同理,我们还可以说,儿童阅读的深度决定了民族精神的高度,在这个意义上说,儿童阅读决定着民族未来。所以,我们必须重新回到儿童,认识儿童,关注儿童阅读。

在人类历史长河中,儿童一直是缺位的,是被历史遗忘的。步入近代以来,人们才开始尝试去理解儿童。但非常遗憾的是,我们的所思所想、所作所为,还停留在浅层次上,无论在物质世界还是精神世界,都处于摸索的阶段。就像我一直说的:童年的秘密还远远没有被发现,童书的价值还远远没有被认识。对于我们来说,童年仍然是一个黑匣子,对这个"黑匣子"的破解,我们一直在行动,但还没有具有突破意义的重大发现。

童年一闪而逝,儿童瞬间成人。如果我们认真、用心地研究儿童,如果我们用立体的思考对待儿童阅读,我们一定会发现,人类文明的王冠之上,最为娇嫩也是最为美丽的那颗珍珠,就是儿童的精神世界。

格林说,所有的童书都是预言书。早期阅读对人们的影响无疑是刻骨铭心的,是塑造精神趣味与人格倾向的,自然,也是多少能够预测未来的。我们要用儿童阅读让儿童的精神世界变得更为美丽,也要用儿童阅读去塑造儿童美好的人格,更要用儿童阅读去创造一个民族美丽的未来。

对于儿童而言，阅读是帮助他们认识世界，形成对于人生、对于未来的基本态度和价值观的最主要的路径。在阅读之中，要给予儿童更多的光芒。这种光芒将与儿童的内心交相辉映。它产生一种蓬勃的希望，将成为改变世界的力量。它将会引领我们不断地向前。因此，选择儿童图书，重要的是从这个积极的角度进行。引导儿童阅读，也要从这个积极方向进行引领。这就是我们新教育人经常说的一句话：要把最美好的东西给最美丽的童年。

就像我们早期着迷的食物大致显示了我们的躯体特征一样，我们的精神气质多少与早期的阅读有关。这是一个互为依赖互为作用的过程。我们吃过的东西（读过的书）在塑造了胃口的同时也塑造了人自己。选择怎样的书，会培养出怎样的读者。要让孩子真正热爱阅读，首先要选择真正能够打动他们的心灵，既有意义又有意思的书籍。

没有谁是一座孤岛，每本书都是一个世界。正是因为书，正是那些伟大的书籍，把我们和整个世界，和书里书外的世界与人物联系起来。我们在物质与精神的世界中穿梭而行，书把我们心中的美好唤醒。

苏霍姆林斯基曾经说过，一个真正的人应当在灵魂深处有一份精神宝藏，这就是他通宵达旦地读过一两百本伟大的书。其实他说的正是指青年时代的这种阅读，纯粹，沉醉，通宵达旦，没有功利色彩，这种感觉如爱情一样深刻而影响一生。而这种对于阅读的挚爱，基于儿童时期的阅读兴趣、阅读习惯与阅读能力的培养。

也正是由于这个原因，无论是作家的创作还是出版部门的编辑，或者是发行部门的销售，心里都应该有孩子，都应该有美好。作家周大新曾经说，向孩子们推荐书的时候，应该把握两个标准：第一，这本书是否在传达爱；第二，这本书是否在告诉孩子什么东西是美。真善美，就是我们给孩子最美好的东西。

我非常高兴地看到，近年来我国儿童读物的创作呈现"井喷"态势，其中出现了大量非常优秀的作品。就拿我今年读过的《阿莲》《旅伴》《柠檬蝶》《给孩子讲量子力学》《嘟嘟嘟》《寻找蓝色风》《中国人的历史：诸神的踪迹》《海底隧道》等著作来说，可以说每一本都是正能量满满。我们新教育团队也努力为孩子们提供最好的精神产品，如经过10余年精心打磨的《新教育晨诵》，以擦亮每个日子、呵护每个孩子为理念，每天为孩子精选一首诗歌，我们特别注意吻合儿童身心发展需求、诗歌的学习特点、生活情境的变化和学校生活的节律，让诗歌真正深度滋养着孩子的心灵。

我同时也非常高兴地看到，许多儿童阅读推广人和机构，也正在努力地为孩子们选好书、读好书，我们新阅读研究所成立以来，就通过网络读书会的方式服务2亿以上人次，针对教师、父母、儿童和社会各界举办各类培训数百场，我们发起的"领读者联盟"也有数百家阅读推广机构参与其中。我希望，中国的作家能够为孩子们创作出更多的好书，中国的出版社能够为孩子们出版更多的好书，中国的阅读推广人能够以更专业更亲切的方式帮助孩子们读好书，中国的父母、教师能够拿出更多的时间与孩子们一起读书。

把最美好的东西给最美丽的童年，本身就是最美好的生活，这样也一定能够建设更美好的中国。

> 阅读,让我们的生活更美好

前不久看到网友说的一句话:"不翻书,生活就会给你翻脸。"颇有感触。是啊,读书,是为了让我们的生活更美好。通过阅读,我们了解了过去和当下的人拥有怎样的生活以及如何对待生活。不读书,我们可能就少了一些对于生活的思考,少了一些生活的智慧与艺术,生活对我们"翻脸"也就很正常了。

读书为什么能够让我们的生活更美好?

阅读,能够让我们看到一个更加真实的生活世界。正如美国文化人类学者哈维兰所说:"好的阅读对于心灵就像优质的眼镜对于眼睛一样,它可以使你看到生活的细微之处。"我们看到的世界总是受到许多因素的制约,近视、老花等身体因素,或者粗心、马虎等心理因素,都可能让我们无法清晰把握这个世界。阅读,就是帮助我们看世界的眼镜,也是帮助我们看自己的镜子。如通过读托马斯·弗里德曼的书,我们就知道了"世界是平的"这个简单而深刻的道理。读基辛格的新著,我们就理解了为什么世界秩序"永远需要克制、力量和合法性三者间的微妙平衡"。读弗洛伊德的著作,我们就发现了人其实有三个"我":本我、自我与超我。走进那些伟大的著作,犹如与大师面对面对话,借他们的慧眼帮助我们更好地发现我们世界的细微与奥妙,正是阅读的魅力所在。

阅读,能够让我们拥有生活的勇气。白岩松前不久在与龙永图对话时说:"读书久了你总会信一些什么,信一些什么就有了敬,有了畏。"其实,"信"就是生活的勇气,生活的信心,生活的信念。人是需要有信仰、有敬畏心的。读书会让人知道世界的深奥,会让人明白自己的无知与渺小,会让人产生敬畏之心。而敬畏之心是建立信仰的重要基础。这一切不需要刻意而为,会在读书中自然而然形成。德国作家黑塞说:"如果从阅读的时间里没有迸发出一点力量的火花,没有出现愈发年轻的预感,没有给读者散发出一丝新鲜有活力的气息,那么这样的阅读时间就被浪费了。"记得我在大学读书时,曾经读过一本日本医学改革家德田虎雄的著作《产生奇迹的行动哲学》。这本书让我知道,理想是人前行的灯塔,而行动才能把理想变成现实。我发起的新教育实验,之所以能够坚守理想主义与行动哲学,与这本书有着直接的关系。是的,那些伟大的著作,一直陪伴着我们的人生。它像照耀我们的太阳一样,让我们的人生温暖而有方向。即使在漆黑的夜晚,太阳也从未离开我们,它忙碌地去另外半个星球,照耀那些需要阳光的人们。再黑的夜,我们心里也有太阳的光芒。

阅读,能够使我们具有生活的智慧。人的生活,包括物质生活与精神生活两个方面。无疑,读书是为了让我们的生活更精彩,更有条理,更有方向,更有智慧;让我们的心灵有一个安身立命之所。那些伟大的书,本身是拥有这样的力量的。过去我们经常说,知识就是力量。其实,那些最伟大的知识,就藏在那些最伟大的著作之中,只有通过我们的阅读才能转化为力量。好的书会让我们更年轻,更有活力,更有生活的智慧。

如何通过阅读让我们的生活更加美好？关键还是要选择那些优秀的著作。德国作家黑塞说"只有当书籍将人带向生活、服务于生活、对生活有利的时候，它们才拥有了一种价值"。开卷有益的时代已经过去，在泥沙俱存、良莠难分的海量图书面前，我们的确需要认真选择最值得我们阅读的书。书有新旧之分也有优劣之别。选书的诀窍，就是选择经过时间的洗涤依然熠熠生辉的书。人生需要一些影响自己的世界观、价值观、人生观，影响自己的思维方式和生活态度的书籍，新教育称之为"根本书籍"。它会把我们带到更加遥远的地方。除了读有字书，还要读无字书。有时候，读无字书的价值不亚于读有字书。清代的张潮说，能读无字之书，方可得惊人妙语；能会难通之解，方可参最上禅机。应善于向生活学习。

人与人的差别往往在于如何利用闲暇时间。台湾商界奇才陈茂榜甚至说，"一个人的命运，决定于晚上8点到10点之间"。如果我们每天能够拿出两个小时阅读，每天不让自己的闲暇时间被电视、麻将、扑克、喝酒等填满，就会有别样的生活、别样的人生。读书，不是我们无奈的选择，也不是用来打发无聊的光阴。读书，本来就应该是我们的生活方式。

齐邦媛老人85岁时出版了一本《巨流河》。90岁的她在总结自己一生时坦言"很够，很累，很满意"。她希望自己离开世界的时候仍然是个读书人的样子。是的，读书是人生活中最美的姿态，也是人生最美的状态。把这个姿态和状态定格到老死，是幸福安详的。

> 有书香,才有"故乡"

故乡是一个人的根。它不仅是一个地理上的概念,也是一种精神上的依恋。如果说语言是存在的家园,那么书香就是精神的故乡。只有书香浓郁之处,精神的家园才会美好,故乡才是真正的故乡,才能真正给予人们以慰藉和鼓舞。

2015年全国两会上,"倡导全民阅读,建设学习型社会"被写入了《政府工作报告》,全民阅读也正在成为一种无处不在的氛围和生活方式。作为国家新闻出版广电总局(现为国家广播电视总局)聘请的全民阅读活动形象代言人,我自然非常开心。那么,究竟书香社会拥有怎样的模样?我们应该如何建设书香社会呢?

我心目中的书香社会,是一个全民阅读的社会,是一个由书香家庭、书香社区、书香学校、书香机关、书香企业、书香乡村组成的社会,是一个领导干部带头读书荐书,亲子共读、师生共读的社会。书香社会有两个最重要的基础:书香家庭和书香校园。因为一旦在家庭和学校里养成了良好的阅读兴趣、阅读习惯和阅读方法,就可能成为终身的阅读者。

我心目中的书香社会,是一个为全体公民提供良好阅读条件的社会。从出版上,以各项措施激励优秀图书出版;从销售上,以得力政策确保图书顺畅流通;从服务上,在社区、学校、城市、乡村建设合格的图书馆,优质的公共图书馆服务体系基本形成。有官方、民间等不同机构和独立书评人发现、推荐好书，有阅读专家研究、推广阅读方法，有国家领导人和社会知名人士身体力行倡导读书、乐于荐书，有各行各业以读书为荣。

阅读需要慢工出细活，推动也需要旷日持久的努力。从实践来看，政府推动书香社会建设，最容易遭遇三个方面的问题。一是思想认识不到位，尤其是各地领导没有真正认识到阅读的价值与意义。二是资金支持不到位。书香社会的建设需要有一定的硬件条件，如社区图书馆建设、书店建设等，而且这些投入普遍不是一次性的，需要长期坚持才能见效。三是行动落实不到位。政府推动阅读，下级部门单位为了应付检查却容易搞形式主义、形象工程，不能真正落到实处。

针对这三个问题，扩大政府推动全民阅读工作的切实成效，需要认真加以研究。

从经验来看，政府积极倡导推动，社会广泛参与，是任何一项事业成功的前提条件。全民阅读同样需要自上而下的引导和推进，也需要自下而上的行动与努力。要想让阅读推动工作落到实处，必须政府和民间共同参与、携手共进。从总体上看，政府搭台、民间唱戏是必要路径。政府应该为建设书香社会提供资金支持、舆论支持和行政支持，同时需要尽可能发挥民间的积极性，吸引更多的民间资本、民间智慧从事阅读研究、阅读推广，从而一呼百应，在社会各个层面把阅读推动工作广泛坚持下去。另外，还要充分发挥学校和图书馆的作用，以及媒体的作用，让阅读理念深入人心。

建设书香社会绝非一朝一夕之功，需要全社会共同积极参与和努力,真正意识到精神的力量才是一切竞争力的基础,真正认识到阅读对于个人、社会、民族的价值,真正地把全民阅读作为一件大事来做。如此,我们的中华优秀传统文化才可能真正在日常生活中得以绵延,我们的精神家园才会随着物质的丰富而同时得到丰盈,我们才会在书香中从此拥有"此心安处是吾乡"的幸福。

> 共同阅读，共创幸福生活

共读、共写、共同生活，是新教育实验的重要理念与行动。在新教育的学校生活中，师生共读、生生共读、亲子共读是一道美丽的风景。如果说，个别阅读是"一个人在战斗"，共同阅读则是集体智慧的碰撞、团队精神的体现。

新教育认为，只有读同一本书的人，才能真正拥有关于这本书的共同密码、共同语言。只有共同阅读了一些拥有共同文化基因的书，才能真正拥有这个文化的密码、语言、价值与愿景。共同的阅读，让读这些书的人真正生活在一起。所以，阅读是建立文化自信，建立精神家园最有效的方式之一。

阅读虽然是个体的行为，但绝不仅仅是个人的事情。的确，共同阅读无论是对于个人成长，还是对于团队发展，对于共同体的形成，都具有特别重要的意义与价值。

心理学有许多关于"共作效应"的著名实验，证明大家一起做同样的事情，当事人的作业绩效会有所提高。如心理学家特里普利特让40名儿童尽量快速地摇动转轴绕线，一组是两两结伴绕线，一组是个人单独绕线，结果发现前者的效率明显好于后者。成年人也是如此。另外一位心理学家奥尔波特在哈佛大学也做过一项经典实验。他让成年人完成包括系列词语联想、元音字母删除、可逆观点、乘法运算、疑难解答、判断气味和重量等各种任务，结果发现，除了疑难解答和判断实验外，群体作业均比个人单独作业的成绩要好。他把这一现象称之为"社会促进"。其实，全民阅读活动，正是一种最有效的社会促进阅读。

在教育中，共同阅读的社会促进也是非常明显的。

首先是共同阅读的主体。一般来说，亲子共读、师生共读、师师共读、生生共读、家校共读是最重要的几种共同的阅读主体形式。

亲子共读，就是父母亲与孩子一起共读。在许多新教育的学校里，老师会定期推荐亲子共读书籍，有些推荐给母亲与孩子一起共读，有些推荐给父亲与孩子一起共读，决不能把亲子共读变成是母子共读。

师生共读，就是教师与孩子一起共读。尤其是每学期全班同学共读的书籍，一般需要教师参与其中。

师师共读，就是全体教师（全校或者年级组、学科组）围绕一个主题或者一本书开展的共读。一般由校长或者年级组长、学科组长安排。

生生共读，一般是以班级为单位进行，特殊情况下也可以全校学生共同阅读。新教育实验的晨诵午读暮省，其中的午读往往是生生共读为主。一般围绕新教育研制的《中国中小学生基础阅读书目》中的基础书目展开。

家校共读，就是家庭与学校的成员，围绕某个主题或者某本书进行的阅读活动。

其次是共同阅读的对象。共同阅读的对象，指的是共同阅读的内容。读什么，从来是阅读的最重要的问题。我们的精神高度是由我们的阅读高度造就的。现在中小学阅读的很大问题，就在于缺乏系统的阅读计划，是一种无序、自发的阅读，许多暴力的、惊悚的、恐怖的、无聊的书籍进入了中小学生的阅读世界，真正的好书没有被阅读。而且，中小学的学科阅读也非常薄弱，阅读成为语文学科的代名词。所以，新教育实验为从幼儿、小学生、初中生、高中生到教师、父母等各种人群的阅读提供了一个基础性书目，目前正在研制中小学学科阅读书目。希望能够为中小学师生提供一个可靠的阅读参考书目。

再次是共同的阅读时间。阅读时间总体是因人而异的。但是，共同阅读的意义，就在于它应该有一些共同阅读的时间。如生生共读，我们经常是利用中午的"午读"时间，也可以利用专门的"阅读课"时间来共同阅读、讨论、交流对于某本书的观点。教师的共读，可以采取轮流"讲读"的方式集体阅读，而亲子共读，则可以利用睡前时间或者周末休息的时间进行。

最后是共同阅读的方法。共同阅读的方法很多。对同一本书，进行默读、讲读、领读（导读），进行分角色朗读，邀请作者进行分享型阅读，读书交流会、读书辩论会、续写故事会等等，丰富多彩的共同阅读，会进一步增强阅读兴趣，让阅读更轻松活泼。

其实，阅读本身是充满着创造性的。共同阅读是相对于个体阅读而言的，是一种阅读形式上的有益补充，并没有什么固定不变的模式，需要学校和老师们创造性地开展各种形式多样、充满挑战性、趣味性的阅读活动，真正地让阅读成为人们的生活方式，助力我们过一种幸福完整的教育生活。

> 全民阅读：一个重要的国家战略工程

一个民族的思想基础和核心价值体系的建设离不开阅读，中华民族共同的精神家园建设更离不开阅读。国际阅读学会在总结阅读对于人类最大益处的时候，曾经做过一份报告，报告指出，阅读能力的高低，直接影响到一个国家和民族的未来。因此，世界很多国家把阅读作为重要的国家战略，用尽各种办法推动全民阅读。

"亚洲四小龙"中最具危机意识的新加坡，提出"Thinking Schools，Learning Nation"（思考型学校，学习型国家）的口号。从 2001 年 11 月开始，新加坡婴儿出生时，医院的护士叮嘱产妇的事项中，竟然有"如何读书给婴儿听"一项。政府鼓励婴儿与母亲之间的亲情联系，是以读简单的故事、唱儿歌的方式。这就是新加坡政府提出的"天生读书种，读书天伦乐"（Born to Read，Read to Bond）。

1997 年末美国政府掀起了一场"阅读挑战"活动，当时克林顿总统亲自做了"美国阅读挑战行动报告"，在《为美国的教育，行动起来！》的演说中提出了教育发展的三大目标和应遵循的十大原则，其中的十大原则之一是开展阅读运动。布什政府在 2001 年初发布了《不让一个孩子落后》（No Child Left Behind Act）的教育改革议案，其中指出，美国存在两个民族：一个能阅读，另一个不能。该法案中关于阅读改革的力度之大令全球瞩目,仅仅 2001 年就为"阅读领先"行动投资了 9 亿美元。

在世界上有"最爱阅读的国家"美誉的俄罗斯,1.4 亿俄罗斯人的私人藏书多达 200 亿册,每个家庭平均藏书近 300 册。即使如此,俄罗斯政府仍痛感于国民阅读量下降,2012 年,俄罗斯政府在国家范围内采取紧急措施,制定《民族阅读大纲》,保证俄罗斯读书人数量的快速增长。这一大纲调动俄联邦政府各个部门、地区行政机构、社会团体、出版业、传媒、作家协会等各方力量,并以国家法律作为保障。

此类重视阅读,把全民阅读作为国家战略的国家,正越来越多。

"国家战略"一词的使用,最早出自美国。中国学术界对此尚无统一定义,一般认为,它是指导国家各个领域的总方略,其任务是依据国际国内情况,综合运用政治、军事、经济、科技、文化等国家力量,筹划指导国家建设与发展,维护国家安全,完成国家目标。我国先后提出过知识产权国家战略、能源问题国家战略等,但遗憾的是一直没有把全民阅读作为国家战略。

最近几年,我国在国家领导人以及社会各界的倡导下,全民阅读已经引起广泛的重视。但是与发达国家相比,我们的差距仍然很大。作为世界上最大的图书生产国,我们却又是人均阅读量最少的国家之一:我国每年出版的图书不下 40 万种,但是户均消费图书只有 1.75 本,我国国民读书的现状令人担忧。

我建议，可以采取以下做法加大力度推广全民阅读活动：

第一，成立国家全民阅读指导委员会。为了推进全国性的"全民阅读活动"，应成立一个领导机构——国家全民阅读指导委员会。建议由国家领导人担任该领导机构主任，办公室可设在中央宣传部或国家广播电视总局之下，其基本职能是定期推荐"全民阅读活动"书目，可根据不同年龄和群体分类分层推荐，以期获得更好的效果；制定和适时调整或完善"全民阅读"政策，以期使"全民阅读活动"稳步、健康、持续和卓有成效地开展下去；策划全国性的读书活动；定期发布全国读书指数；开展学习型城市的创建与评选活动；等等。各城市与乡镇建立相应的领导机构，从而形成一个全国性的"全民阅读活动"领导网络。

第二，设立国家阅读节。建议将每年9月28日的孔子诞辰日设定为国家阅读节。孔子作为在世界文化史上影响巨大的中国人，目前没有专门的纪念节日是不可思议的。将孔子诞辰日设立为阅读节，既有纪念意义，能够得到广泛认同，也有利于扩大中国文化在全世界范围内的弘扬与发展，提升我国文化软实力。

同时，每年9月份，正是大、中、小学生秋季开学之季，是教育新循环周期的开端，此时以阅读节倡导读书，是非常好的时机。另外，9月下旬这一时间段距离传统佳节中秋节以及"十一"黄金周很近，这也有利于开展形式多样的阅读推广活动。

尽管我们已有多种形式的地方性读书节、读书月等活动，但是这些区域性、零星的活动,由于时间、标准不统一,社会影响力和实际效果较弱。设立国家阅读节,将最大可能地使全社会和个人更加深入地认识到阅读的重要性和紧迫性,有效推动全民阅读活动的开展。中央和有关部门可以通过制定《国家阅读指导大纲》《阅读社会指标体系》,加大对阅读的投入力度,同时直接负责、指导、组织、参与国家阅读节或其他相关阅读活动,利用自身的影响力倡导阅读,在全社会形成崇尚阅读的风尚。

第三,各级领导干部应该亲自倡导和推动全民阅读。最近两年,全民阅读的风气渐浓。这与党和国家领导人的亲自推动有密切关系。在中央党校 2009 年春季学期第二批进修班的开学典礼上,习近平指出,各级领导干部要深刻认识到现代领导活动与读书学习的密切关系,深刻认识到读书学习水平在很大程度上决定着工作水平和领导水平;真正把读书学习当成一种生活态度、一种工作责任、一种精神追求,自觉做到爱读书、读好书、善读书,积极推动学习型政党、学习型社会建设。2019 年 3 月 1 日,习近平再次在中央党校发出号召,希望领导干部做读书学习的表率。建议国家领导人和各省、市、县等各级主要领导每届任期内至少一次到校园与学生一起读书,以推动全民阅读。时间选择上,在国家阅读节设立前,可以选择在世界读书日;在国家阅读节设立后,则选择在国家阅读节。

第四,大力加强各级各类图书馆建设。图书馆建设是开展读书活动的基础工程,没有布局合理、藏书丰富的图书馆,很难想象会有学习型学校、社区和城市。为此,建议制定学习型学校、社区和城市的图书馆建设标准，对图书馆的建筑面积、环境设施、图书数量、服务质量等作出相应的规定。同时，倡导和鼓励各级各类教育、文化部门以及社会公益组织，特别是经济发达地区，积极扶持和帮助经济不发达的农村地区建设图书馆、图书室等公共读书场所。目前，很多县的图书馆新书很少，利用率极低。国家应该实行图书馆达标制度，对是否达标，由独立的评审机构确定。

第五，认真做好优秀图书的推介工作。图书推介是一项极其重要的知识工程，国家要做好优秀图书的推介工作，尽快组织力量研制适合各领域人群的基础阅读推荐书目，最终形成中国人的基础阅读书目。通过这些书目让全体国民尽快了解优秀图书的出版信息。注意推介工作的多样性（运用多种媒体）、层次性（不同读者群）、艺术性（吸引读者眼球），从而激发读者阅读的愿望与激情。要推进独立书评人制度，在全国主要媒体开设阅读的频道与栏目，由独立的专家委员会向全社会推荐优秀书目。

第六，开展丰富多彩的读书活动。以阅读节的影响力、号召力为起点，以阅读日常化、生活化为目标，将节日的庆典狂欢延伸至每个角落，可开展读书沙龙、读书知识竞赛、读书演讲比赛或读书征文、图书漂流、中华经典阅读大赛等活动，营造良好的读书氛围，推动全民读书活动的可持续发展。

第七，开展多种形式的评比活动。评比是推动全民阅读的有力杠杆，通过评比促进学习型学校、社区和城市的建设。可在全国范围内开展学习型城市创建活动，评选"全国阅读十佳"

城市。在同一个城市可以评选书香家庭、书香社区、书香学校等,也可评选某个城市的"读书十佳"等。设立国家级的读书奖,此奖的评审,也由独立的专家委员会评出。此读书奖,并不一定限制在读书上,还可以是"论文竞赛"。在法国的历史上,这样的论文竞赛,成就了不少大师级的人物,如卢梭等,同时使读书成为热潮。

在推进"全民阅读"的过程中,可以采取以下策略:

首先可由城市带动农村。根据我国城市经济较农村发达、城市居民文化素质较农村居民高、城市居民读书意识较农村居民强等特点,我认为推进"全民阅读活动"应采取"由城市带动农村"的策略。首先在全国城市中推进"全民阅读活动",由城市向农村辐射。同时可由学校带动家庭与社区。学校是学习的中心,为了使学校成为学习型校园,学校应开展"营造书香校园"活动,提倡青少年阅读经典名著,丰富师生的精神生活。通过学生带动家庭(学生的父母)的读书活动,通过建立学校与社区的经常性联系带动社区的读书活动,形成书香家庭与书香社区。

当我们真正审视全民阅读在提高民族文化素质和国家竞争力上的重要意义,必将重新发现全民阅读所具有的这种独特而又持久的重大价值。若能将其作为重要的国家战略,全力以赴地推行,受益的不仅是当下国人,更能濡染子孙后代,复兴中华文明。

> 全民阅读奠基未来

在 2019 年的全国两会上,有几位媒体记者朋友问我:为什么要如此锲而不舍地关注全民阅读?

我认为,随着时代的发展,随着信息化、网络化的推进,全民阅读的问题,是一个越来越需要重视的问题。只是因为阅读的功效,是强大的、持久的,却又是隐性的、缓慢的,所以,就像我们生活之中许许多多重要但不紧急的事务一样,容易被我们一再忽视,反复错过。

从 1995 年邀请专家学者研制第一套书目开始,全民阅读就是我一直关注的问题。这十多年来,每年全国两会我都会写一个关于全民阅读需要建立国家阅读节的提案。从本质来说,对这个节日的提议,和我对阅读价值的日益重视、对阅读现状的忧心忡忡,联系在一起。

一个人的精神发育史就是他的阅读史,一个民族的精神境界取决于这个民族的阅读水平。一个国家的精神气质,就像一个人的气质一样,是离不开阅读的。阅读是一种投入最小的学习。一本书,尽管如今书价涨了很多,但相对来说还是便宜的,一本书对一个人精神世界所产生的影响,是非常重要的。人类那些最伟大的思想、最伟大的智慧就在那些最伟大的书里。倡导阅读,倡导领导干部率先阅读,倡导全社会积极阅读,是一个投入最小,见效最快,最直接、最便捷推动发展的方式。不仅能提高精神层面,而且为经济层面的发展打下了良好的基础,甚至在信息时代,阅读的力量还可以直接转化为经济上的发展。

这么多年来,我们的全民阅读正在有序地推进,在信息大爆炸的互联网时代,这个浪潮对纸质图书阅读的冲击是很大的,但我国的纸质阅读不仅没有下降,反而上升了。这和政府与相关职能部门这些年来一直倡导阅读,建设书香中国,有着非常密切的关系。所以,我在发现今年全国两会的《政府工作报告》中遗漏了相关表述时,也立刻提出建议,希望能够在工作报告中继续号召和倡导,让推动阅读的声音更大,力量更强。去年我们民进组也专门提出来要加上一句"倡导全民阅读",在最后定稿的报告里,就已经加上去了。

当然,推进全民阅读,本身就是一个永无止境的努力,建设书香中国,在这么大的一片土地上播撒精神的种子,更不是一蹴而就的事情。越是把推进全民阅读深化,就越是会发现很多问题。今年全国两会我有三个关于阅读的提案,一个是宏观上的成立国家阅读节,另外两个阅读提案,一个关注乡村中的儿童阅读,一个关注城市中的大学生阅读。

在 2018 年,我先后走访了很多深度贫困地区,像广西、湖南、四川、云南,在这些地区开展调研时,我还是格外关注这些地区里的学校。到现场去看过之后,情况很不乐观。

从身体而言,国家投入了很多资金,解决贫困农村孩子的免费午餐,对这些孩子的成长起到很好的作用。国家制定了相关标准,吃的种类和品质,都有严格规定,监督措施也很到位。这是一个踏踏实实起到作用的大工程。

从精神而言，国家也投入了很多资金，如推动乡村阅读的"农家书屋"等工作，但是，这样的"精神正餐"并没有真正发挥作用。

比如广西靖西市一所乡村小学。我们中午去学校，图书室铁将军把门。找校长打开图书室，图书的品质尚可，里面居然还发现了两本我的新教育图书。但是，图书室并没有发挥应有的作用。孩子们在学校吃完饭都回家休息，村民更是无人借书看书。

比如云南元阳县的一所镇中心小学。我们被告知，因为新建教学楼，图书放在了食堂仓库。我们跟踪到仓库，发现所有的书被打包放在仓库的墙角。很多新采购或者赠送的书，包装也没有打开。

总而言之，我走进的所有贫困地区的乡村学校，要么无书可读，要么书不适合学生读，要么不让学生借书读，要么缺少管理人员不懂如何让学生借书读，要么开放时间太短无法满足所有的借书学生，等等。几乎没有一所学校能够关注到阅读中的这些关键环节，正常推进阅读工作。

新教育有 4000 多所实验学校，很多都在农村。根据我们实验学校里的反馈，凡是真正落实书香校园建设的乡村学校，这些孩子发展得明显超出周边学校，有一些完全不亚于城里的孩子。新教育实验参与者的多种案例和试点已经明显表明，农村的孩子只要大量地阅读，不仅在各方面的技能素养上不会落伍，而且在学习成绩上也完全可以超过城里的孩子。

在 2019 年的阅读提案中，另一个是关于加强高校图书馆建设的问题。受教育部委托,我们民进中央在调研中发现,现在高校图书馆等场馆硬件设施差异巨大。从场馆面积来看,馆际差别显著。面积最小的图书馆仅为640平方米,最大的馆舍面积为11.7万平方米。场馆建设中投入不足和资源浪费并存。一个极端是长期投入不足,馆舍陈旧,面积小,新增图书量不够,难以满足基本需求。另一个极端是设计施工标准过高,且大多为高耗能建筑,后期运营维护费用很高,资源浪费严重。另外,还有诸如馆藏资源配置、现行图书采购和资产管理模式不合理,人力资源建设严重滞后,开展社会化服务难度大等问题,都急需解决。

从乡村到城市到全中国,从儿童到青年到全社会,很多人民群众精神文化生活的问题,如果把全民阅读的问题解决了,那么绝大多数问题都是顺理成章就能自然解决。建设书香中国,是提升国家的精神力量、凝聚人民群众力量的最重要的抓手。全世界那些最伟大的国家民族,没有一个是不重视阅读的。

但是,就像人们明知不健康的生活方式会危及身体,却还是任由抽烟、喝酒等不良习惯破坏一样,对于重要但不紧急的事情,需要用更多时间精力和智慧方法去推动。把全民阅读作为国家战略,继续推动书香中国的建设。推动全民阅读,是为未来奠基。只有推动全民阅读,让中国书香萦绕,我们才能稳稳立足当下,轻松赢在未来。

一切问题,归根结底都是人的问题。

我们正处在一个伟大的时代,但是在这个时代走向未来的时候,几乎和所有快速成长的时代一样,有很多问题。首先就是面临着共同价值崩溃的危险。当今的社会缺乏共同语言，没有共同语言，又怎么可能有共同的理想、共同的道德标准和共同的价值观呢？如果没有共同的神话和历史，没有共同的英雄和传说，没有共同的图画和音乐，没有共同的诗歌和小说，我们就永远不可能有共同的信仰、共同的道德标准和对于未来的共同愿景，也就没有所谓的核心价值体系和思想基础。

其实，全民阅读是一个非常重要的问题。一个民族的思想基础和核心价值体系的建设离不开阅读，中华民族共同的精神家园建设更离不开阅读。

早在1999年8月，日本参议院、众议院通过决议把2000年定为"学生读书年"。2001年11月，日本制定了《关于推进中小学生读书活动的法律》，规定了读书活动的理念，明确了国家、地区和公共团体在读书活动中的责任，为此，日本文部科学省制定了"日本中小学生读书活动计划"，全方位指导读书活动的开展。为了改变与欧盟其他国家相比国民接受教育程度低下的现状，提高国民的文化教育素质，2006年6月，葡萄牙社会党政府推出一项"国家阅读计划"。

最近几年，在党和国家领导人的亲自倡导下，全民阅读已经引起广泛的重视。作为世界上最大的图书生产国，我们却又是人均阅读量最少的国家之一。我国国民读书的现状是值得担忧的。

其一，学生读书现状。中小学生受"应试教育"的影响而远离经典名著，课外阅读不容乐观。新华社记者李民在《孩子有时间读"闲书"吗？》一文中说："学生、家长，乃至一些学校'拒绝'课外读物,已成为我国中小学教育领域的一个现象。"大学生的读书现状又怎样呢?《河北省高校人力资源现状及未来发展研究》课题组对某重点大学86名学生进行随机采访显示,其中60%以上的学生认为读书主要由于学习需要。只有4人完整地读过四大名著,大部分学生没有读过,以后打算读的占一半,但条件是要看今后有没有时间。谈到什么书是他们必须读的,90%以上的人认为是英语四六级等考试用书。河北大学的7位博士生导师认为,当今大学生的读书状况,从一个侧面反映了大学面临着越来越严重的危机:教育的功利主义色彩越来越浓,而人文素质教育越来越弱。另外一项调查表明:59.2%的同学只用很少的一部分时间来阅读课外书籍,甚至有6.2%的同学阅读时间为零,只有12.3%的同学花在阅读方面的时间比较多;87.7%的同学认为目前大学生的阅读结构不合理。

其二,教师读书现状。作为知识分子的教师的读书现状又怎样呢?《中国青年报》调查结果表明:教师一天学习2小时以上的仅占8.7%,1小时以下的却高达70.4%,而根本不读书、不看报刊的也大有人在。

其三,城市读书现状。上海市首次发布的《2004年上海城市读书指数报告》称,上海市是全国读书指数较高的城市;上海市人均年读书量为6~10册。然而,这个数字与犹太人、俄罗斯和美国等民族或国家比仍然有相当大的差距(全世界平均每年读书最多的民族是犹太人,人均为64本;全世界平均每年每人读书最多的国家是俄罗斯,为55本;美国现在正在开展平均每年每人读书达50本计划)。

其四，全国国民读书现状。"全国国民阅读与购买倾向抽样调查"结果显示，我国国民阅读（图书）率呈下降态势。

总之，从各种调查统计数据或相关报道看，国民的读书情况令人担忧。有人曾经指出："一个国家没有现代科学就会落后；而一个民族没有人文文化，精神就会迷失，民族就会异化。一个社会没有人文精神，就是一个病态的社会；一个人没有人文精神，就是一个残缺的人。"在今天建设社会主义和谐社会的背景下，强调提高国民素质、提高国家综合竞争力、促进社会走向和谐文明，全民阅读显得尤为重要，应该把全民阅读作为国家战略来认真实施。

> 国家阅读基金：为明天投资

一个国家的国民阅读水平，往往标志着一个国家社会发展的文明程度。国民阅读能力和阅读水平的高低，在很大程度上反映着国民素质的高低，决定着一个民族的创造能力和发展潜力，直接关系到国家软实力和综合国力的强弱。

国民阅读是一项公共文化工程，世界许多国家通过设立国家阅读基金，由国家公共财政提供资金，以推进国民阅读工作的持续深入开展。如英国1992年成立图书信托基金会，每年由国家财政投入资金并吸纳社会慈善资金，开展以"阅读起跑线"为核心的全民阅读工作；德国在1988年成立德国促进阅读基金会，其历任名誉主席都由德国总统担任；俄罗斯也在1994年建立俄罗斯读书基金会。此外，在美国、保加利亚、日本、韩国和泰国等其他不少国家也都设立各类阅读基金会或国民阅读扶持工程。

阅读推广作为一项利国利民的公益活动，需要投入较大财力并持之以恒地开展。在我国，虽然目前中央政府和许多地方政府都在大力倡导阅读并举行各种阅读活动，但由于经费严重不足，力量非常有限，全民阅读工作与国外相比，存在较大差距。为将全民阅读上升为国家战略，我们建议将阅读问题列为国家重要议题，由国家财政提供专项资金予以保障。

为此，我建议：

第一，设立基金。由国家财政出资，设立国家阅读基金，推动全民阅读工作，提高国民文化素质。也可以采取国家设立种子基金的办法，吸引民间资金投入。

第二，资金规模。考虑到国民阅读基金的巨大社会价值及社会覆盖面，建议每年由国家财政提供1亿~2亿元的"国家阅读基金"专项资金，再吸收民间资金2亿~3亿元，专门用于全民阅读推广活动和国民阅读扶持项目。

第三，基金用途。国家阅读基金的专项资金专门用于国民阅读推动工作。主要包括：

开展全民阅读活动。开展世界读书日、城市阅读节、阅读月、读书周等全民阅读活动，营造阅读氛围，提供公共阅读平台，开展阅读推广工作。全民阅读活动形式包括开展读书沙龙、读书知识竞赛、读书演讲比赛或读书征文、图书漂流、中华经典阅读大赛等活动，营造良好的读书氛围，推动全民阅读活动的可持续发展。

推动儿童与青少年阅读。儿童是民族的未来，只有在儿童时期养成良好的阅读习惯，才能在成年后保持阅读行为。西方发达国家儿童在6~9个月时就开始阅读，而中国儿童则普遍要到2~3岁才开始阅读。美国儿童在4岁以后进入独立、自主性的大量阅读阶段，而中国儿童平均到8岁才能达到这个水平。由于社会发展不平衡，存在地区差距、城乡差距、贫富差距，中国儿童的阅读教育严重不足，同时阅读观念也普遍滞后。通过设立国家阅读基金，尽早开展"阅读起跑线"等儿童阅读工程，推动儿童阅读，已经成为世界各国普遍的做法。

满足弱势群体阅读需求。弱势群体包括老年人、残疾人、失业者、贫困者、下岗职工、灾难中的求助者、农民工、非正规就业者以及在劳动关系中处于弱势地位的人。通过阅读救助活动，不但可以满足精神文化需求，还能提高他们的生存能力，提高他们的生活质量。

开展阅读研究与指导。国家阅读基金除用于阅读推广，还可用于对阅读进行研究与指导。比如开展国民阅读调查，掌握国民阅读状况；组织专家或支持研究机构进行阅读书目研制，便于各领域人群找到优秀的经典图书；开展阅读测试，有助于科学评价阅读效果；组织阅读志愿者开展阅读推荐与指导，向他人传授阅读的知识与技巧；等等。

第四，设立基金管理机构。由财政部、国家广播电视总局、文化部、中央文明办等部门联合组建国家阅读基金管理委员会，负责基金的管理，其日常工作可由设立的"国家阅读基金管理委员会办公室"负责。也可以采取"中国社会救助基金"的模式，由国家设立种子基金，政府委托中介机构管理。

第五，进行基金管理与效益评估。国家阅读基金由国家阅读基金管理委员会办公室设立专门账户，基金使用情况向社会公开，接受社会各界的监督。在资金使用上，主要通过面向全社会征集评选阅读促进扶持项目与工程，对项目进行专项资助。为了及时掌握资助情况，总结经验和不断完善资助办法，阅读基金管理部门可对资助对象和资助项目的效益进行调查和评估。

特别需要说明的是，2011年我曾经就建立国家阅读基金问题提过建议，但是在办理过程中，这个建议被转到了新闻出版总署，而总署是没有这笔经费预算可以解决的。所以，我建议应该由中央宣传部和财政部办理。

> 我心目中的书香社会

人们都在说"倡导全民阅读,建设书香社会"。那么,所谓"书香社会"到底应该是什么模样呢?阿根廷国家图书馆前馆长、著名文学家博尔赫斯说过:"如果有天堂,天堂应该是图书馆的模样!"既然天堂的模样就是图书馆的模样,那么也该是"书香社会"的模样了。不过,"天堂"终究是一个抽象概念,实在地说,我心目中的"书香社会",一定是一个全民阅读的社会,它至少该有以下四个方面的特征:第一,人人溢书香;第二,处处有书香;第三,时时闻书香;第四,好书飘书香。可以用这四个标准,大致来评估一个地方、一个社区乃至一个社会,究竟是不是"书香社会"。

人人溢书香

全民阅读,从书香家庭到书香社区,从书香学校到书香机关,从书香企业到书香乡村……它应该是全方位,涉及所有人群的。从群体来说,重点有三个方面:领导、教师与儿童。所以,领导带头读、亲子共读与师生共读,在全民阅读中具有特别重要的作用。

第一,书卷气也是领导力。作为领导人来说,阅读是非常重要的,它是领导能力的重要构成部分。衡量一个领导,最重要的就是他的思维能力和决策能力,是他的视野与胸怀。这些能力从哪里来?最重要的是从阅读中来。

当然,领导干部带头读书不仅仅是为了胜任工作。陶行知先生说,人生为一大事来。我把这"大事"理解为"看风景"。人类有两种风景,自然的风景和精神的风景。"行万里路",是为了看自然的风景;"读万卷书",是为了看精神的风景。自然的风景是有限的,精神的风景是没有边际的,这才是无限风光的顶峰。如果静心想想就能发现,在温饱的基础上,人们所追求的一切幸福,归根结底都是为了精神上的幸福。领导干部读书,可以帮助他们拥有宁静的心态、从容的心情、理智的头脑、开放的胸怀,拥有这些无限的精神财富,也就拥有了更为丰富和幸福的人生。

领导干部读书,不仅仅是为了胜任工作,也是为了让自己的人生丰富多彩。领导干部阅读不仅能够有助于科学决策,本身也能率先垂范,引领风尚。领导干部读书有一个特别的作用——对社会有示范作用,上有所行,下有所效。领导干部在讲话里引用什么书,他正在读什么,会从相当程度上影响到一个部门甚至一个城市的阅读风气。从"学习型政党"到"学习型社会",正体现了这样的示范与推动。

第二,教师要读书。要有教育智慧,没有教育的情怀是成为不了好老师的,而这些都需要通过阅读来获得。在你教室里发生的故事,在其他教室里早就发生过了。人类数千年积累的文明智慧,就在伟大的书里,这些伟大的书就在图书馆里。教师要读书,这是"书香社会"建设中的关键人群,关键人群抓好了，整个社会的推动力就会很强。

教师读书不仅是寻求教育思想的营养、教育智慧的源头，也是情感与意志的冲击与交流。从过去的教育家的著作中，教师可以学习的东西很多。有心的教师会认真阅读教育的重要文献，认真领悟不同时代教育家的人生理想。读书会让我们的教师更加善于思考，更加远离浮躁，从而让我们的教师更加有教育的智慧，让我们的教育更加美丽。

在当今社会，教师阅读能够让教育行为更科学，更能够带动孩子阅读。有一个爱读书的老师，才会有一群爱读书的孩子，老师要帮助孩子真正养成阅读的习惯和兴趣。阅读不仅仅是语文老师的事情，还是所有学科老师的事情。科学、人文、艺术等学科，如果没有阅读的教师，永远培养不出来爱阅读的学生。阅读正是让教师们站在大师的肩膀上前行的有效途径。

第三，青少年阅读直接影响着未来的"书香社会"建设。一个人一生阅读的种子，可能是在青少年时期才能真正扎根。我曾经讲过两句话："童年的秘密我们远远没有发现，童书的价值我们远远没有认识。"我到过全国很多图书馆，到图书馆以后，首先关注的就是少儿图书馆。不管哪个图书馆，它都必须高度地重视青少年的阅读，尤其是儿童阅读。

在14岁以前的阅读体验，对孩子的成长是至关重要的。人生以后的历程，只不过是前面14年所阅读的东西的展开。事实上，孩子长大以后，是用在14岁以前所阅读的东西、所体验的东西、所经历的东西、从书本当中获得的基本价值观，用感恩、慈善、友爱等这些最伟大的观念和知识在建设。

儿童阅读到底具有什么样的价值？惠特曼说过，有一个孩子每天向前走去，他看见最初的东西，他就变成那个东西，那个东西就变成了他的一部分。这说明人们早期的阅读对一个人的影响是刻骨铭心的。格林在《童年的消逝》一书中也说过，或许只有童年读的书，才会对人生产生深刻的影响。孩提时，所有的书都是"预言书"，告诉我们有关未来的种种。

从人生前 14 年所读的书中，我们获得激励与启示，如今从书中所获得的，怎么能与之相比呢？人生前 14 年阅读的书，将会对人生产生重要的影响，甚至会超过人一生阅读量的总和。应该让阅读的种子在青少年时期扎根，在青少年时期产生精神的饥饿感，养成阅读的兴趣与习惯。

处处有书香

"书香社会"应该是阅读非常便利的社会。政府应该为全民提供良好的阅读条件，在社区、学校、城市、乡村建设合格的图书馆，公共图书馆要具备优质的服务体系。人们随时随地可以读书、借书，良好的阅读条件与阅读设施，可以为人们阅读提供最大的便捷。

一个城市的中心图书馆，就是所在城市的"精神会客厅"。对于一个城市来说，公共图书馆是保存、保护和弘扬地方文化，为当地读者提供方便快捷的公共文化服务的场所。一个城市有没有文化品位，这个温馨的"精神会客厅"很重要。

随着社会的发展，不仅要有社区图书馆，还要有民间的阅读空间。生活在社区中的居民要如何才能便捷地获得书，图书馆又该如何跟社区联动、互动？这些都是值得思考的。社区图书馆是人们的"精神驿站"，如果能够与藏书丰富的市级图书馆有效合作，流动方便，会更加有利于"书香社会"形成。

实体书店是一个城市的精神风景线。一个城市、一个区域有没有书店，这是"书香社会"建成与否最基本的条件。今后我们要评估"书香城市"，衡量是不是"书香社区"，首先要看这个地方有没有好的书店，买书是否方便。一个城市有没有文化，有没有品位，在于这座城市有没有一些上档次的、够水准的书店。实体书店在一定程度上也是"精神家园"之一，爱书的人可以在这里聚集。无论时代怎么变，我都希望实体书店能保留自己的人文特色，成为所在城市的风景线。

家庭是社会的细胞，阅读习惯和阅读风气必须从家庭开始传承。我们在推广"书香校园"建设的过程中发现，要建设"书香校园"，"书香家庭"的营造非常关键。有爱读书的父亲，有爱读书的母亲，常常就会有爱读书的孩子。这样的孩子上学以后，他们对阅读的兴趣、阅读的习惯与阅读的能力都已经初步形成了，这就为学校推广阅读打下了坚实的基础。

韩国在20世纪50年代开始，曾经发起"以书柜代替酒柜"的运动。韩国在经济起飞之后，许多富裕的家庭都拥有了酒柜，但没有书柜，这就有了这个口号。我一直梦想着，有一天中国所有的家庭至少有一个书柜，让"书香门第"成为中国永远的传统。什么叫"书香门第"？中国古代的书都是如传家宝一般，代代相传。父亲喜欢什么样的书，传递给孩子，父子间就有了共同语言,所以家庭阅读很重要。

我们的"新教育学校"要求所有孩子都要为自己建一个图书架,在不断阅读的过程中慢慢增加一些书。拥有更多书籍的孩子,就如拥有了一个小图书馆。孩子如果有了永远属于他的书,等他老的时候还会如数家珍,还会娓娓道来,能够作为传家宝一般传授给他的孩子。

"留守儿童"在没有人陪伴的时候,好书应该是陪伴他们最好的朋友。如果有一批温馨的童书或者儿童故事书,伴随着他们成长,那孩子们便能获得一点精神的慰藉。书虽然代替不了妈妈,但是书可以成为他的好伙伴。

学生的精神世界如何,在很大程度上与他们的阅读生活有关。学校图书馆就是青少年的精神食堂,食堂的环境和饭菜的质量,直接影响着学生们的成长。我希望有关部门能够科学建设中小学图书馆,这是保障我们国家青少年健康成长的基本精神营养。希望有关专家和部门携起手来一起做这件事,为书香飘逸校园尽一份力。

尽管现在很多单位的图书馆(阅览室)已经取消了,但我还是主张每个单位要有图书馆(阅览室),它们可以在工作之余成为员工们的"精神加油站"。

现在各地为客房提供书籍的宾馆越来越多,其关键在于如何选书。宾馆客房里要设置小书架,要有一二十本好书和新书。如果有一个城市用心去做好这件事,那么,这个城市南来北往的宾馆,完全可以成为流动的"精神驿站"。

"农家书屋"应该建设成为乡村的"精神驿站"。我建议把

"农家书屋"与乡村小学相结合,把书屋建到乡村小学里。让乡村小学的孩子有书读,多读书,读好书。

时时闻书香

作为阅读的主体,我们每个人应利用一切可能的时间读书。要想找到读书的时间,首先在思想上,必须真正把阅读当作最重要的事情。我自己的体会是,一天再忙也要挤出20分钟读下书,即使是儿童图书。

自来水是压出来的,时间是挤出来的。时间抓起来就是黄金,抓不起来就是流水。要想有时间读书,学会利用零碎时间也非常重要。欧阳修有所谓"三上"读书之说,是很重要的经验之谈。其"马背上",相当于如今的在坐车旅途中阅读;"枕头上",也就是睡前阅读;至于"厕座上",是利用在卫生间如厕的时间阅读。

媒体在阅读推广中具有不可替代的重要作用。应该尽可能把黄金时间留给阅读。现在的媒体是24小时不间断的,过去人们在灯光下阅读的时间被电视等媒体占用了。希望电视台把更多的"黄金时段"用来推荐好的诗篇、好的散文、好的书籍。国际上很多著名的出版机构,报纸、杂志、电视台、电台都是把"黄金时段"留给读书的,也因而形成了一批"独立书评人",通过他们与大众进行对话,让更多的好书为人们所熟悉,也因此熏陶出一批真正爱书的人

节假日是读书的大好时段。既要看好山丽水,更要读好书

佳作。我们生活在两个世界,一个是物质世界,有好山丽水;一个是精神世界,有好书佳作。人生有两道风景,好书佳作的风景,绝不亚于好山丽水的风景。"行万里路",是为了看好山丽水;"读万卷书",是为了看好书佳作。两者相辅相成,都可以给我们的心灵以滋养。

自 2003 年起,我一直在各种场合呼吁要设立"国家阅读节",在全社会营造良好的阅读氛围,唤醒国民的阅读意识,让阅读变成我们中国人的一种日常生活方式,共同把阅读进行到底。

好书飘书香

"书香社会",是一个品质阅读的社会。

如今出版物鱼龙混杂,图书浩如烟海,好书难以追寻,因此"读什么"的问题,已经上升到比阅读本身更重要的位置。正是基于这一现状,我们专门成立了"新阅读研究所",为幼儿、初中生、高中生、大学生、企业家、父母、教师、领导人与公务员等不同的人群分别选择阅读书目,并且每两年修订一次书目。

近年来,我们一直在做对应幼儿、小学生、初中生、高中生、大学生、教师、父母、企业家、领导干部的基础阅读书目,有的还正式出版了"导赏手册"。每种书目保持 100 本的基础,我相信这是最好的书目。因为我们会很用心地为大家去选,庞大的专家团队会对每本书进行认真研究。

毋庸讳言，当前的"书香社会"建设还存在一些问题：一是人们的思想认识和觉悟还没有到位，没有形成"共识"和"合力"；二是各级政府公共财政投入的资金支持不到位；三是各地围绕"书香社会"组织的一些活动还流于形式。因此，我们应该从如下几个方面来解决：中央和地方政府要大力推动，社会各界要积极参与，还应该成立全民阅读推广的专业机构，如中国阅读学会等，已有的中国图书馆学会阅读推广委员会等组织要积极引领，还要发挥民间阅读组织的作用。

总之，"书香社会"的形成是一个系统工程，需要全社会的共同推动。由"书香家庭"和"书香校园"奠定社会的基础，由图书馆系统作为"书香社会"的枢纽，由媒体积极推广优良读物，发挥好领导干部、教师、家长的关键性作用，共同在儿童和青少年阅读上下功夫，就一定能够逐步推进书香社会的构建。

> 让校园充满书香

新教育实验从诞生之初,就一直对书香校园的建设给予特别的关注。这种关注基于我们对教育和阅读的深刻理解。我们一直认为,一所没有阅读的学校,永远不可能有真正的教育。

有人曾经问我,能否一眼看出一所学校是不是"书香校园"。其实,有经验的人都知道,看一所学校是不是"书香校园",第一,要看这所学校的人有没有"书卷气",要看的是校长有没有书卷气。书卷气是写在脸上、写在瞳孔里的。那种清澈明亮的眼神,那种对于未知世界的好奇,那种见到好书迫不及待翻阅的心情,通过表情是能够辨认的。书卷气也会锻造一种心态,会让人变得更儒雅、更从容,所以,书香校园,首先要有一个真正爱读书、懂好书,能够及时为全校师生推荐好书、带领大家共读的校长。

第二,书香校园应该营造一个良好的阅读氛围。我们不主张学校里到处贴满不着边际的标语口号,但是恰到好处的提醒与宣示,为阅读创造一个好氛围还是必要的。在一所充满书香的校园中,通常能够在许多醒目的地方看到关于阅读的名言警句。在一些新教育学校,甚至连一花一草一木都给它配上了新教育晨诵里的诗歌,整个学校的阅读氛围创造得很好,让校园处处有书香的味道。

第三,书香校园应该打造良好的阅读环境,有一个藏书丰富而科学合理的图书馆。我在以前的信里曾经说过,学校图书馆就是师生的精神食堂,要把最美好的图书给最美丽的童年。书香校园必须解决"读什么"的关键问题,因为阅读的高度决定着精神的高度。为此,新阅读研究所研制了中国幼儿、小学生、初中生和高中生的基础阅读书目,未来还会进一步研制中小学图书馆基础书目,可以供学校图书馆选用。总之,要让学校图书馆的藏书有品质,学生的阅读才能高品质。特别要防止通过招标等渠道,让那些品质低下、不利于学生身心健康的书进入学校。为了提高学校藏书的阅读率,学校可以建一些开放的图书广场、图书角和班级图书柜。学校可以为图书广场和每个班级图书柜配上适合这个年级的好书,如果学校没那么多钱购买图书,就鼓励学生带两本好书,放在图书广场和班级图书柜里,定期更换,彼此分享和交流。这样,学校就是一个开放的大图书馆。

第四,书香校园应该有丰富多彩的阅读活动。阅读需要润物细无声的安静,也需要仪式、庆典、活动的唤醒和激励。尤其是对于小学生,丰富多彩生动有趣的活动是非常必要的。新教育实验学校创造了许多颇具特色的阅读活动,如自制图画书、阅读大挑战、作家面对面、阅读真人秀、跳蚤大市场、"我最喜爱的一本书"主题演讲大赛、"我最喜爱的图书人物"形象巡演、"我最喜爱的书中名言"配音大赛等。还有学校做了一个活动叫"感动接力",让每一个学生、每一个老师推荐一本曾经感动过自己的书,写上这本书为什么感动自己,然后把这本书捐给学校,学校建设了一个长廊,陈列这些书,任何老师、学生都可以任意取架子上的书阅读，让感动过自己的书去感动更多的人。只要用心去做，就一定能够结合学校的具体情况，想到很多活动。精彩阅读，创造精彩人生。

第五，书香校园应该有精彩纷呈的学科阅读。阅读兴趣和阅读能力的培养离不开语文学科。许多学校为此专门开设了阅读课，这对于阅读技能的养成，对于阅读行为习惯的训练，是非常重要的。但是，阅读不仅仅是语文学科的事情，所有学科都有阅读的任务，所有的老师都应该热爱阅读。我一直认为，阅读是走进学科本质的最主要的路径之一。目前，新阅读研究所正在研制学科阅读书目，就是期望能够唤醒学科教师的阅读意识。在许多新教育实验学校，科学阅读、数学阅读、英文阅读等，已经开展得风生水起，对提高学科教学的质量起到了重要作用。

第六，书香校园应该发挥学校的文化中心功能，通过开展亲子共读、组织读书会等，带动全民阅读，促进书香社会的建设。学校不是阅读的孤岛，通过营造书香校园建设书香社会，是一条全民阅读的必由之路。新教育实验的实践表明，以亲子共读为基础的家校合作共育，对于培养学生的阅读兴趣和阅读习惯，具有重要的作用。要让孩子们静下心来阅读，就要想办法把父母们从电视机前、麻将桌边、手机和平板电脑上拉回来。亲子共读，让父母与孩子有了共同的语言和密码，有了共同的价值与愿景，对于改善家庭关系、形成良好家风也有积极的意义。学校可以开展家庭藏书秀、亲子阅读大赛、家庭阅读挑战等各种活动，激励父母的阅读兴趣。有条件的学校，还可以牵头成立各种读书会和读书俱乐部，让父母和社会人士深度卷入学校的阅读活动。

当然，书香校园的建设还有其他一些环节。如有懂书爱书的图书管理员，能够配合各年级各学科的学习，为师生推荐合适的图书；组织班级共读和全校共读，协助师生选择合适的经典改编生命叙事剧；为有特殊阅读兴趣和需要的师生寻找书籍；有科学合理的阅读评价方法，对阅读能力进行测评和提升；制定具有学校特点的必读书目；等等。

总之，阅读有方法，阅读无定法。一所普通学校，可以通过书香校园建设，让学校焕发生机。一所充满书香的学校，也可以百尺竿头更进一步，帮助那些阅读的种子，早日破土而出，结出丰硕的果实。

> 阅读拓展生命的长宽高

关于阅读,我曾经提出五个基本观点,在《我的阅读观》这本书里都有讲到。第一,一个人的精神发育史就是他的阅读史。这是从阅读对个体的意义和价值而言。我们身体的成长和遗传有关,和我们每天的饮食有关,和我们的运动有关,相关要素比较多。但是我们精神的成长,我们心灵的成长,其实更多和我们的阅读相关。第二,一个民族的精神境界取决于这个民族的阅读水平。这是讲阅读对一个国家和一个民族的意义。其实,一个民族无论有多少人,想要真正受人尊敬,要真正地屹立在世界民族之林,要真正地拥有创造力和凝聚力,往往和这个民族的阅读水平密不可分。第三,一个没有阅读的学校永远不可能有真正的教育。这是从教育的角度来说的,阅读是学校教育最重要最基础的内容,舍此则无教育。第四,一个书香充盈的城市才能成为美丽的精神家园。这是从阅读与一个城市、一个区域的关系来说的。一个城市,最美的往往是这个城市的人,是人的气质和风度,这与阅读密切相关。第五,共读、共写、共同生活才能拥有共同的语言、共同的密码、共同的愿景、共同的价值。这是从阅读的方式而言的。这是从一般意义上来论述阅读的意义。

平常我们一般不太会关注生命的问题,因为我们身体状态很好。正如平时我们一般对空气不关心,什么时候关心空气了？往往是雾霾来了才开始关心。我们身体状况也是这样，身体好好的，不会关心，但是身体有麻烦时，就会关心了。其实，生命的问题是非常值得关注的，生命不仅仅医学界需要关注，对教育来说，也特别重要，应该引起关注。

教育首先要帮助生命有最好的样态、最好的发展

我认为，生命教育应该是学校教育的一个基础性的课程。因为教育首先是为生命而存在的，连命都没有了，教育还有什么意义？教育首先要帮助生命有最好的样态、最好的发展。所以新生命教育要以生命为中心和原点，引导学生珍爱生命，热爱生活，成就人生，拓展生命的长宽高，让有限的生命实现最大的价值。

我们首先对生命要有基本的认识和理解。每个生命都是独特的，生命因独特而弥足珍贵，世界上没有两片相同的树叶，生命更是如此。最好的教育应该是珍惜和尊重所有生命的教育。每个生命要获得更好的发展，必须是积极的、自主的。最好的教育是帮助每个人能进行自我教育，帮助每个人激发自我成长的动力。

我们生命教育的目标就是拓展生命的长宽高，那么，什么是生命的长宽高？生命有三维。自然生命，生命的自然事实；社会生命，生命的社会事实；精神生命，生命的精神事实。自然生命之长，强调的是延续生命存在的时间，社会生命之宽强调的是丰富当下的人生体验，精神生命之高是能够构筑我们真

正的精神高地。

生命的三个维度是统一的，是一个辩证的关系。我们知道，有一些生命的维度是不可控的，比如说生命的长度，不是说你想活很长就能活得很长，生命的长度受很多不可控制因素的制约。但是，既然每个人生命的总容量取决于这三者的乘积，那么我们尽可能拓展生命的高度和宽度，也可以使生命的总容量变大。

从自然生命来说，我们通过安全与健康的课程去延长每个人生命的长度。从社会生命来说，通过养成与交往的课程去拓展生命的宽度。从精神生命来说，我们通过价值与信仰的课程来提升生命的高度。从生命的长宽高来说，只有生命的高度是我们自己最可以把控的，而且提升的空间是最大的。通过阅读，有助于我们提升精神生命的高度，从而增加我们生命的容量。

没有阅读就没有心灵的成长，没有精神发育

我们知道，人的精神世界和阅读有非常密切的关系。我们可以想一下，如果没有阅读，这个社会是什么样？如果没有文字，这个社会是什么样？人类最伟大的思想、最伟大的智慧、最伟大的精神在哪里？毫无疑问在那些最伟大的书里。最伟大的书在哪里？在图书馆里，在我们家的书架上。但是，如果没有阅读，这些书就是一堆废纸。只有通过阅读，我们才能真正拥有蕴藏在这些书中的思想、智慧和财富。我们每个人都可以通过阅读逐步成长起来。人类需要阅读，也能够阅读，这是人类最了不起，同时也是最无奈的事，因为无人能够替代我们阅

读,每一代人都要从头开始,从识字开始阅读历程。

没有阅读就没有心灵的成长,没有精神发育。我曾经一直强调,阅读虽然不能改变人生的长度,但可以改变人生的宽度和高度;阅读不能改变人生的物相,但是可以改变人生的气象和品质。后来很多人跟我说:"朱老师你这句话讲得保守了,阅读其实是可以改变生命的长度的;同时阅读也可以改变我们人生的物相。"我明白他们的意思。因为从生命长度来说,至少可以从两个方面延长我们生命的长度。首先,通过阅读可以了解很多关于安全和健康的知识,我们可以自我保健、自我运动来强身健体,延长生命。其次,通过阅读可以让我们有一个更宁静的心态,更懂得人世间基本的常理,懂得生与死,让我们更淡然、更宁静。所以阅读是可以改变我们生命的长度的。何况现在还发展了很多阅读疗法,通过阅读来治疗各种各样的身心疾病。所以,阅读不仅可以改变我们人生的宽度和高度,也可以改变我们人生的长度。

当然,阅读也可以改变我们人生的物相。作家毕淑敏曾经说过,对于女人来说,书是最廉价的化妆品,因为真正读书的女人才是最美丽的,因为她有高贵的精神气质。阅读是通向内心安宁的一条通道,能给人心灵慰藉,让人真正有幸福感。

在生活中,我们经常看到有一些人总是很受欢迎,总是很受尊重,我们觉得这个人社会经验很丰富。人的社会经验从哪里来,很多人以为是从社会实践中来,不完全是。至少我个人觉得我的大部分社会经验是从书本中获得的。书籍将人世间各种各样的情绪、复杂的关系展现出来,能够让我们看到一个更丰富的世界。因为我们的生活总是有限的，而书籍能把我们带向远方，真正的阅读能够帮我们更好地了解这个社会。书籍可以帮我们和作者进行跨时空对话。书籍在生命独自面对一种情感与精神的情境时，架设起了灵魂交流的场域，让我们和不同时代的伟大人物进行跨时空对话。透过书籍，我们可以获得对人生、社会和世界的认识。

阅读能帮助我们提升人生境界

我们活在这个世界，来到这个世界，就是为了看一下这个世界。眼睛一睁，开始我们的一生；眼睛一闭，离开这个世界。人这一生就是为了看世界。无非是看三个世界：一个是物质的世界，自然的山水；一个是社会，人类的社会，人情百态；还有一个是精神的风景。精神的风景是人世间最美丽的风景。英文就26个字母，常用汉字也就几千个字，但是它们构筑出来的奇妙风景，比任何自然风景都更美丽。真正的阅读能够帮助我们去了解我们人生的意义和价值，能够帮助我们更好地提升自我的精神境界。所以，我们新教育提出，通过我们的生命教育，希望能在未来的孩子们的身上看到：政治是有理想的，财富是有汗水的，科学是有人性的，享乐是有道德的。为达到这个目的，必须要有价值、有信仰。价值与信仰是我们提升生命高度非常重要的路径。这些年来我们新教育实验在未来的课程方面做了一些探索。我们把生命教育作为教育的基础课程，在此之上是智识课程（求真）、公民课程（至善）、艺术课程（尚美），以及针对不同学生的个性化课程。

  我一直在思考，教育到底应该教给孩子什么？我们现在学习的这些课程是不是天经地义、一成不变的？难道我们的学校就是要这样按部就班地永远学习语文、数学、外语，永远学习物理、化学、地理、历史、生物吗？根据我们的最新研究，也许未来的课程不是这样的。未来我们会用很大的精力来从事生命教育。因为生命教育的基础做牢了，一个人就有了安身立命之本，他可以活得更健康，活得更潇洒，活得更受人尊重，可以有更高的追求。其实，整个人类的教育体系正在发生一个非常深刻的变化，包括学校教育也面临着前所未有的挑战，所以未来的学校将会是一个什么样的形态，我们也在做一些新的畅想。但是，无论怎么变，阅读是不会变的，阅读始终是我们教育的核心。

> 打造"中国人的精神春节":国家阅读节

一个国家的强大得益于每一个人的强大,一个民族的兴盛得益于每一个人的成长。人才的竞争,是 21 世纪发展的保障。阅读,则是提升全民素质、进行人才培养必不可少的路径。

对阅读热的冷思考

近年来,无论是全民阅读被连续写入《政府工作报告》,还是《中华人民共和国公共图书馆法》的颁布,一系列重大举措推动着全民阅读向纵深发展。但阅读自身的规律,造成阅读推广存在着一些特点。比如,热热闹闹做活动容易,安安静静阅读难;短时间买书谈论书容易,养成习惯坚持读书难;浅层次的泛泛了解容易,深层次的思考创新难……如何能够让阅读真正浸润心灵,而不是变成一种简单的活动?在当下推动阅读过程中,我们应该围绕几个重点问题进行突破。

一是简单随意的活动多,深刻有效的活动少。阅读活动看似平常简单,花费较少,不论是政府部门,还是民间机构,都非常容易开展。但是,活动是否有效,取决于形式内容是否能够真正统一,是否能够形成互相促进、直抵心灵的力量。现在一群人聚集在一起,捧着书,拍张照片或录段视频,就可以称之为"活动"。缺乏更大规模的组织、更有深度的阐释的活动,难以取得更广泛的影响和更深入的效果。

二是浅层次短期阅读多,有深度有系统的少。阅读,是一种大教育。阅读能力,其实就是教育所需要培养的学习能力,因此,阅读的选择、阅读的科学等都很重要。读什么,相当于吃什么才有营养;怎么读,相当于如何烹饪才保有营养,这些都是需要科学研究的。现在对阅读的研究还不够,所以开展的阅读活动更多地是着力于促进对阅读认识的改变,推动阅读习惯的养成,而没有真正上升到阅读能力和素养的提升。

三是从阅读的人群来看,阅读的儿童多,成人少。儿童当然是学习阅读、坚持阅读的主力,但现在是一个终身学习的时代,成人不阅读,自身无法提升,就无法适应社会发展的需要,另一方面也无法为儿童群体形成良好的榜样。

让阅读更扎根生活

要想真正把全民阅读的效果进一步扩大,在全社会进一步推动深化阅读,我们提出以下建议:

第一,设立"国家阅读节",把全民阅读提升为国家战略。节日的本质就是对应平常的日子,把日常生活中重要的部分提升为一种仪式。扩大对阅读的宣传,设立"国家阅读节"是一种简便有效的做法。"国家阅读节"应该成为中国人的精神春节,让增强文化自信和阅读推广工作相辅相成。让"国家阅读节"成为阅读推广工作的龙头,夯实国家文化软实力的根基,传播当代中国价值观念,展示中华文化独特魅力,提高国际话语权。为进一步强调有民族文化特点、有独特习俗传承的自身的节日时间，建议把 9 月 28 日的孔子诞辰日，作为我国"国家阅读节"，并以国庆长假为目标，打造一系列的节日活动，让"国家阅读节"成为"阅读周""阅读月"，让阅读与生活更紧密地相连。

第二，进一步推动书目研制工作。无论是根据不同人群开展的基础书目研制工作，还是根据学习需求开展的学科书目研制工作，或者根据地区需求开展的图书馆配书书目研究，书目研制是一项特别重要的工作。在信息时代，信息越丰富，越容易导致人的迷失。书目研制是为个人精神食粮提供一份营养全面的科学配餐方案，是为个人的成长提供一份藏宝图，便于人们按图索骥。信息时代读什么，是一个至关重要的问题，是一个影响着民族文化传承的大问题。政府可以通过委托研究或者购买服务等方式，为不同人群定制科学合理、具有创新精神、培养创造力的专业书目。

第三，支持举办共读活动。共读是根据不同的群体进行同一本书或同一类书的阅读活动。比如，亲子共读、师生共读、团队共读等等。研究表明，共读对于形成共同的价值观、共同的语言和愿景，具有非常重要的作用。建议以儿童为中心，一方面推动师生共读，一方面推动亲子共读，从而让全社会阅读氛围更为浓烈，阅读效果进一步加强。

总之，节日不是形式，是仪式。作为民俗的春节，是我们日常生活的春节，"国家阅读节"就是精神生活的春节。为阅读鼓与呼,以更有力的仪式庆典,让阅读更扎根生活、更深入人心,还需要继续努力。

> 书香强国路迢迢

2019 年的全国两会上,我提交了三个关于阅读方面的提案。第一个就是关于建立国家阅读节、建设书香中国的提案。很多人知道,建立国家阅读节的提案,从 2003 年两会开始,我就提出来了,但一直未被采纳,可谓"屡败屡战"。但我一直认为,原来国务院法制办答复的所有不同意建立阅读节的理由都有待商榷。

一开始说是国家原则上不增加新的节日,但是,从航海日到农民丰收节,这些年还是批准了不少新的节日。后来说是因为有了世界读书日。且不说所谓的世界读书日其实是翻译的一个乌龙,更重要的是 4 月 23 日纪念的是两个外国作家,与中国毫无关系。World Book and Copyright Day,正确翻译应该是"世界图书与版权日"。因为我们将其错误地翻译为"世界读书日",导致一方面我们相对比较重视阅读,而忽视了出版、版权与知识产权保护方面的工作,另一方面也未能更集中、更深入地推动阅读相关工作。我们提出把孔子诞辰日 9 月 28 日作为"国家阅读节"有非常充分的理由。一个国家,对于自己的文化奠基人,对于"万世师表"的教育圣人,应该有纪念他的节日。我国的台湾地区,就把孔子诞辰日作为教师节的纪念日。两岸和平统一以后,一个读书节(9 月 28 日),一个教师节(9 月 10 日),还是可以非常好地融合的。

第二个是关于加强农村中小学图书馆建设与阅读指导的提案。以前也关注过这个问题，我还专门给刘延东同志写过重视农村中小学生的"精神食堂"的建议，得到她的关注与批示。这次再次提出来，是因为去年一年参加全国政协和民进中央在广西、湖南、云南等深度贫困地区的调研，让我更加感觉到紧迫性。

在云南元阳县的一所镇中心小学调研时，因为新建教学楼，图书收到食堂仓库了。我们跟踪到仓库，发现所有的书被打包放在仓库的墙角。很多新采购或者赠送的书，包装也没有打开。我对校长说，这些书其实比你们的老师厉害得多，如果让你们的孩子有机会读到那些最好的童书，他们会热爱阅读，会远远比课堂里学得更多。

所去的学校，要么没有书读，要么书不适合学生读，要么不让学生借书读，没有专门的管理人员，开放时间短等问题比较普遍，最后写成了这个提案。

第三个是关于加强高校图书馆建设的提案。这是去年上半年教育部交给民进中央的一个调研课题。当时教育部副部长孙尧邀请我到他的办公室，希望我们能够对高校图书馆建设的问题进行深入的研究。接到任务以后，我们立即安排了相关调研，山东、河北、江苏、浙江、北京的十多位高校图书馆馆长参与了民进中央参政议政部组织的调研，并在8月底召开了高校图书馆建设研讨会。

调研中发现，当前高校图书馆建设仍然面临不少问题。各校图书馆硬件设施差异巨大，馆藏资源配置存在问题，采购费用离散度极大，电子资源同质化且外文资源经费负担沉重。现行图书采购和资产管理模式不合理，低折扣中标采购严重影响图书馆入藏图书质量。高校图书馆的人力资源建设严重滞后，馆员职业门槛过低，素质能力参差不齐，工资待遇、职称评审等方面普遍被边缘化。高校图书馆开展社会化服务难度大。为此我在提案中提出要分类制定高校图书馆建设标准，加强高校特色化馆藏建设，改变高校图书馆资源配置和管理方式，加强电子资源建设，努力改变外文数据库购买中的被动局面，加强高校图书馆的人才队伍建设，引导有条件的高校图书馆向社会开放，等等。

这些提案在全国两会中受到了广泛关注，三个提案的内容，在两会召开后，很快被《人民日报（海外版）》《中国教育报》《光明日报》《中国新闻出版广电报》《中华读书报》等刊发。

2019年3月6日，《新京报》发表了我的一篇政协笔记《书香强国》。我在这篇文章中提出，在信息时代的诸多改变，在经济外部输入性风险上升、国内经济下行压力加大的背景下，教育是最大的民生，阅读是最高效的教育，推动阅读是推进教育公平最简便的方法。

许多人都熟悉时间管理理论中的四象限法则：紧急又重要、重要不紧急、紧急不重要、不紧急不重要。其实，一国之计也是如此。如果说国家安全、经济发展等事务属于紧急又重要的第一类，那么阅读、教育等事务就属于重要但不那么紧急的第二类。21世纪是人才的世纪，为了国家发展、人民幸福，我们需要多类人才的金字塔式稳定构成。

只有把阅读作为国家战略,长远部署,稳步推进,我们才能在每一个今天,不仅创造物质财富,还能积累精神财富,才能为明天储备足够的财富基础,才能在明天再一次转化为更为丰厚的精神、物质的双重财富。

我关于书香强国的观点引起了一些委员与记者的热议。香港大公文汇报业集团的记者凯雷说,如果这四个字成为国家战略,将是我们国家和民族的福音。

两会期间我最开心的一件事情,就是"倡导全民阅读,推进学习型社会建设"最后被写进了《政府工作报告》。在征求意见的时候,我曾经提出过一些修改意见,包括希望把"倡导全民阅读,建设书香中国"写进《政府工作报告》,结果有些意见被采纳了,但是这一条建议没有被采纳。所以,在民进组讨论《政府工作报告》,和界别专题讨论"办人民满意的教育"时,我两次发言,呼吁把全民阅读写进《政府工作报告》。

我讲述了两个重要理由,第一,这是李克强总理在 2015 年的承诺。那年两会上,总理在回答《人民日报》记者有关阅读的问题时说,他希望全民阅读能够形成一种氛围,无处不在。我们国家全民的阅读量能够逐年增加,这也是我们社会进步、文明程度提高的十分重要的标志。而且把阅读作为一种生活方式,与工作相结合,不仅会增加发展的创新力量,而且会增强社会的和谐力量。这也就是为什么他两次愿意把"全民阅读"这几个字写入《政府工作报告》的原因,"明年还会继续"。第二,阅读本身对于国民素质的提升和国家竞争力、凝聚力的加强具有不可替代的重要作用。阅读,是最有效、最便捷、最廉价、最直接的提升国民素质与国家竞争力量的路径。我把自己的思考也专门写成建议，送交有关部门。

全国人大会议闭幕前，当我得知这个建议被采纳时，感到非常欣慰、非常激动。我及时把这个喜讯和一起努力的政协委员、媒体朋友分享，大家也非常高兴。

这些年来，全民阅读在中国受到了前所未有的重视，但是我知道，我们还有很长的路要走。我和我的新教育同仁，会继续勉励前行。

> 充分认识阅读对未来教育的意义

未来教育：学什么和怎么学

自20世纪80年代以来，学习科学备受教育界关注。世界范围内知名的脑科学家、认知神经心理学家、教育家都从自己的领域进行研究，探究人的记忆、学习机制、生理机制、心理机制等方面的问题。

现代教育发生了很大的转型，从教转向学，从以教师为中心、以书本为中心、以知识为中心，转向以学生为中心，以学习为中心。"从教转向学"有一个很重要的问题，那就是如何提高学习效率。

2018年12月，中国教育三十人论坛在深圳召开了一个有关教育的前沿峰会，就学习科学进行专门讨论。会上，几乎所有研究学习科学的专家的关注重点都在于——如何让学习更有效率，如何提高记忆的效率，如何尽快地掌握知识，如何让记忆变得更牢固，等等。但是，如果一个孩子的学习效率很高，然而学到的知识却是无用的，该怎么办？这是我在会上提出的一个问题——大多数人关注学习这件事情本身，而很少有人去研究学习的内容。

我在新书《未来学校》里面，专门就未来学校应该学什么进行了讨论。学生花那么多精力和时间去学没用的东西，这是教育面临的一个大问题。今天的学校生活,是天经地义的吗?学校里教的知识都是理所当然的吗?如果不是的话,能不能改一改呢?

我们知道,现在学校的学科越分越细,学科科目越来越多,不断做加法。这样下去,学生吃得消么?而科学本身,在发生新的整合。所以我在《未来学校》这本书里提出,关于未来学习内容的一个新主张——大量压缩学习内容。

个人认为,现在学校里教的课程最多保留50%,把50%以上的时间还给学生,让学生自我定制学习、自我建构学习。对于学校来说,砍掉50%的课程谈何容易!但实际上,砍掉50%都是保守的。

2015年,世界教育创新峰会(WISE)对全世界的教育家做了一个调研。我也收到了一份问卷,问卷上的问题是:"你认为现在孩子要学习的这些知识要保留多少?"大家猜猜最后的答案是多少?平均数17%。也就是说,学生现在学的这些东西,其实很多是没有必要学的,是在大量地浪费时间。

这一调研结果,几乎彻底颠覆了我们对学校学科知识的认知。大家可以设想一下,我们从小学、中学到大学学习的东西,在一生中派上了几次用场?在我们的知识结构中有多少是自学得来的?

这样一想,我们会发现这个数据是有道理的。因为,我们大部分的知识是自学的,是自我建构的。与其这样,学校不如把好的学习方法教给学生,让学生进行自我定制的学习,进行自我建设的学习。

现在的学习低效甚至无效，就会引起学生的厌烦。其中有一个很大的问题，就是学生对学习内容不感兴趣。

我们建构的未来学习中心的基础课程体系里，首先是生命教育课程。教育首先是为生命而存在，涵养生命是教育的天职。所以我们首先要把关于生命的学问、知识和能力教给学生。生命有三个维度，第一个是长度，第二个是宽度，第三个是高度。长、宽、高，构成了立体的生命。长是距离，没有生命的长度，教育都是空话。

首先学生要活得够长，这就需要安全健康知识。他们要会好好吃饭、喝水、睡觉、吃药，在危急的情况下能逃生、自救，在他人发生危险的情况下施以援手。人们常说身体的健康是"1"，其他都是"0"。教育首先要帮助一个人解决"1"的问题，先把"1"给"立住"。

其次，解决生命的宽度。人是社会的人，人生活在人群中，每个人都具有社会性。在生活中，我们会发现，有的人走到哪里都受人欢迎，有的人走到哪里都令人讨厌。在心理学里有专门的名词，叫"人缘儿"和"嫌弃儿"。为什么会有这样的差别？这是因为"人缘儿"懂得和人交往的艺术、知识和技能。所以我们的课程要解决生命的宽度问题，让他成为受欢迎的人。

再次，解决生命的高度。人要有精神生活。人和其他动物不一样，其他动物也有社会性，也有长度和宽度，但是它没有高度。只有人有高度、有价值观、有原则，这也是作为一个人的底线。

因为这门课非常重要,所以我们主编了一套《新生命教育读本》,覆盖了从幼儿园到高中学生,每学期读一本。这套书目前还不是国家教材,但是已经在几百所新教育实验学校使用。我觉得未来它应该成为国家基础课程,因为这套书对人一生的发展有意义。现在的学校并不是完全没有生命教育课,心理课、生理课、职业生涯规划课,这些都属于生命教育课程。只不过太分散、太琐碎,所以我们把它整合成一门课程。

我们建构的未来学习的基础课程体系里,在生命教育课程的基础之上,还有真(智识教育课程)、善(道德教育课程)、美(艺术教育课程)。"真"分两门课程,一门大科学和一门大人文;"善"是大德育,"美"是大艺术。这就把现在中小学所有的学科都整合了。

在大科学课程上,我们需要的是一门面向所有人的科学,是帮助人养成科学思维、科学精神、科学方法的科学。所以我们根据物质科学、生命科学、宇宙科学这三大现代科学支柱概括出十四个大科学概念,用科学概念来整合科学知识体系。

其实在几年前,中国工程院院士韦钰已经和全世界的科学家一起把十四个科学概念提出来,只是还没有形成非常完备的体系。新版的国家小学科学教材,基本上是根据科学概念来整合的。很遗憾的是,到了中学科学又被割裂。尤其是文理分班以后,绝大多数学生不学科学。这些学生以后不再接触科学,实际上是一件很遗憾的事情。而我们要做的大科学,是一门要面向所有人的科学。

同时,我们还做了面向所有人的大人文科学,包括文学、哲学、历史、地理、政治等学科。人文本身是一门综合性的课程，你能说《史记》是语文，是历史，还是地理么？《史记》是一个综合性的文本。所以未来的人文学习是以文本为基础，主要采用项目制学习与主题性学习的方法进行的学习过程。这样就把文学、哲学、历史、地理完整地用人文科学的概念整合起来。

2019年7月，在江苏召开的新教育实验年度研讨会上，我做了一个报告，提出来12个关于人文科学的大概念。未来，我们会用人文科学大概念编一本新教材，也是从小学覆盖到中学。我觉得它符合未来的教育方向。这样我们就把那么多门课变成2门课——科学、人文，而且所有人都要学，不允许文理分科。

不允许文理分科，不等于不培养学生的个性。在另外50%的时间，我们会让学生做选择。比如学生想成为一位化学家，我们有化学模块的课程；学生想成为雕塑家，或者电影家，我们也有相应的课程。这就是让学生在选修课程的过程中，去进行自我的建构。

以"善"为指向的，是道德教育课程。我们把公民教育、道德教育、思想品德教育整合成大德育。大德育培养学生与人和谐相处的能力、领导能力、社会责任和经济生活管理能力（财商）等。

以"美"为指向的，是艺术教育课程。美术和音乐是100年前艺术教育的样式。戏剧、设计、创意这些现代艺术教育形式，还没有真正进入学校的教学体系。所以我们专门设计了一套以艺术教育大概念为统领的艺术教育课程。

学科阅读：为什么读和读什么

学什么的问题很重要，和它相关的就是读什么的问题。2010年，我们在北京成立了新阅读研究所，王林是新阅读研究所第一任所长。新阅读研究所花了大量的精力研制《中国人基础阅读书目》，整个书系已经全面完成，不同年龄阶段的不同职业群体要读什么书，就有了一个比较靠谱的书目。

应该说，这在中国还是第一次系统地进行研制。中国古代有很多书目，包括张之洞曾经编撰的《书目答问》，但基本上还是以中国传统文化为导向进行的梳理。我们研制的书目包括人文、科学、社会等成体系的书目，并涉及不同人群，这在中国历史上还是第一次。

"虽有遗珠之憾，但绝无鱼目混珠。"曹文轩曾经这样评价《中国小学生基础阅读书目》。我认为这个书目应该成为我国中小学图书馆馆配的基础书目。今年全国两会上，我专门有一个提案提出，中小学生的营养午餐基本解决了，但是精神正餐没有解决。

每年我差不多要走一百所中小学，特别要到农村学校去看一看。我看农村孩子的伙食是可以放心的，每一餐基本上都有肉，营养也比较合理。因为国家抓得很紧，拨款也很到位。但是精神正餐没解决，农村中小学图书馆基本上没有成体系地构建。有的学校干脆没有图书馆，有的图书馆"铁将军把门"基本不开放，有的图书馆虽然开放，但是图书质量参差不齐。问题非常多，更不用说阅读指导、阅读课、图书馆管理员等一系列问题。

2018年11月，我到云南一个国家级贫困县的小学。小学里的书倒是不少，但是全部捆起来放在仓库里。我就跟校长说，一本书就是一个老师，很多老师也许还不如一本书的水平高。一个学生可能通过一本书热爱上阅读，从此就会自己找书看。这本书对他的影响，可能远远超过老师对他的影响。你一定要记住：一本好书，一定不亚于一个好老师。

所以，读什么这个问题要解决得更加深入。3年前，我们开始研究全学科书目。为什么要做全学科阅读的书目？因为我们做完《中国人基础阅读书目》之后发现，基础阅读书目很难涵盖中小学生的学科内容。现在的中小学生书目各包含100本书，基础书目30本，推荐书目70本，其中人文、文学、科学各占三分之一，所以要具体到某一门学科就很困难。

我们觉得学科阅读对学生的健康成长非常关键，但是现在的中小学基本上没有学科阅读。讲起阅读基本上都是语文老师的活儿，阅读好像变成语文学科的事情，其他学科不关注阅读，也没有帮学生养成阅读习惯。

我刚开始做书目的时候，有一位化学特级教师跟着我做访问学者。他问我，为什么化学学科还要读那么多书？一位教授级的化学特级教师，他觉得化学学科就是做实验，孩子不需要阅读。

我告诉他，学科阅读至少有三大好处。

第一，激发学生好奇心，学生可能从此对学科产生浓厚的兴趣。我看过很多科学家的传记，很多人由于在小学读了一本书，于是爱上了这门学科。比如说，学生可能是因为《元素的故事》喜欢上了化学，也可能因为读了《从一到无穷大》喜欢上了数学。

教科书是干巴巴的，没有可读性的。它只是一个知识体系的框架，不是一个好的读本，很难去点燃学生的学科兴趣。而学科阅读的书不一样，现在有很多非常好的学科阅读读本。我曾在新浪微博上推荐过一套学科阅读的书——《量子物理》，这是一套写给3~10岁孩子看的图画书，作者是加拿大物理学家克里斯·费里。

第二，学科阅读有助于帮助学生追寻人生榜样。寻找生命的原型，对于一个人来说非常重要。每个人的生命其实就是一个故事，优秀的人能够把自己的故事变成一部传奇，一般人就是一个平庸的故事，甚至还有人把故事变成了事故。

新教育实验关于教师成长有一套理论，其中一个理论就是生命叙事。我们认为要成为一个优秀的教师，就是要用自己的生命把故事变成传奇。首先教师要去寻找生命的原型，通俗地来说就是人生的榜样，就是要像谁那样活着。

优秀的人心中总有自己的人生榜样，这是所有人成长过程中的重要动力。我有一个博士生叫李镇西，他是特级教师，语文学科教师、班主任基本都知道他。他说，两个人给了他人生的动力，第一个是陶行知。他看过陶行知先生所有的书，认真读过几十卷的《陶行知全集》。像陶行知那样做一个平民教育家,是他的人生的梦想。第二个是苏霍姆林斯基。他专门到乌克兰去致敬苏霍姆林斯基,读过苏霍姆林斯基所有能找到的著作,所以有人把他称作"中国的苏霍姆林斯基"。他做校长以后在学校里面建了两个院子,一个叫陶院,一个叫苏院,因为他做教育的动力就来自这两位伟大的教育家。如果去做追溯和研究的话,其实那些优秀教师的成长历程中,都有这样的榜样。

科学家范·德·瓦耳斯也是如此,他是一位荷兰物理学家,曾经获得诺贝尔物理学奖。我特别喜欢看名人传记,大学期间把图书馆里所有名人传记通读了一遍,一本不落,其中有一本名人传记介绍了范·德·瓦耳斯。在成长的过程中,他心中就有一个偶像。这个偶像不是物理学家,而是一位哲学家,和他在同一个村庄,比他早几代出生。他认为,自己跟他一样,都生长在同一片土壤上,生活条件也都差不多。既然他能成为一个伟大的人,为什么我不能呢?于是,瓦耳斯每天专门绕一段路,来到这位哲学家的铜像前为自己打气。最终,这座城市也有了他的雕像。

第三,学科阅读本身也是走进学科本质的最重要的路径。教科书是"压缩饼干",它把学科体系中最重要的原理、知识、定律串联起来。但它不是一个完整的内容,不是一个丰富的实体。学生要真正地掌握学科本质,特别是理解学科之间的内在联系,需要大量的学科阅读,有时还需要整合学科。

目前,我们的研制工作进展得比较顺利。我们把中小学所有学科,包括我们自己做的生命生理课,都做了一个学科阅读书目研制计划。今年年底将推出第一批书目,明年争取全面完成。针对每一门学科,我们为中国的老师和学生,各做了一个100本书的书目。在学科阅读书目中,老师和学生的读物有交叉,但不完全一样。这个书目是我的第二个大工程,以前也没人做过这件事。

未来阅读与未来学校:怎么关联怎么实现

学科阅读书目完成以后,我还有一个梦想,就是做主题研究书目。为什么要做这个书目呢?因为未来教育的主要学习形态不再是分科教学,而是以主题式学习、项目式学习为主导的新型学习形式,所以光有学科阅读是不够的。

未来,传统的班级授课制肯定会被打破,而学科阅读书目很难适应新的学习形式。但研究不一样,中国有一百个左右的一级学科,它可以直接为一切终身学习的人的研究性学习、主题性学习提供服务。

在研制的过程中,我们可以按照一级学科和二级学科的体系,按照城市问题、环境问题的方式,去选择未来学生在研究过程中需要的知识体系。

这项工作我也要准备尽快启动,我已经跟中国大百科全书出版社洽谈合作。中国大百科全书出版社凝聚着国家所有学科的第一流人才,每门学科都有召集人。我们想请负责每门学科的召集人来主持书目,选编图书。

这样,我们就可以完成从基础书目到学科书目,再到研究书目,形成一整套阅读体系。

我认为这是一个比较重要的奠基性工程，这也是会对未来教育产生深刻影响的工程。

未来教育，会变得让人难以想象。我接受《未来学校》的采访时，其中一个问题是，未来学校什么时候能实现？我说，中国是世界上最有条件实施未来学习中心的国家。因为中国有着执行力极强的政府，只要政府下决心，看清未来的方向，就会全力以赴地完成。

全面变革学校，应该首先出现在中国。技术已经完全提供了可能性。大数据、区块链、人工智能等已经为未来学校提供了所需要的所有硬件支撑，现在只剩下思想上的障碍。只要思想上的障碍解决了，中国的推动力会强于任何一个国家。

《未来学校》这本书里的所有教育模式，在现实生活中都有原型，而且大部分原型来自美国。20世纪60年代开始，美国就已经有了不上课的学校。学生把想学的东西告诉学校，学校帮助配备资源，在这里完全以学生为中心来进行学习。《未来学校》里所有的故事都有原型，我只不过是把它们重新汇聚，用现代教育体系进行重新构架。

未来学习中心是没有围墙的校园，甚至是虚拟的网络空间。学习中心可以是类似于传统中小学的学习机构，也可以在社区、科技馆、博物馆、图书馆或者大学。只要能够提供丰富的学习资源和良好的学习环境，都可以成为未来的学习中心。

未来教师是能者为师的时代，世界上只有十分优秀的人才能做老师。比如对于艺术课而言，现在都是师范院校学艺术的老师来教，未来都是艺术家来教学生。北京大学附属中学已经做到了，它的艺术课程由艺术家来教授。艺术家在校园里建各种各样的工作坊，学生自主选择课程。上海包玉刚实验学校的体育课，是由奥运冠军、亚运冠军在教。这样的教育，就会提供一个新的景观。

未来学校也没有现在的补习班和传统学校。未来所有人都是老师，所有地方都可以成为学校。现在的学生很苦，上学后到学校学数学、英语，放学了到培训机构补数学、英语。未来，学校把知名机构的老师请来教英语、数学，学生何必再去补课呢？未来那些优秀的英语老师，他会开英语课程公司；未来那些优秀的语文老师，他会开语文课程公司，为各种学习中心提供课程。所以如何调动教师的积极性，校长就不用担心了。教师教得不好，校长可以换人。

所以，未来的教育经过这样的重新构架以后，会发生让我们难以想象的新的变化，会更加便捷，更加自由化、定制化、个性化。未来教育的变化会非常大，但是有一条是永远不可能变的，那就是无论教育怎么变，阅读是不会变的。阅读包括纸质阅读和网络阅读，它是获得知识的一个最重要的来源，也是我们进行各种学习的最重要的文本。

正因如此，我们要充分认识阅读在未来教育中的意义和价值，充分认识学科阅读对学生成长的意义和价值，充分认识主题研究阅读对培养有创造力的人的意义和价值。

第二章

阅读的高度，决定国家的高度：中国人应该读什么？

制约全民阅读水平提高的原因很多，其中没有一个全社会基本认同的基本书目，人们囿于图书选择困境的原因也是不可忽视的。一些真正的好书很难走进人们的心灵，就不可能使人们真正地建立起对书的热爱。

> 为民族精神导航：我们为什么需要国家基础阅读书目

古往今来，每个民族都是凭借自己独特的精神文化而屹立于人类之林。当今社会，各国的竞争表面上看是经济的竞争，本质上则是文化和科技的竞争。提高国家和民族的文化软实力，已经引起我们国家和社会的普遍重视。

提高文化软实力，一方面要重视教育、科研水平的提升，另一方面提高全民阅读水平也极为重要。我国的全民阅读水平很低，与我们的文化发展目标还相差很远。根据中国出版科学研究院2009年4月22日发布的《全国国民阅读与购买倾向抽样调查报告》，我国0~70周岁国民图书阅读率为52.45%，18周岁以下未成年人图书阅读率为81.4%，成年人为49.3%。50%以上的成年人不读书，已经成为制约公民素质提高的关键因素。

制约全民阅读水平提高的原因很多，其中没有一个全社会基本认同的基本书目，人们囿于图书选择困境的原因也是不可忽视的。一些真正的好书很难走进人们的心灵，就不可能使人们真正地建立起对书的热爱。

20年前，人们就惊呼进入知识大爆炸时代，这源于新的知识每年都以几何级的速度在积累着。如今，仅我国每年就有不下40万种中文图书出版。如果能够将中文图书的所有图书书目编在一起，估计也将是蔚为壮观的。现在，每个人一生读尽自己所从事领域的图书已经远远不可能了,更何况还有所从事领域之外的一些图书需要关注。在阅读方面,"望洋兴叹"早已成为人们眼前的现实。因此,选择一些具有经典性或实用性的图书推荐给不同领域的读者,让普通读者,尤其是中小学生有一个基本的阅读"地图",已经越来越显得非常重要了。

譬如非常重要的儿童阅读,大部分家长和教师最困惑的是:究竟给各年龄段的孩子分别推荐哪些图书最合适?据了解,我国每年新出版的儿童读物约在4万种,常销的书还有数十万种。要从几十万种童书中挑选出最适合各年龄段孩子阅读的图书,这是一个浩大而难以完成的工作。而这样的工作,非常需要国家给予大力支持,并调动学界、教育界和民间的力量才可能完成。而除了学前和小学阶段的儿童阅读外,其他如各年龄段的中学生、大学生以及教师、企业家、公务员等各领域,都面临同样的阅读图书的选择和推荐问题。

中国是个重视书目的国家,早在西汉时有学者刘向编撰的《别录》一书,其中就著录有《列子目录》,这也是"目录"一词的最早出处。从《汉书》开始,历代史书很多都有"艺文志",都将当时现有的图书开出目录记载下来。后来一些私人藏书馆和一些学者也编制过很多书目,其中最著名的如清代纪晓岚编的《四库全书总目提要》,中国传统学问中的目录学历来被视为读书的"钥匙",而这些书目也确为时人查找图书和后人搜罗研究带来了很大的方便。

开列推荐阅读书目,古已有之。比如孔子亲自为学生整理删定"六经"即是推荐阅读;出土的敦煌遗书中就有被人称作

"唐末士子读书目"的推荐书目,是现存较早的推荐书目文献;宋代以后,很多学者给读书人开列过推荐书目,比如元代学者陈端礼,明末学者陆世仪,清代学者李颙、龙启瑞以及民国学者胡适、梁启超、章太炎等。

近代最为著名且影响最大的是清代张之洞的推荐书目。清光绪初年,张之洞因一些读书人问他该读何书何本最好,而著《书目答问》,挑选2200余种图书,以指引治学门径,为读书人所称颂,影响几近半个世纪。

在国外推荐书目也是比较通行的做法,叔本华曾说:"读好书的前提是不读坏书。"推荐阅读书目就是指引我们读好书的门径。不仅一些重要的学者会为中小学生开书单,大学每一个学科的教授,每一节课几乎都会拿出一个希望学生阅读的基本书目。美国、英国、日本等国,都有各种各样的推荐书目。

更重要的是,国家基础阅读书目的研制、推广,能夯实民族共同的思想基础。

无论是学校还是社会,我们亟须重建共同的语言,我们亟须拥有共同的价值取向,我们同样亟须用真诚的共同行动,来创造共同的未来。为此,我们需要首先拥有共同的历史、共同的英雄、共同的文化符号、共同的心灵密码——也就是说,我们需要通过共读,通过对话和相互用文字交流(共写),来实现真正的共同核心价值与思想基础。

共同核心价值和思想基础的关键是共同的文化认同,包括我们每个个体的自我认同,也包括一个民族的自身文化认同。也就是说,为了使我们的存在充满意义,我们必须回答以下问题：我们是谁？我们从哪里来？我们想到哪里去？如果没有共同的神话与历史，没有共同的英雄与传说，没有共同的图画与音乐，没有共同的诗歌与小说，我们就不可能拥有共同的信仰、共同的道德标准和对未来的共同的愿景，也就没有核心价值体系和共同思想基础。

只有拥有共同语言、共同经典的民族才是一个民族共同体，而不是聚集在一起的人群；只有拥有共同的基本立场与价值观的社会才是一个真正的社会共同体，而不是一盘散沙。没有共同价值、共同愿景的一群人严格来说称不上是一个真正的社会，更谈不上是一个共同体。

如今，在浩如烟海的图书市场上，为各领域的人们研制推荐书目，成了很多出版人、媒体和知识界人士热衷的一件事，也曾引起过一波又一波的关注。但目前的一些书目推荐活动，往往存在以下问题：

一是商业性驱动，出版机构为了宣传图书而造势的情况屡见不鲜，缺乏公益性，缺乏公信力。

二是图书销售的畅销书榜单往往以市场销量为衡量尺度，内容泡沫化的快餐图书虽然畅销但缺乏经典，一些真正的好书往往藏于深巷之中，因此，图书内容评价的缺乏，需要中立而公正的书评制度加以鉴别推荐。

三是一些媒体的推荐图书活动，往往囿于推荐者的小圈子化和个人趣味化，使得一些图书推荐缺乏普及性和推广意义。

四是推荐图书活动多为年度性质的或某一时的推荐活动，内容上缺乏稳定性，时间上缺乏连续性，选择上缺乏研究性：

很少有就一个推荐书目连年进行持续研究修订的，往往造成推出容易而影响消失也极快的情况。

所以，组织优秀的专家团队，建立专门的阅读推广机构，坚持客观、公正、科学的推荐原则，用公益的精神和立场，为中国人研制一个基础书目，就显得特别迫切。

因此，我们呼吁尽快建立国家基础书目制度，积极支持阅读推荐书目的研究和推广工作。对此，我认为：

第一，国家和政府应该对阅读推荐书目的研制和推广，给予政策和经费等方面的支持。

面对浩如烟海的优秀图书，精心研制适合于不同领域和不同年龄段的人的书目，这项工作是个非常浩大的工程。因此靠一些研究机构、出版机构或个人来进行研究，是很难完成的，而且涉及每年或每过几年都要进行增补修订的工作。因此，国家每年在加大文化经费支出的时候，可以考虑拨出一些经费用于支持推荐阅读书目的研究工作。这对提高国人阅读效率和阅读水平以及提高中国文化在世界上的影响也颇有好处。

在国外，一些国家的政府部门或教育文化部门很重视这些工作。比如美国教育部及一些州政府、文化教育部门很重视支持阅读推荐书目的研究，如加利福尼亚州就有推荐阅读名单（California Reading List，CRL），政府支持研制的这个名单会放在教育局的网站主页上，供家长根据自己孩子所在年级以及语文阅读水平来查询这些推荐书单（分幼儿园，一至二年级，三至五年级，六至八年级，九至十二年级）。在法国，政府也非常重视资助阅读推广活动，通过选择资助一些本国优秀图书，在全世界进行宣传推广活动。在法国大多数地区,地方政府文化部门都建立了地方文化中心,这些文化中心会进行图书阅读推荐以及一些阅读活动。因此,政府对阅读推荐书目的研究推广进行支持,是很多国家和地区采取的通常做法。

第二,应组织教育界、文化界的专家学者以及与研究阅读相关的机构,开展有计划有步骤的研究工作。

应发挥阅读视野宽阔的学界人士的智慧,积极参与这项利国利民的阅读书目研制工作,并就各领域的阅读推荐的标准、公正的独立研究原则等进行确定。

政府应鼓励专家学者进行阅读推荐方面的研究,可以以"国家阅读推荐书目"的名义,组织非常广泛的各领域专家学者和研究团队,进行具有公益性和连续性的书目推荐研究工作,并在研制期间征求社会各界的意见和建议。

在支持专家学者进行阅读书目推荐研究方面,很多国家也是这样做的。在美国,教育部会支持教育专家及阅读研究专家研制并发布推荐书目,比如推荐给家长和教师的一些指导性教育阅读指南,如"帮你的孩子学科学"(Helping Your Child Learn Science)等。

第三,应充分调动民间力量,积极支持民间研究机构参与阅读推荐书目的研究和推广。

民间机构参与的重要意义在于,可以发挥民间研究机构的独立性、公益性、持续性特别是良好的公信力等方面的作用。

目前,在我国进行研究推广的众多民间机构已经成为阅读推广的强大生力军。每年召开的多数阅读研讨会以及各具特色的阅读书目,多是由民间机构推出的。特别是今天在儿童图书的推广方面出现的繁荣景象,民间阅读研究机构发挥了巨大的作用。

让民间学术研究机构参与阅读推荐书目研制方面的策划、组织、研究、推广工作,能保证阅读推荐书目的公益性和资源共享,对广大读者是最为有利的。

比如在美国,儿童图书委员会(CBC)是全国性的非营利童书出版者的研究联盟。这个民间性质的委员会,每年向社会推荐多种不同性质的书单,包括给学前到中学孩子的年度最佳科学书和给年轻人的年度最佳社会研究书等,前者由CBC与国家科学教师协会合作,后者由CBC与国家社会研究委员会合作。

其实,我国在这方面也已经开始有了新进展。比如民间学术机构"新阅读研究所"在新闻出版总署以及公益基金会(陈一心家族基金会)的支持和资助下,研制发布的《中国小学生基础阅读书目》(2011年版),受到了全社会的广泛好评,紧接着的《中国幼儿基础阅读书目》(2012年版)的推出,也得到了普遍认可。该机构未来还将继续进行诸如中学生、大学生、教师等人群的推荐书目研究与推广项目。此举也得到了专家学者及社会各界的积极支持。

由此,我们可以很有信心地认为,发挥民间研究机构的力量,将是书目质量和公信力的重要保证。因此,希望国家能够给予民间阅读研究机构在经费和出版策划方面的支持。

第四,建议能够建立客观公正的书评人制度。在全国主要媒体上开设阅读频道和栏目,向全社会推荐优秀书目。

研制阅读推荐书目其实是一项极其重要的知识推广工程，具有文化导航的重要作用。因此，在研究和推荐的过程中要注意推荐工作的多样性（运用多种媒体）、层次性（针对不同读者群）和艺术性（吸引读者眼球）。因此，媒体客观公正的宣传推广作用不可忽视。而在全国文化界、教育界能够出现一批具有深厚学养、独到眼光和深刻思想的书评人，对阅读书目的研制和推广将会有巨大的推动作用，也更容易为公众所认可。

如果我们能够最终完成一套中国人的基础阅读书目，通过持续的推广，使之成为全民阅读的有效切入点和重要载体之一，这对弘扬中华文化、提高全民阅读水平、建设文明的和谐社会，将善莫大焉。

> 阅读,让孩子成为天使:中国幼儿基础阅读书目 100 种

每个孩子都是失去翅膀、落入凡间的天使。阅读,将让书籍成为心灵的双翼,让孩子重新变成我们身边真正的天使。

在孩子从出生开始最初的几年,除了乳汁、玩具之外,我们还要给他们什么?

犹太人的做法是,滴一点蜂蜜在书上面,让婴儿爬过去舔,以此告诉孩子:书本是甜的。英国人的"起跑线"计划是,婴儿出生后送一个"阅读包",包括几本儿童图书和阅读证。新加坡人的做法是,医院护士必须告诉产妇一个重要事项:"如何读书给婴儿听。"

是的,幼儿的成长,除了必要的物质营养之外,还要有精神食粮——书籍。

美国心理学家威廉·詹姆斯说,幼儿时期是一个"繁花似锦、匆忙而迷乱的时期"。在这个时期,我们不仅仅要关注孩子的衣食冷暖,更要关注孩子的精神成长,让他们认识周围世界的好奇心得到满足。什么是满足孩子好奇心的东西呢?无疑就是大自然和图书,它们能够把孩子带到最美丽的世界和给予他们最美丽的心灵。

我曾经说过,童年的秘密远远没有被发现,童书的价值远远没有被认识。对于幼儿阶段的孩子来说,这两句话不仅同样

适合，也许更为迫切。当我们习惯将幼儿园的教育称之为学前教育时，惯性思维让我们往往忽视了其实从出生开始，儿童就已经在学习，而且一定意义上，在小学以前的学习更加重要。

2011年，我们推出了分成不同学段、不同类别的"中国小学生基础阅读书目"，受到广泛的肯定和认同，很多小学生、老师和父母按图索骥找到那些经典童书，让童年洋溢着阅读的快乐！北京大学的曹文轩教授认为，这是目前中国最好的儿童书目！其实，我知道，这是对我们的褒奖，书目远远没有我们理想中的好。但是，他的话让我们多少增添了一些自信，更增添了几分责任。与此同时，我们也欣喜地发现，很多父母和幼儿园老师，对不同年龄段的幼儿该读什么书也越来越关心。

其实，2011年4月在研制完成并发布"中国小学生基础阅读书目"后不久，新阅读研究所已开始组织专家团队，着手进行"中国幼儿基础阅读书目"的研制。经过一年的努力，项目组终于拿出了这份经过苦心研制、修改过无数次的书目，希望它能够为孩子们心灵成长提供一张基础的阅读地图！

一、幼儿阅读的现状与问题

（一）父母对幼儿阅读的忽视和无所适从

父母是孩子的第一任教师，推动世界的手是摇摇篮的手。我不止一次说过，现在的父母大部分是"无照上岗"，这与没有经过驾驶训练司机就匆匆上路没有多大区别，而且危险性更大——因为儿童的早期教育，是决定人的一生发展的关键。也正是在这个意义上，苏霍姆林斯基在《家长教育学》中提出，所有的人在拿结婚证前必须学习家长教育学，否则不能够发结婚证。

我们知道，中国的全民阅读还处于较低的水平，很多人缺少阅读，缺乏阅读意识、阅读兴趣、阅读能力和阅读体验。很多父母本身就不热爱阅读，也不懂得阅读对一个人的重要价值。甚至有些父母认为，只要能够让幼儿吃饱穿暖、身体健康，就算完成了养育责任。在这种家庭环境下，特别是在一些学前教育不发达的农村地区，很多父母对图书的认识都很模糊，许多孩子的童年从未有过阅读的经验。

当然，更多的父母是知道孩子阅读的重要性，但不知道该给孩子读什么和怎么去读。

让父母重视幼儿的精神成长，让父母意识到给幼儿读书的重要性，从而让父母卷入阅读中来，逐渐学会怎样给孩子读书，这是目前阅读推广中的一个重要方面，这也是我们新阅读研究所为什么积极开展"新教育萤火虫"亲子阅读项目的原因所在。

（二）幼儿园小学化的功利阅读

在城市里，很多父母对幼儿早期教育充满功利性的期望，让孩子认字识数以及各种所谓智力开发，都是以能够进入一所好小学为目的的教育，使得幼儿的阅读内容枯燥乏味。在教育竞争背景下，孩子们只能机械而被动地提前接受不适合其心智发展的内容，严重违背儿童的心理发展规律，使孩子的心灵受到压抑和伤害，过早地失去了快乐的童年。

幼儿园单纯地成了小学的预备班，成了语文、数学、英语等科目的提前演练场。我们认为，幼儿早期教育的核心是游戏和阅读，科学的早期阅读，对幼儿的成长起着关键的作用。然而，在很多幼儿园里，真正符合不同年龄段幼儿的童书往往很单一，很多幼儿教师的阅读素养也有待提升，很多最美好的图画书、最美好的故事，未能通过幼儿教师这个阅读关键人的手传递给孩子。

许多幼儿园迎合或不能抵制家长的不正确教育观念，结果是未能引导父母顺应孩子的心理发展，给他们应有的阅读指导，承担起保护童年的责任，让最美丽的童书伴着最美丽的童年，伴着孩子们健康快乐成长。

（三）幼儿图书的选择困难

近些年，童书出版和童书阅读推广越来越受到出版界和有识之士的重视，市场上的各种内容和形式的童书琳琅满目，让人目不暇接。一些出版机构在童书绘本引进及原创童书推出方面，作出了巨大努力并产生一定的影响。很多作者、专家、老师和家长纷纷成为儿童阅读研究和推广的主力军，使从前往往被忽视或重视不够的幼儿阅读，有了些许新的气象。

但是，大家也发现给不同年龄段的幼儿推荐适合的图书，推荐最好的图书，仍是一个很不容易做好的工作。这既要综合考虑到幼儿不同阶段的心理和思维的特点，又要考虑到对故事书、图画书的理解和接受程度，还要考虑到图书品质的水准和阅读结构的合理性，更要考虑到对孩子生活习惯、想象力、好奇心与兴趣的培养和引导，等等。

而很多父母和幼儿教师非常希望在童书选择和推荐方面，能够给予必要的帮助。从这个意义上看，幼儿阅读书目的研制既有其难度，又有其必要性。

好的幼儿阅读书目，对孩子们阅读兴趣的培养，以及全面而合理的阅读结构形成，具有重要的指导意义。儿童只有在早期接触到那些最美好的童书，才能够真正热爱阅读。对那些不发达地区的幼儿来说，给他们一套数量有限但营养结构全面的图书，也是保障阅读基本公平与进行教育公益救助的需要。

二、我们的幼儿阅读基本主张

如何在数十万本儿童图书中大海捞针选出 100 种基础阅读书？我们选择的标准和原则是什么？研制组专家的共识是：

（一）真善美中心

这是基于阅读价值观和阅读理念上的考虑。

"真""善""美"是人们普遍认同的最简练、最基本的价值。对"真""善""美"的认知和追求，是具有普遍性的人类基本价值。我们的阅读研究和推广，也要基于这一核心价值，通过最具"真""善""美"的文本，给孩子们以求"真"的启蒙、向"善"的熏陶、审"美"的眼睛。

对于幼儿来说，我们利用那些人类创造的文本，通过那些活泼的科普内容传达"真"的知识,通过那些美好的故事抚育"善"的心灵,通过那些美丽的绘本培养"美"的情操,这是幼儿阅读的最佳境界。

在此基础上,我们重视八个价值领域(分别为人与自我、人与家庭、人与社会、人与国家、人与自然、人与世界、人与历史、人与未来);重视阅读的三大文本类型(文学、科学、人文);重视培养人的四个方面(应该追求的品质与美德,应该具有的态度与作风,应该遵循的准则与秩序,应该了解的科学知识及应具备的科学精神)。

对于幼儿来说,有其身体发育和心理发展的特殊性,他们的阅读更重视人与自我、人与家庭、人与自然的关系,更重视阅读文本的故事趣味性和视觉色彩性,更需要在认识事物、习惯养成、秩序养成和美德养成等方面加以关注和培养。在阅读选择上,注重选择经典的同时,也要关注幼儿阅读结构的丰富性和均衡性。

惠特曼曾说,一个孩子向前走去,他看见最初的东西,他就变成了那个东西,那个东西就变成了他的一部分。所以,在幼儿时期,我们要选择最有价值、最具真善美的童书给他们,在他们幼小的身体和幼小的心灵中,种下最美好的种子。

(二)儿童中心

这是基于阅读本体和阅读对象上的考虑。

美国教育家杜威提出了"儿童中心"(或"儿童本位"),他说:"儿童是起点,是中心,而且是目的。儿童的发展、儿童的生长，就是理想所在。"就是说要考虑儿童的个性特征，尊重儿童在教育活动中的主体地位。他还提出，游戏是"儿童幼年期主要的、几乎是唯一的教育方式"。

瑞士认知心理学家皮亚杰认为，幼儿在0~2岁时主要靠动作和感知觉来思维，在2~7岁主要靠表象来进行思维；儿童的认知只有到了七八岁才能够具有初步的逻辑推理能力，而此前儿童则处于自我中心和即将解除自我中心的阶段。也就是说，幼儿阶段的阅读应该是以图画、儿歌、童谣等具象性材料为主题的。

苏联的教育家维果茨基也指出，童年早期儿童是按照自己的大纲学习的，他们在学习过程中能做的只是与他的兴趣相符合的事情，并认为这是"棘手的难题"。这就要求我们的家庭教育和学前教育，要适应幼儿的身心特点，而不是让孩子适应我们为其安排的貌似科学的教育体系。

这也意味着，幼儿的早期阅读，要适应幼儿的心理特点，要顺应幼儿的思维发展，要将幼儿兴趣、幼儿对周围事物和环境的认知作为阅读的重要切入点。幼儿的阅读活动，不能够如小学生的课堂教学那样去开展，而应该注重其阅读的游戏性，在阅读基础上衍生出的无论是绘画还是童话剧等，都带有教育的游戏色彩。

所以，在选择幼儿图书时，要从儿童的立场出发，充分考虑幼儿是否能够理解，是否能够喜欢。在幼儿阅读上既要注重儿童兴趣为主，也要关注幼儿图书内容的健康和多样性的引导。在阅读的方法上，要注意与游戏结合起来，与幼儿的活动结合起来。

（三）故事中心

这是基于阅读内容和文本类型上的考虑。

对孩子来说，最吸引人的、最能打动他们的，无疑就是故事。儿童对于故事的兴趣，有时甚至超过对游戏乃至电视动画节目的吸引力。好的故事，儿童会不厌其烦地反复聆听。

故事所具有的想象空间和迷人的内容，对孩子理解世界和社会、培养好奇心、训练语言能力以及促进亲子感情等方面，都有着至关重要的作用。

幼儿阅读的书目，在内容上应该以讲故事为主。那些充满趣味、智慧、情感和价值观的故事，几乎能够将阅读的所有重要意义和目的得以充分实现。我们希望，孩子能够在那些蕴藏着爱、责任、友情、自我等人类文化的伟大母题的图书中，在这些精神母乳的抚育下，渐渐长大。

无论是在家庭还是在幼儿园，无论是在白天还是在睡前，父母、教师都可以给孩子讲童书上那些美妙的故事，让孩子和大人一起得到成长。故事的各种巧妙结构，会增进人的心智成长。而杜威也认为，人的心智生活的轮廓形式，在人生最初的四五年中就已经形成了。因此，我们可以毫不夸张地说，人的心理健康成长就是浸染在故事中开始的。

故事能够产生和保持幼儿对阅读的好奇心，所以，选择怎样的故事就显得非常重要。而在幼儿阅读的故事选择上，既要注重故事趣味性，也要注意在童书类型与阅读主题上的引导。

我们也要记住杜威的提醒:"如果不引导好奇心进入理智的水平,那么好奇心便会退化或消散。"

(四)绘本中心

这是基于阅读载体和阅读形式上的考虑。

苏霍姆林斯基认为,图画是发展创造力和想象力的手段之一,并且坚信儿童的图画是通往逻辑认识的道路上必不可少的阶梯,同时有助于发展儿童对世界的审美观点。近些年来,"绘本"(我们传统上称为图画书)这个概念越来越被广泛认同和关注。作为专门为儿童创造的图书,绘本也被世界上公认为是最适合儿童阅读的图书。绘本几乎是幼儿阶段的最主要的图书形式。当然,有些绘本也适合小学低段的学生阅读,甚至有的绘本成人也可以阅读。

对于幼儿来说,绘本为什么很重要?因为在儿童的眼里,图画是种语言,而世界就是一幅图画。所有的一切皆入画中,爸爸的脸、妈妈的脸,爷爷的脸、奶奶的脸,所有人的脸,都是形状不同的画。中文的汉字、英文的字母,美丽的洋娃娃、可爱的玩具,所有的符号,也都是丰富多彩的画。

儿童是通过这一张张图画慢慢认识这个色彩斑斓的世界的,换言之,儿童是把世界作为图画来认知的。所以,儿童是天生的色彩大师,拿起蜡笔,无须指点,他就可以绘出我们成人难以临摹想象的美丽图景。儿童是天然的画家,随意涂鸦,他就可以创造出一个神奇的世界。

儿童也是通过绘本进入图书的世界的。绘本不仅帮助儿童建立了自己的图画世界与绘本的图画世界的联系，也帮助他们建立了与文字的联系，建立了与另外一个浩瀚的知识海洋的联系。儿童由读图进而读书，由绘画进而写作，一切是如此自然天成。

儿童还是通过图画、绘本建立起自己与外部世界的联系的。绘本给儿童一个他无法直接触摸、感知的世界，一个充满神奇的人物、动物的世界，一个真善美战胜假丑恶的世界，在幼小的心灵中播下了一颗颗善良的种子。这些种子，日后只要有阳光雨露，迟早会生根、发芽、开花、结果。

与成年人的图画世界不同，儿童的图画世界一开始就是有声音的。不同的声音，都是儿童图画的同期声，声音与画面的联系，帮助儿童建立了最初的独特认识世界的方式。所以，儿童可以借助声音，把文字作为图画来认知、来感受，可以在不认识文字的时候滔滔不绝甚至一字不差地传达图画书的内涵。

儿童的耳朵是世界上最敏感的耳朵。儿童来到这个世界的时候，两只耳朵和两只眼睛是相辅相成的，耳朵帮助眼睛，眼睛帮助耳朵。后来，加上两只手、一双脚，儿童可以更加细致入微地感受和理解这个世界。儿童能够用两只手自己翻开书页的时候，就是他成为一个独立的阅读者的时候。充分发展和鼓励儿童使用自己的感官，是教育的重要使命。阅读，是能够完成这个使命的。

儿童同时通过图画、绘本建立起自己与父母的亲密关系。因为绘本是需要父母讲述的，讲述的过程，就是建立关系的过程，孩子依偎在父母的怀里，静静地聆听那些美丽的故事，是儿童一生最美丽的时刻。记得松居直讲过,儿童为什么不喜欢听电视里的人讲故事?因为电视里的人不会像妈妈一样把孩子搂在怀里。所以,好父母一定是懂得与孩子在一起的父母,一定是善于与孩子一起成长的父母。

在国际上,绘本创作和推广愈来愈引人关注。诸如美国凯迪克大奖、国际安徒生大奖等一些鼓励绘本创作的大奖赛,让更多优秀绘本得以传播开来。

我们的新教育实验团队早在六七年前,就开始进行了儿童阶梯阅读的读写绘一体项目的研究和实践,有一大批小学低段学生通过读写绘获得了非常好的发展。

总之,绘本无疑是幼儿阅读最主要的有效文本载体形式,进行幼儿阅读实践的人,首先要懂得绘本,才能够逐渐去接近孩子们。

(五)共读中心

这是基于阅读方式和阅读手段上的考虑。

"共读共写共同生活",是新教育实验的重要理念,我们认为,共读是一个班级、一个家庭、一所学校、一个社区、一个国家乃至于整个人类通过阅读继承共同的文化遗产,拥有共同的语言和密码,从而能够共同生活的最重要的途径之一。

我们认为,通过亲子共读,通过幼儿教师和幼儿之间的共读,父母和幼儿教师才能够向孩子们传递那些最重要的语言密码,和孩子们心灵相通,使父母与孩子真正成为一家人,而不仅仅是生活在同一个房间里的陌生人,使教师和幼儿能够互相产生亲切的精神依赖关系。

有些父母和幼儿教师会这样认为,让孩子先学会识字,等他们识了一定量的文字后,就可以放手让孩子自己去进行自主阅读,这样大人就可以节省大量的教育时间和精力。事实上,了解识字规律的人都知道,靠机械记忆识字本身是很枯燥而低效的,只有将单个文字放到有意义的文本中,孩子的理解才会更有效。如杜威所说,"如果试图仅以文字来给出意义,而没有与事物发生交往,就会使文字失去可以理解的含义"。

事实上,根据我们的教育经验看,孩子通过与父母共读,在充满兴趣和意义的阅读中,识字是自然而然就能够习得的本领。在幼儿阶段,儿童是把文字作为图画整体,自然而然地就会认识并记住这些文字。

一个家庭,一个幼儿园,能够让孩子生活在有丰富图书的环境中,能够生活在与大人共读的氛围中,孩子几乎所有的教育问题都可以得到最好的解决,岂止识字一个较小的方面。在这一点上,维果茨基就说过,"家庭教育的经验告诉我们,置身于书本包围中的儿童不加任何训练常常便能掌握阅读。幼儿园试验也表明学前机关是教读书识字的地方"。当然,我们的观点则更在其上,幼儿阅读通过共读方式,我们要找到的东西更多,共读能让我们找到家庭教育的密码,找到学前教育的密码,从而实现孩子的精神和心灵的真正成长。

我们要真诚地建议父母们——和孩子们一起读这些书吧,在共同的阅读讨论中,家庭也会发生奇迹,变得更和谐更温暖。在现代社会,其实更需要夜晚灯下亲子共读的时光,需要通过童书沟通亲子之爱。有了无数个共读的夜晚，拥有幸福的将不仅仅是孩子。童书曾经改变过许多错过了阅读关键期的成年人，借助童书，我们的童年被唤醒，并与孩子的童年发生共鸣。

三、幼儿基础阅读书目的研制

（一）新阅读研究所的书目研制

阅读本身作为一件很私人化的事情，充满了仁者见仁、智者见智的不确定性。因此，书目研制往往是一项吃力不讨好、很难不被批评的工作。也的确有许多好心的专家劝我们不要做这件难度大、见效慢、讨人骂的"傻事"。

我们认为，任何努力都有可能被质疑，特别是任何草创性的工作，都更容易被找到一些问题而被质疑。但是，只要孩子们需要，父母们需要，只要教育需要，未来需要，就值得我们去努力。有些事情，总是需要有人去做的，去探索的，甚至去挨骂的。

多年前，美国人出版了一本《文化素养：美国人必须知道的知识》。一个国家、一个民族，是需要自己的共同价值、共同愿景、共同语言和共同密码的，因此，就需要有共同阅读、共同生活，书目也就有存在的必要，特别是对于社会上大部分的人来说，阅读书目就像地图对于旅行者一样重要。为此，新阅读研究所作为公益性的阅读研究机构，组织专家和各界人士开展书目研制工作，不但得到了相关部门的支持，更得到了各领域的专家、教师、学生、阅读推广人以及出版机构、学校、企业和基金会的广泛支持，于2011年4月正式发布的"中国小学生基础阅读书目"，罕见地受到社会各界的普遍肯定。2012年1月，新阅读研究所在2011年中国书业年度评选上获得年度阅读推广机构大奖。这些成绩的取得，与各界朋友的支持和帮助是分不开的。

自小学生书目后，幼儿书目、中学生书目、大学生书目、企业家书目、公务员书目也纷纷启动，即将还有教师书目、父母书目等陆续启动。我们希望在这些书目陆续研制成功后，最终再完成"中国人基础阅读书目"。书目研制完成后，还将积极进行推广和持续不断的修订，使之成为全民阅读的有效切入点和重要载体之一。

目前，与大家见面的这份"中国幼儿基础阅读书目"，就是我们的项目组经过长达一年的努力，终于在2012年六一前夕面世的第二个书目。

（二）幼儿基础阅读书目的研制原则

幼儿书目研制组在研制幼儿书目的时候，首先确定了如下基本原则：

第一，凡由国家批准的出版机构出版的中文简体儿童文学作品均可进入推荐范围。

第二，推荐的年龄段为0～7岁的幼儿，为了让推荐更有针对性，可细分为0～3岁、3～4岁、4～5岁、5～7岁四个年龄段进行推荐。基础阅读书目为40本，推荐书目为60本。

第三，推荐的图书不分类别，但应该关注到幼儿的阅读兴趣和阅读种类的全面。

第四，基础阅读书目应有一定的经典性，2009年以后的本土原创作品暂时不考虑推荐。

第五，同一作家只选择一本代表作品。

第六，套书或丛书只选一本列入基础书目中。

第七，考虑译文质量。有多个译本的经典作品，选择译文质量较高的译本。

第八，关注本土原创作品，在确保作品质量为衡量标准的前提下，尽力平衡中外比例。40本基础书目中，中国原创18本，占45%；60本推荐书目中，中国原创15本，占25%；合计为33%，比例上达到三分之一。

（三）幼儿基础阅读书目的研制过程

"中国幼儿基础阅读书目"项目研制，旨在为幼儿阶段（分4个年龄段）的孩子挑选出阅读的基础性图书，作为基础阅读书目。这套书目围绕中国幼儿健康成长的教育心理学和阅读心理学的理论原则，对于引进或原创、图书出版时间等不做限制，采取"40＋60"（即40种基础阅读图书＋60种推荐阅读图书）的方式介绍给家长和幼儿园老师，供幼儿阅读。

2011年7月，新阅读研究所启动了"中国幼儿基础阅读书目"项目，项目邀请了幼儿阅读专家、幼儿园园长和一线幼儿老师，以及对亲子阅读非常有研究的家长等，组成了书目研制组。并形成了0～3岁、3～4岁、4～5岁、5～7岁四个年龄段的研制小组。不定期召开研制工作会议，每次会议都在大批优秀童书的会场氛围中,针对每一稿的书目进行细致讨论。而日常则经常性地通过电子信箱不断进行交流与沟通。

2012年3月底,经过十几稿的讨论和修改,终于拿出征求意见稿,一方面征求各地幼儿阅读方面的专家意见,另一方面,通过腾讯网进行网络海选调查投票,获得了近3万个有效的调查数据,对书目研制起到了重要参考作用。

2012年4月23日,在中央电视台"书香中国"全民阅读晚会上,我很荣幸地被新闻出版总署聘为全民阅读形象代言人,并被新闻出版总署署长柳斌杰先生誉为"最合格的全民阅读代言人"。

2012年4月23日,《中国教育报·读书周刊》头版对新阅读研究所的书目研制、萤火虫亲子阅读项目、我的阅读推广实践进行了报道。

2012年4月底,中央电视台科教频道的《书香中国》读书栏目,与新阅读研究所合作,并邀请我与嘉宾和主持人就"童书之美"的主题进行了5期节目录制。

2012年5月5日,项目研制组邀请项目顾问专家召开书目论证会,请知名专家对书目进行重要的把关。

2012年5月27日,项目研制组在中国国家图书馆召开幼儿书目新闻发布会,正式将书目向新闻媒体和社会公布。

(四)幼儿基础阅读书目的主要特点

本书目参考了各种推荐书目、获奖记录40多种,召开5次专家研讨会,翻阅童书1万多种。最终面世书目成稿为第19稿。

国外作品共 67 本，来自 17 个国家，图书表现出不同风格和文化背景，具有较强的多元性。

100 本书中，平装本为 51 本，占 51%，精装本为 49 本，占 49%。

从形式上看，有翻翻书、胶片书、洗澡书、拉拉书、影碟、桥梁书、文字书，展示了学龄前图书的丰富性与玩具特征。

从体裁上看，以图画书为主，但图画书中又有认知、儿歌、儿童诗、科普、人文、故事、童话、古诗等多个类型。

从内容上看，涉及身体律动、克服恐惧、概念认知、幽默趣味、亲子情感、情绪管理、生活自理、音乐素养、美术素养、科学常识、安全常识、传统文化、自我认同、儿童哲学、残障关怀、运动能力、互动游戏、多元种族、媒介教育、职业认知、性别教育等多个教育类别，涉及幼儿成长的方方面面，为幼儿提供成长中的多种营养。

我们希望这个书目所选择的书籍，能够让中国幼儿在快乐而营养全面的精选的图书阅读中，使心智得到全面发展，并享受到快乐的阅读生活。而这个书目也是一个最基本的阅读基础，一个小小的阶梯，在这个基础上，让孩子们能够喜欢阅读更多的图书，看到一个更大的星空。

我们深信，一张张书页就是一双双翅膀，通过阅读，每个孩子都能成为飞翔的小天使！

附

中国幼儿基础阅读书目 100 种
(新阅读研究所研制，2014 年修订版)

一、基础书目 40 种

(一) 0 至 3 岁

1.《中国童谣》，金波/文，江键文/图，二十一世纪出版社。
2.《大象杂技团》("乐悠悠图画书"系列)，金波/文，钱继伟、大青/图，中国少年儿童出版社。
3.《可爱动物操》，方素珍/文，郝洛玟/图，河北教育出版社。
4.《米米爱模仿》("米米"系列)，周逸芬/文，陈致元/图，河北教育出版社。
5.《好饿的毛毛虫》，[美国]艾瑞·卡尔/著，郑明进/译，明天出版社。
6.《鼠小弟的小背心》("可爱的鼠小弟"系列)，[日本]中江嘉男/文，上野纪子/图，赵静、文纪子/译，南海出版公司。
7.《小玻在哪里》("小玻翻翻书"系列)，[英国]艾力克·希尔/著，彭懿/译，接力出版社。
8.《米菲住院》("米菲绘本"系列)，[荷兰]迪克·布鲁纳/著，阿甲/审译，人民邮电出版社。
9.《波波去购物》("小鼠波波"系列)，[英国]露西·卡曾斯/著，启鸣/译，中国民族摄影艺术出版社。
10.《我要拉 baba》("噼里啪啦"系列)，[日本]佐佐木洋子/编绘，张慧荣/译，二十一世纪出版社。

(二) 3 至 4 岁

11.《外婆桥》("永远的儿歌 小球听民乐"系列)，周逸芬/文，叶安德/图，陈中申/作曲，河北少年儿童出版社。
12.《一园青菜成了精》，编自北方童谣，周翔/图，明天出版社。
13.《你一半，我一半》("儿童多元智能绘本"系列)，曹俊彦、陈木城/著，五洲传播出版社。
14.《子儿，吐吐》，李瑾伦/著，明天出版社。
15.《拔萝卜》，[俄罗斯]阿·托尔斯泰/编写，[日本]内田莉莎子/译写，[日本]佐藤忠良/图，朱自强/译，南海出版公司。
16.《逃家小兔》，[美国]玛格丽特·怀兹·布朗/文，[美国]克雷门·郝德/

图，黄逎毓/译，明天出版社。
17.《数数看》，[日本] 安野光雅/著，接力出版社。
18.《大卫，不可以》，[美国] 大卫·香农/著，余治莹/译，河北教育出版社。
19.《我就是喜欢我》（"青蛙弗洛格"系列），[荷兰] 马克思·维尔修思/著，湖南少年儿童出版社。
20.《和甘伯伯去游河》，[英国] 约翰·伯宁罕/著，林良/译，河北教育出版社。

（三）4至5岁
21.《乡下动物园》（"中国绘"系列），肖裹/文，梁培龙/图，世纪出版社。
22.《武松打虎》（"京剧猫"系列），熊亮/文，熊亮、吴翟/图，连环画出版社。
23.《吃黑夜的大象》（"中国原创图画书"系列），白冰/文，李清月/图，中国少年儿童出版社。
24.《妈妈，买绿豆》，曾阳晴/文，万华国/图，明天出版社。
25.《神笔马良》，洪汛涛/文，钟洁/图，二十一世纪出版社。
26.《雪人》，[英国] 雷蒙·布力格/著，明天出版社。
27.《你看起来好像很好吃》，[日本] 宫西达也/著，杨文/译，二十一世纪出版社。
28.《巴巴爸爸的马戏团》（"巴巴爸爸经典"系列），[法国] 安娜特·缇森、德鲁斯·泰勒/著，谢逢蓓等/译，接力出版社。
29.《一本关于颜色的黑书》，[委内瑞拉] 梅米娜·哥登/文，[委内瑞拉] 露莎娜·法利亚/图，朱晓卉/译，接力出版社。
30.《电视迷》（"贝贝熊"系列），[美国] 斯坦·博丹、简·博丹/著，毛锐/译，新疆青少年出版社。

（四）5至7岁
31.《带不走的小蜗牛》（"小蜗牛自然图画书"系列），凌拂/文，黄崑谋/图，海燕出版社。
32.《小巴掌童话》，张秋生/著，中国福利会出版社。
33.《大头儿子和小头爸爸》，郑春华/著，湖北少年儿童出版社。
34.《巨人和春天》，郝广才/文，王家珠/图，汕头大学出版社。
35.《进城》，林秀穗/文，廖健宏/图，明天出版社。
36.《野兽出没的地方》，[美国] 莫里斯·桑达克/著，阿甲/译，明天出版社。
37.《三只小猪的真实故事》,[美国]乔恩·谢斯卡/文,[美国]莱恩·史密斯/图,方素珍/译,河北教育出版社。
38.《苏和的白马》,[日本]大塚勇三/改编,[日本]赤羽末吉/图,[日本]猿渡静子/译,南海出版公司。
39.《田鼠阿佛》,[美国]李欧·李奥尼/著,阿甲/译,南海出版公司。
40.《犟龟》,[德国]米切尔·恩德/文,[德国]施吕特/图,何珊/译,二十一世纪出版社。

二、推荐书目60种

(一) 0至3岁

1.《谁咬了我的大饼》,周翔、余丽琼/著,南京师范大学出版社。
2.《我喜欢书》,[英国]安东尼·布朗/著,余治莹/译,河北教育出版社。
3.《鳄鱼怕怕,牙医怕怕》,[日本]五味太郎/著,上谊文化/译,明天出版社。
4.《让我荡一会儿吧》("小猫当当"系列),[日本]清野幸子/著,[日本]猿渡静子/译,南海出版公司。
5.《我不怕孤独》("中国第一套儿童情绪管理图画书"系列),[新西兰]特蕾西·莫洛尼/著,萧萍/译,广州出版社。
6.《爱米丽》("爱米丽"系列),[法国]多米提勒·德·普桑斯/著,孙敏/译,二十一世纪出版社。
7.《做鬼脸》("聪明的小宝"系列),[日本]阿万纪美子/文,[日本]上野纪子/图,蒲蒲兰/译,连环画出版社。
8.《小圆圆 早上好》("小圆圆"系列),[丹麦]汉娜·哈斯特鲁普/著,任溶溶/译,二十一世纪出版社。
9.《小鞋子,走一走》("幼幼成长图画书"系列),[日本]林明子/著,小林、小熊/译,少年儿童出版社。
10.《这是什么形状》("小酷和小玛"系列),[日本]秦好史郎/著,杨文/译,北京少年儿童出版社。
11.《乔比洗澡》("乔比洗澡书"系列),[法国]提埃里·顾旦/著,荣信文化/编译,未来出版社。
12.《藏猫猫》("婴儿游戏绘本"系列),[日本]木村裕一/著,崔维燕/译,接力出版社。

13.《蹦》,[日本]松冈达英/著,蒲蒲兰/译,二十一世纪出版社。
14.《什么地方不一样》("创意启蒙胶片书"系列),[英国]帕特里克·乔治/著,接力出版社。
15.《打预防针,我不怕》("可爱的身体"系列),[日本]小林雅子/文,[日本]冈边理香/图,[日本]猿渡静子/译,南海出版公司。

(二)3至4岁

16.《我的第一本古诗小童话》,金波 等/文,中国少年儿童出版社。
17.《一幅抽象画》("颜色国的秘密"系列),黄毅民/著,连环画出版社。
18.《小猪尼奴》("中国原创图画书"系列),鲁兵/文,费嘉/图,中国少年儿童出版社。
19.《古利和古拉》,[日本]中川李枝子/文,[日本]山胁百合子/图,季颖/译,南海出版公司。
20.《谁的自行车》,[日本]高畠纯/著,小鱼儿/译,中国电力出版社。
21.《菲菲生气了》,[美国]莫莉·卞/著,李坤珊/译,河北教育出版社。
22.《小真的长头发》,[日本]高楼方子/著,季颖/译,南海出版公司。
23.《阿立会穿裤子了》,[日本]神泽利子/文,[日本]西卷茅子/图,米雅/译,明天出版社。
24.《我不要去幼儿园》,[法国]丝特法妮·布莱克/著,武娟/译,二十一世纪出版社。
25.《动物绝对不应该穿衣服》,[美国]茱蒂·巴瑞特/文,[美国]罗恩·巴瑞特/图,沙永玲/译,上海人民美术出版社。
26.《黄雨伞》,[韩国]柳在守/著,接力出版社。
27.《蜗牛的家在哪里》("科学宝宝图画书"系列),[韩国]金长成/文,[韩国]崔玟吾/图,余凌燕/译,新疆青少年出版社。
28.《你睡不着吗?》,[爱尔兰]马丁·韦德尔/文,[爱尔兰]芭芭拉·弗斯/图,潘人木/译,明天出版社。
29.《咕噜牛》,[英国]朱莉娅·唐纳森/文,[德国]阿克塞尔·舍夫勒/图,任溶溶/译,外语教学与研究出版社。
30.《家里的安全》("我的安全养成书"系列),[英国]克莱尔·卢埃林/文,[英国]迈克·戈登/图,于水/译,电子工业出版社。

(三)4至5岁

31.《老鼠娶新娘》,张玲玲/文,刘宗慧/图,二十一世纪出版社。
32.《小丑鱼》(冰波系列童话绘本),冰波/文,谷米/图,教育科学出版社。

33.《九色鹿》,保冬妮/文,刘巨德/图,重庆出版社。
34.《小马过河》("中国优秀童话书典藏"系列),彭文席/原著,陈永镇/图,贵州人民出版社。
35.《安的种子》,王早早/文,黄丽/图,海燕出版社。
36.《100层的房子》,[日]岩井俊雄/著,于海洋/译,北京科学技术出版社。
37.《阿文的小毯子》,[美国]凯文·亨克斯/著,方素珍/译,河北教育出版社。
38.《14只老鼠赏月》("14只老鼠"系列),[日]岩村和朗/著,彭懿/译,接力出版社。
39.《大象能玩撑杆跳》("我们爱运动"系列),[西班牙]维多利亚·佩雷斯·埃斯克里瓦/文,克劳迪亚·拉努西/图,张晓燕/译,湖南少年儿童出版社。
40.《点》,[加拿大]彼德·H.雷诺兹/著,邢培健/译,南海出版公司。
41.《图书馆狮子》,[美国]米歇尔·努森/文,[美国]凯文·霍克斯/图,周逸芬/译,河北少年儿童出版社。
42.《这样的尾巴可以做什么》,[美国]史蒂夫·詹金斯/文,[美国]罗宾·佩奇/图,郭恩慧/译,河北教育出版社。
43.《我不知道我是谁》,[德国]乔恩·布莱克/文,[德国]阿克塞尔·舍夫勒/图,邢培健/译,南海出版公司。
44.《是谁嗯嗯在我的头上》,[德国]维尔纳·霍尔茨瓦特/文,[德国]沃尔夫·埃布鲁赫/图,方素珍/译,河北教育出版社。
45.《变焦》,[匈牙利]伊斯特万·巴克亚伊/著,河北教育出版社。

(四)5至7岁

46.《团圆》,余丽琼/文,朱成梁/图,明天出版社。
47.《镜子里的小孩》,向阳/文,几米/图,海豚出版社。
48.《春神跳舞的森林》,严淑女/文,张又然/图,河北教育出版社。
49.《小小牛顿幼儿馆》(第一辑),台湾牛顿出版公司/编著,贵州教育出版社。
50.《俺们农村》,江华、梵高奶奶/编绘,广东教育出版社。
51.《想当老师的猫》("王晓明心情童话绘本"系列),王晓明/著,二十一世纪出版社。
52.《雷公糕》("波拉寇心灵成长"系列),[美国]派翠西亚·波拉寇/著,王玲/译,江西科学技术出版社。

53.《极地特快》,[美国]克里斯·范·奥尔斯伯格/著,杨玲玲、彭懿/译,南海出版公司。

54.《我的第一套职业体验书 我最熟悉的……》,[德国]拉尔夫·布茨科/编绘,郭静/译,北京科学技术出版社。

55.《奇趣谜》("I SPY视觉大发现"系列),[美国]吉恩·玛佐洛/文,[美国]沃尔特·维克/图,代冬梅/译,金波/审译,接力出版社。

56.《有色人种》,[法国]杰侯姆·胡里埃/著,谢逢蓓/译,接力出版社。

57.《小威向前冲》,[英国]尼古拉斯·艾伦/著,李小强/译,贵州人民出版社。

58.《梦游妖怪城》("数学游戏故事绘本"系列),[日本]冈本一郎/文,[日本]濑边雅之/图,崔荔函/译,新蕾出版社。

59.《睡美人》,[瑞士]费里克斯·霍夫曼/图,彭懿/译,连环画出版社。

60.《玛蒂娜学做厨师》("玛蒂娜"系列),[比利时]让-路易·马里耶/文,[比利时]马塞尔·马里耶/图,袁筱一/译,湖北美术出版社。

> 把最美好的东西给最美丽的童年：中国小学生基础阅读书目 100 种

为了推动小学生基础阅读书目的研制工作，2010 年，我们在北京正式成立了新阅读研究所。在各项工作中，研究所的最重要的中心任务之一，就是研制包括小学生、中学生、大学生、教师、父母、公务员、企业家基础阅读书目在内的各种群体的阅读书目。其中，2011 年的工作重点就是研制出和推广中国小学生基础阅读书目。

一、小学生基础阅读书目研制的重要性

我认为，在各个人群的基础书目中，小学生的基础阅读书目最为重要。正如我曾经说过的：童年的秘密远远没有被发现，童书的价值远远没有被认识。

对于人的精神成长而言，学校教育就相当于母乳。学校把人类最重要的知识用比较科学的方式，整合成为适合儿童接受的形式和内容，在比较短的时间内让学生掌握。但是，学校的教育和学校的教科书、教辅书不可能替代儿童成长的精神食粮，就像母乳不可能伴随孩子终身。孩子需要自己的精神食粮，精神的成长依赖于不断阅读适合年龄发展的优秀作品。

儿童的阅读有许多关键期。在生活的每一个时期，儿童都

会产生不同的精神饥饿感,需要阅读不同的作品,一旦错过了关键期,精神上的缺失就比较难以弥补。这就是《学记》所说的"时过然后学,则勤苦而难成"。小学阶段就是所有关键期中最为关键的时期。现代科学对此虽然还缺少精确的量化研究,但是心理学界一致认为,对孩子来说,阅读是一种全方位、多维度的智力体操,它能使孩子的头脑逐渐变得灵活敏捷,并进一步促进孩子心智的全面成长。在阅读图画书、讲故事、诵读童谣儿歌、用图画表达相结合的过程中,儿童的思维与语言能力得到自由的发展。

我们希望拥有这样的未来,那就是通过新教育人,以及所有和我们有相同志向的人的卓绝努力,让所有的孩子共同沐浴于美妙的诗歌里,共同陶醉于神奇的童话里,共同生活在伟大的历史与神奇的科学世界里,沿着彩色的阶梯健康成长。将来孩子们长大后,会因为在童年时读过相同的书籍而拥有共同的梦想,拥有共同的语言密码,可以无障碍地沟通,可以真正地生活在同一个社会、同一个时代、同一个世界,从而可以真正地拥有同一个梦想。

二、小学生基础阅读书目研制的理念

在小学生基础书目研制的过程中,我们团队经过反复讨论,形成了比较一致的研制工作必须遵守的基本理念。这些理念是我们在选择书目、审查内容、确定重点时必须首先考虑的问题。

具体来说，我们的研制理念主要有以下几点：

第一，关注作品所体现的核心价值观。价值问题是我们研制书目的出发点之一。一般来说，"真""善""美"是人们普遍认同的最简练、最基本的价值。对"真""善""美"的认知和追求，是具有普遍性的人类基本价值，是每个民族在生活实践中的基本度量衡，也是每个人成长中具有基础性意义的"立人"之本。

科学、人文和文学作品，是表现"真""善""美"的有效文本形式。

科学是研究各种现象的本质和规律的知识体系，是反映事实真相的学说。其重在追求"真"，其最高追求是兼具"善"与"美"。

人文是文化生活中与人关系非常密切的先进部分和核心部分，主要体现在各种艺术样式以及先进的价值观及其规范，是重视、尊重、关心、爱护人的文化。其重在追求"善"，其最高追求是兼具"真"与"美"。

文学是描写社会生活和心理活动的语言文字的艺术，其重在追求"美"，其最高追求是兼具"真"与"善"。

文学即使揭露"丑"，也是为了彰显何为"美"；科学即使揭穿"假"，也是为了诠释何为"真"；人文即使分析"恶"，也是为了突出何为"善"。所以，作为必要的推荐和有限而有效的普及，我们应该努力将那些臻于"至真至善至美"的文学、科学、人文作品和成果，尽最大可能遴选出来给那些适合的人群去阅读、分享和欣赏。所以，最大限度地追求和展现

"真""善""美",是新阅读理念中的核心价值观,也是我们研制中国小学生基础阅读书目的核心理念。

真、善、美的核心价值,可以具体展开为横向与纵向两个维度。

横向维度包括人与现实世界的关系和人与优秀文明成果两大方面。

从人与现实世界的关系维度来看,主要有八个价值领域,分别为:人与自我、人与家庭、人与社会、人与国家、人与自然、人与世界、人与历史、人与未来。这八大关系,分别体现了一个人的人生观、家庭观、群己观、国族观、自然观、国际观、历史观和宗教观。

这八大核心价值领域可以概括为两个方面的内容:一是人与自己及周围实体世界的关系,如人与自我、人与家庭、人与自然、人与社会、人与国家、人与世界等;二是人对过去的态度和人对未来的理想和憧憬,如人与历史、人与未来等。

从人与人类优秀文明成果的关系维度来看,主要有三个方面的表现,即人类的文学(艺术)成果、人类的科学成果、人类的人文成果。文学类成果和作品更多地凸显人们求"美"取悦的方面;科学类成果和作品更多地凸显人们求"真"知本的方面;人文类成果和作品更多地凸显人们求"善"得仁的方面。

纵向维度包括人应该追求的品质与美德,人应该具有的态度与作风,人应该遵循的准则与秩序,人应该了解的科学知识及应具备的科学精神四个方面。

从人应该追求的品质与美德来看,应该包括诸如爱心、善良、乐观、积极、勤奋、勤劳、正直、公正、勇敢、坚强、自信、自立、负责、责任、宽容、宽恕、真诚、守信、俭朴、节约、自然、健康、信念、理想等核心概念与关键内容。

从人应该具有的态度与作风来看，应该包括诸如爱憎分明、懂得感恩；朴素、美丽、文明、淑雅、幽默、风趣、平易、谦虚、反思、自律、坦然、无畏、尊重、敬畏、合作、团结、惜时、守时、坚持、专注、认真、努力、谨慎、细致、博学、智慧、淡泊、豁达、忍让、谦让、礼貌、守纪、廉洁、务实、观察、体认、想象、创新等核心概念与关键内容。

从人应该遵循的准则与秩序来看，应该包括诸如爱国、爱人、忠义、坚贞、友谊、友好、卫生、环保、悲悯、信仰、纪律、规则、平等、民主、独立、自由、美好、幸福等核心概念与关键内容。

从人应该了解的科学知识及应具备的科学精神来看，应该包括诸如科学认知、科学理解，科学意识、科学思维，科学兴趣、科学想象，科学分析、科学思考，科学态度、科学精神，科学质疑、科学验证，科学模仿、科学发明，科学发现、科学创造等核心概念与关键内容。

基于这个理念，我们把"小学生基础阅读书目"也分为文学、科学、人文三大类别，而且仔细阅读作品，找出一部作品所体现的核心价值观，不只是阅读结构平衡，也希望书目尽可能包括体现真善美以及八大价值领域的主要概念与关键内容。我们希望那些书目，能够编织出一张美丽的网，呵护孩子在漫长的旅途中保持着纯真、快乐与勇气。

第二，尊重孩子的兴趣，也强调书目的引导性。在选择书目的时候，我们坚持从小学生立场出发的原则，充分考虑到孩子们是否能够理解，是否能够喜欢。我们认为，只有充分尊重孩子的兴趣，才能让孩子自主阅读，才能让孩子被图书本身所吸引，才能引导孩子真正热爱图书。但如果完全以孩子的兴趣为转移，则可能导致读书的随意性，导致阅读的"偏食"，导致孩子鉴赏能力和阅读品位的降低，对那些单纯取悦和讨好他们的作品失去判断力。所以，我们一方面通过大量问卷调查了解孩子的阅读兴趣，通过学校试读发现孩子的阅读倾向，另一方面坚持从价值观出发，从图书内容的结构和覆盖面出发，从孩子最需要的"美好的东西"出发，引导孩子阅读那些真正有价值的好书。

第三，尊重市场的选择，也强调作品的经典性。在研制小学生基础书目的过程中，我们形成了"看市场但不唯市场"的共识。对于市场认可的一些特别畅销书，我们审慎地加以重视。如《猜猜我有多爱你》作为入选的图画书，尽管可能有在品质上不亚于它的书，但是因为它多年雄踞儿童图画书榜首，受到父母和孩子们的广泛欢迎，我们还是尊重了市场的选择。但同时我们也清楚地认识到，如果把市场放到第一位，忽视了书目的经典性和文化含量，可能就会导致庸俗和市侩，的确有一些儿童读物是充满感官刺激、恐怖、暴力等内容的，不应该简单地用销量评价图书。同时，我们还把书目的研制过程看成是一个挖掘和钩沉好书的过程，由于各种原因，曾经出版过的许多好书并没有很好的销量，我们也把它们推荐出来让孩子们阅读，如《书的故事》和《孔子的故事》。

第四，关注作品的趣味性，也关注作品中的形而上思考。我们在选择基础书目的时候，尽可能考虑那些描写当下儿童的现实生活，没有距离感的图书。但同时，我们也希望孩子们能够在有一些距离的地方眺望自己，不仅能够与书本上面的人物同悲共喜，而且能够在合上书本以后有一些形而上的思考。是的，真正伟大的童书，绝对不是简单地讲述一个让儿童感动的故事。在这些故事背后，往往会有着人类最重要的话题、最高尚的智慧和最朴素的美德。所以，我们特别期待孩子们能够通过这些故事，"走到更广大的世界去"。例如《城南旧事》和《草房子》，虽然离现在孩子的生活有一定距离，但作品中蕴含的思考却值得让每一个孩子咀嚼。

第五，突显本民族的文化传统，但也强调孩子作为未来世界公民所具有的现代观念。既然是中国小学生的基础阅读书目，突显中华民族大家庭的文化传统，重视那些几千年来一直滋润着我们民族心灵的经典读物，强调本土作家的原创作品，也是研制组全体成员的共识。所以，尽管在有一些年龄阶段和有一些领域，我们本土作家的作品还显得不够经典，我们仍然坚持"以我为主"的原则，选择了一些相对好的作品进入书目。但是，对世界儿童文学史中绕不开的一些经典作品，如《安徒生童话》《长袜子皮皮》，我们也大胆选入，因为我们相信，这些作品也是世界儿童所共同拥有的精神财富。

第六，强调共读共写共同生活，但也尊重孩子的自由自主选择。我们希望推荐的书目能够成为小学生班级共读的图书，在共同的阅读中形成共同的语言和密码。同时，我们也希望这些书目成为小学生与教师和父母共同阅读的文本。我们研制的这些童书，能够帮助老师走进孩子们的心灵，和孩子们拥有共同的语言和共同的密码，生活在同一个世界里。如果老师们能够与孩子们充分讨论这些童书，那么教育将有可能因此焕发出新的光彩。如果父母与孩子们一起阅读和讨论这些书，家庭也会出现奇迹，变得更和谐更温暖。有了无数个共读的夜晚，拥有幸福的将不仅是孩子。借助童书，我们的童年被唤醒，并且与孩子们的童年发生共鸣。

当然，书目只是提供孩子们阅读的基本依据，孩子们应该也能够驶向更广阔的阅读海洋。我们希望在共同阅读的基础之上，每一个孩子能够形成自己独特的阅读兴趣与阅读领域。我们希望用这些最好的童书，把孩子带到图书的世界，带到广阔的草原和大海面前，骑上骏马在草原上奔腾，驾起航船在大海上航行，一定是孩子们自己的事情。

第七，关注小学阶段的年龄特点，也考虑与学前、初中阶段的阅读衔接。小学生基础阅读书目的研制，首先关注的当然是小学阶段特有的一些问题。

童年是一段由浪漫到精确、由粉红到天蓝的彩色阶梯。在书目研制中我们充分吸取了儿童分级阅读的相关理论，按照小学低、中、高三个年龄段来推荐图书，给学生更切实的指导。至于绘本，我们主要考虑放到学前儿童和亲子共读书目中去，而因为有了《千家诗》《笠翁对韵》等，《唐诗三百首》我们则准备放到初中的书目中去。在某个小学生具体的阅读过程中，他既可以在学前的书目中寻找那些没有读过的书,如《爱心树》《石头汤》《爷爷一定有办法》《犟龟》等小学生也可以读的书,也可以在初中生的基础阅读书目中发现《唐诗三百首》《水浒》等。

三、小学生基础阅读书目的研制原则

第一,凡由国家批准的正式出版机构出版的中文简体作品均可进行推荐。

第二,按小学低(一至二年级)、中(三至四年级)、高(五至六年级)三个学段推荐,每个学段推荐基础阅读书目10本,最后形成30种小学生基础阅读书目。另外推荐70种阅读书目,供小学生选择阅读。

第三,推荐时对题材、体裁、国别、出版时间、出版社等均不做限制。但最终呈现的书目应当综合考虑图画书与文字书、中外、文学与科普、题材与体裁、经典与流行等要素。同时,对于三年内出版的原创图书一般暂不推荐,待经过时间考验以后再收录。

第四,推荐围绕"核心价值观"展开,最终的30种书目应基本囊括小学生核心价值的主要内容。所以,相同题材、主题的作品,一般选择代表性的一种。

第五,在30种书目中,同一作家一般只选择一本代表作品。在70种推荐书目中可以适当放开,考虑套书和系列。套书或丛书列入基础书目的,只从其中选出一本。

第六，对于有多种译本的经典作品，选择译文质量较高的译本。

第七，对于同一个作品的不同版本，综合考虑图书价格、装帧质量、插图水平等因素，选择性价比最合理的图书。

第八，坚持研制的开放性，如果发现更好的作品，或者更好的版本，及时更换，确保书目的先进性。

四、小学生基础阅读书目的研制过程

小学生基础阅读书目的研制经历了一个比较漫长的历程。大致可以分为三个基本阶段。

第一阶段：20世纪90年代至2005年，以策划出版《新世纪教育文库》为主要成果。从1995年开始，我就组织苏州大学的教授和全国的知名学者进行中小学生和教师阅读书目的研究与推广工作，在江苏教育出版社、苏州大学出版社等陆续出版了《新世纪教育文库》。该文库由于光远、李政道、张中行、钱仲联等著名学者近四十人担任顾问，该文库的编选分小学、中学、大学、教师四个系列，每个系列一百种（其中重点推荐书目二十种）。这四个书目在全国各地的学校以及网络上仍然有较大影响，成为许多中小学开展书香校园建设的主要参考书目。

第二阶段：2006年至2009年，以研究制作"毛虫与蝴蝶"儿童文学书包为主要成果。2006年，我领衔的新教育实验研究团队研制了"毛虫与蝴蝶——新教育儿童阶梯阅读"的儿童文学书包。新教育实验的研究专家们在倡导师生、亲子之间进行

"共读、共写、共同生活"的儿童阅读理念基础上,开发了新教育实验"毛虫与蝴蝶"儿童文学书包(分低、中、高段三个书包共计36种图书),受到了老师、家长,特别是孩子们的普遍欢迎。2007年,由台湾慈济基金会资助200万元购买儿童文学书包15000套,陆续发放到了甘肃、内蒙古、青海、山西、北京打工子弟学校等几百所学校的班级中去,让孩子们读到了最好的文学经典图书。

第三阶段:2010年9月至今,以研究制作"中国小学生基础阅读书目"为主要成果。2010年8月,我们在北京成立了新阅读研究所并组成了"中国小学生基础阅读书目"研制项目组。工作组分文学、科学和人文三个小组,由各领域的专家学者组成,自2010年9月至2011年4月,每月至少召开一次工作会议,针对每一稿的书目进行讨论。日常通过QQ群和电子邮箱不断进行交流与沟通。

2010年12月至2011年2月,在腾讯网、教育在线网站就大书目进行网络海选调查投票,获得了10万个有效的调查数据,对书目研制起到了重要参考作用。

2011年1至2月寒假期间,项目组在北京、山东、河南等省市对10所城市和农村学校的6000名学生、老师和家长进行试读调查,项目组购买并赠送给每位学生(与家长共读)、老师一本按书目草稿选定的图书。寒假后,收到了几千份试读学生、老师和家长的试读调查表,作为项目的重要参考数据。

2011年3月27日,中央电视台《我建议》栏目播出了关于中国小学生基础阅读书目的专题节目——《小学生的一百本书》,

节目播出后受到社会各界特别是学生家长和老师们的关注。

2011年3月30日，项目组在中国国家图书馆举行了咨询专家座谈会，征求专家们对书目的意见和建议。新闻出版总署出版管理司副司长陈亚明、儿童文学作家金波、科普作家金涛、儿童文学作家梅子涵、台湾台东大学教授林文宝、中国科学院院士严加安、21世纪教育研究院院长杨东平等众位知名专家学者对书目提出了宝贵的建议。

为了保证研制的权威性和科学性，新阅读研究所聘请众多专家学者担任新阅读研究所的咨询专家和学术顾问，书目初稿出来后向各位专家发出了咨询函，各位专家极为重视，或来电或来信，对该项目表示大力支持并提出了具体建议。研制工作组充分听取了孩子、教师、家长、学者、网友等多个群体的意见，并将这些意见消化、融合，最终形成了"30+70"的《中国小学生基础阅读书目》。以后我们还将每隔一两年对这个书目进行适当的修订和调整。我们希望这个书目能够让孩子们通过阅读这些图书而获得健康成长，把这些人类更美好的东西献给最美丽的童年。

附

中国小学生基础阅读书目100种
（新阅读研究所研制，2011年版）

一、基础书目30种

（一）小学低段（一至二年级）

1.《蝴蝶·豌豆花》，金波／编，蔡皋等／画，河北教育出版社。
2.《稻草人》，叶圣陶／著，希望出版社。
3.《没头脑和不高兴》，任溶溶／著，浙江少年儿童出版社。
4.《小猪唏哩呼噜》，孙幼军／著，裘兆明／图，春风文艺出版社。
5.《我有友情要出租》，方素珍／著，郝洛玟／绘，新疆青少年出版社。
6.《不一样的卡梅拉（我想去看海）》，[法国]约里波瓦／著，[法国]艾利施／绘，郑迪蔚／译，二十一世纪出版社。
7.《第一次发现（濒临危机的动物）》，[法国]伽利玛少儿出版社／编，[法国]雨果／绘，王文静／译，接力出版社。
8.《神奇校车（在人体中游览）》，[美国]乔安娜·柯尔／著，[美国]布鲁斯·迪根／绘，贵州人民出版社。
9.《千字文·三字经·弟子规》，郝光明、罗容海、王军丽／译注，文化艺术出版社。
10.《中国神话故事》，聂作平／编著，天津教育出版社。

（二）小学中段（三至四年级）

11.《千家诗》，李乃龙／译注，文化艺术出版社。
12.《三毛流浪记》，张乐平／绘，少年儿童出版社。
13.《宝葫芦的秘密》，张天翼／著，丁武／图，新蕾出版社。
14.《安徒生童话》，[丹麦]安徒生／著，叶君健／译，人民文学出版社。
15.《长袜子皮皮》，[瑞典]林格伦／著，李之义／译，中国少年儿童出版社。
16.《叶永烈讲科学家故事100个》，叶永烈／著，湖北少年儿童出版社。
17.《奇妙的数王国》，李毓佩／著，中国少年儿童出版社。
18.《让孩子着迷的77×2个经典科学游戏》，[日本]后藤道夫／著，施雯黛、王蕴洁／译，南海出版公司。
19.《林汉达历史故事集》，林汉达／著，中国少年儿童出版社。
20.《黑白：书的故事》，[苏联]伊林／著，董纯才／译，浙江文艺出版社。

（三）小学高段（五至六年级）

21.《西游记》，吴承恩／著，人民文学出版社。

22.《城南旧事》，林海音/著，关维兴/图，中国青年出版社。
23.《草房子》，曹文轩/著，江苏少年儿童出版社。
24.《我的妈妈是精灵》，陈丹燕/著，中国福利会出版社。
25.《夏洛的网》，［美国］E.B.怀特/著，任溶溶/译，上海译文出版社。
26.《昆虫记》，［法国］法布尔/著，陈筱卿/译，人民文学出版社。
27.《地心游记》，［法国］凡尔纳/著，陈筱卿/译，光明日报出版社。
28.《孔子的故事》，李长之/著，浙江文艺出版社。
29.《少年音乐和美术故事》，丰子恺/著，湖北少年儿童出版社。
30.《人类的故事》，［美国］房龙/著，［美国］梅里曼/续写，胡允桓/译，生活·读书·新知三联书店。

二、推荐书目70种

（一）小学低段（一至二年级）

1.《百岁童谣》，山蔓/编著，贵州人民出版社。
2.《寻找快活林》，杨红樱/著，湖北少年儿童出版社。
3.《十兄弟》，沙永玲/编著，郑明进/绘，五洲传播出版社。
4.《月光下的肚肚狼》，冰波/著，湖南少年儿童出版社。
5.《格林童话选》，［德国］格林兄弟/著，魏以新/译，天津教育出版社。
6.《让路给小鸭子》，［美国］麦克洛斯基/著，柯倩华/译，河北教育出版社。
7.《青蛙和蟾蜍》，［美国］阿·洛贝尔/著，潘人木、党英台/译，明天出版社。
8.《木偶奇遇记》，［意大利］卡洛·科洛迪/著，徐调孚/译，天津教育出版社。
9.《了不起的狐狸爸爸》，［美国］罗尔德·达尔/著，代维/译，明天出版社。
10.《我和小姐姐克拉拉》，［德国］迪米特尔·茵可夫/著，陈俊/译，二十一世纪出版社。
11.《一粒种子的旅行》，［德国］安妮·默勒/著，王乾坤/译，南海出版公司。
12.《鼹鼠博士的地震探险》，［日本］松冈达英/著，蒲蒲兰/译，二十一世纪出版社。
13.《动物王国大探秘》，［英国］茱莉亚·布鲁斯/文，［英国］兰·杰克逊/图，杨阳、王艳娟/译，广州出版社。
14.《笠翁对韵》，李渔/著，浙江古籍出版社。

15.《人》,[美国]彼得·史比尔/著,李威/译,贵州人民出版社。

(二)小学中段(三至四年级)

16.《武松打虎》,刘继卣/绘,天津杨柳青画社。
17.《孙悟空在我们村里》,郭风/著,湖北少年儿童出版社。
18.《让太阳长上翅膀》,金波/著,江苏少年儿童出版社。
19.《小英雄雨来》,管桦/著,湖北少年儿童出版社。
20.《戴小桥全传》,梅子涵/著,江苏少年儿童出版社。
21.《舒克贝塔航空公司》,郑渊洁/著,二十一世纪出版社。
22.《我是白痴》,王淑芬/著,二十一世纪出版社。
23.《雪花人》,[美国]马丁/文,阿扎里安/图,柯倩华/译,河北教育出版社。
24.《父与子》,[德国]卜劳恩/绘,洪佩琪/编,译林出版社。
25.《丁丁历险记》,[比利时]埃尔热/编绘,王炳东/译,中国少年儿童出版社。
26.《爱丽丝漫游奇境记》,[英国]刘易斯·卡诺尔/著,王永年/译,二十一世纪出版社。
27.《柳林风声》,[英国]肯尼思·格雷厄姆/著,任溶溶/译,上海译文出版社。
28.《彼得·潘》,[法国]巴里/著,杨静远/译,天津教育出版社。
29.《时代广场的蟋蟀》,[美国]赛尔登/著,傅湘雯/译,新蕾出版社。
30.《窗边的小豆豆》,[日本]黑柳彻子/著,[日本]岩崎千弘/绘,赵玉皎/译,南海出版公司。
31.《生命的故事》,[英国]维吉尼亚·李·伯顿著/绘,刘宇清/译,二十一世纪出版社。
32.《最美的科普·四季时钟系列》,[德国]雅各布/著,顾白/译,万卷出版公司。
33.《可怕的科学(科学新知)》,[英国]考克斯等/著,[英国]高达德等/绘,阎庚等/译,北京少年儿童出版社。
34.《101个神奇的实验》,[德国]安提亚·赛安、[德国]艾克·冯格/文,[德国]夏洛特·瓦格勒/图,谢霜/译,湖北美术出版社。
35.《我的第一本科学漫画书》,[韩国]洪在彻等/著,林虹均/译,二十一世纪出版社。
36.《成语故事》,李新武/编,人民文学出版社。

37.《最美最美的中国童话：传统节日篇》，汉声杂志 / 编，江苏人民美术出版社。
38.《讲给孩子的中国地理》，刘兴诗 / 著，希望出版社。
39.《希腊神话故事》，聂作平 / 编著，天津教育出版社。
40.《儿童哲学智慧书》，[法国] 奥斯卡·柏尼菲等 / 著，乐迈特 等 / 绘，李玮 / 译，接力出版社。

（三）小学高段（五至六年级）

41.《绘本聊斋》，（清）蒲松龄 / 著，马兰、王育生 等 / 改编，吴明山、叶毓中 等 / 绘，连环画出版社。
42.《寄小读者》，冰心 / 著，人民文学出版社。
43.《有老鼠牌铅笔吗？》，张之路 / 著，浙江少年儿童出版社。
44.《四弟的绿庄园》，秦文君 / 著，北方妇女儿童出版社。
45.《我要做好孩子》，黄蓓佳 / 著，江苏少年儿童出版社。
46.《狼王梦》，沈石溪 / 著，浙江少年儿童出版社。
47.《狼獾河》，格日勒其木格·黑鹤 / 著，接力出版社。
48.《铁丝网上的小花》，[意大利] 克里斯托夫·格莱兹 / 著，[意大利] 罗伯特·英诺森提 / 绘，代维 / 译，明天出版社。
49.《鲁滨孙漂流记》，[英国] 笛福 / 著，徐霞村 / 译，人民文学出版社。
50.《汤姆·索亚历险记》，[美国] 马克·吐温 / 著，刁克利 / 译，天津教育出版社。
51.《福尔摩斯探案全集》，[英国] 柯南道尔 / 著，俞步凡 / 译，译林出版社。
52.《小王子》，[法国] 圣埃克絮佩里 / 著，周克希 / 译，上海译文出版社。
53.《永远讲不完的故事》，[德国] 米切尔·恩德 / 著，李世勋 / 译，二十一世纪出版社。
54.《哈利波特与魔法石》，[英国] 罗琳 / 著，苏农 / 译，人民文学出版社。
55.《不老泉》，[美国] 娜塔莉·巴比特 / 著，吕明 / 译，二十一世纪出版社。
56.《牧羊少年奇幻之旅》，[巴西] 保罗·柯艾略 / 著，丁文林 / 译，南海出版公司。
57.《超新星纪元》，刘慈欣 / 著，重庆出版社。
58.《潘家铮院士科幻作品集》，潘家铮 / 著，中国少年儿童出版社。
59.《安德的游戏》，[美国] 奥森·斯科特·卡德 / 著，李毅 / 译，万卷出版公司。
60.《森林报》，[苏联] 维·比安基 / 著，王汶 / 译，二十一世纪出版社。
61.《万物简史（少儿版）》，[英国] 布莱森 / 著，严维明 / 译，接力出版社。

62.《科学家工作大揭秘》,［英国］理查德·斯皮尔伯利、［英国］路易斯·斯皮尔伯利/著,王庆/译,湖北教育出版社。
63.《中国读本》,苏叔阳/著,海豚出版社。
64.《老子说·庄子说》,蔡志忠/编绘,生活·读书·新知三联书店。
65.《世纪三国》,罗伯英潘/绘,钟孟舜/漫画,罗吉甫/撰文,二十一世纪出版社。
66.《中国孩子的梦》,谷应/著,湖北教育出版社。
67.《莎士比亚戏剧故事集》,［英国］查尔斯·兰姆、［英国］玛丽·兰姆/改写,萧乾/译,人民文学出版社。
68.《希利尔讲艺术史》,［美国］希利尔/著,李爽、朱玲/译,贵州教育出版社。
69.《诺贝尔奖获得者与儿童的对话》,［德国］贝蒂娜·施蒂克尔/编,张荣昌/译,生活·读书·新知三联书店。
70.《居里夫人的故事》,［英国］杜尔利/著,二栗/译,江苏少年儿童出版社。

> 做一个快乐的读书人：中国中学生基础阅读书目 100 种

我在许多场合一直强调，一个人的精神发育史，就是他的阅读史；一个民族的精神境界取决于这个民族的阅读水平；一个没有阅读的学校永远不会有真正的教育；一个书香充盈的城市才会是一个美丽的城市。所以，我发起的新教育实验，首先要做的就是拯救阅读，特别是学生的阅读。我们把"营造书香校园"作为新教育六大行动的基础，在全国 860 多所新教育实验学校里，"晨诵、午读、暮省"已经成为儿童的生活方式，以读写绘一体化为特色的"毛虫与蝴蝶"儿童阶梯阅读已经成为一道美丽的风景，用伟大的童书滋润孩子们的童年已经成为新教育人自觉的追求。

事实上，目前中小学生的阅读状况令人担忧。有调查表明，59.2% 的学生只用很少的一部分时间来阅读课外书籍，甚至有 6.2% 的学生阅读时间为零。在竞争激烈的应试压力下，学生课外阅读的时间越来越少。

关于阅读，我曾经写过《把最美好的东西给最美丽的童年》和《大学是读书的天堂》，分别就小学生和大学生的阅读进行了论述。其实，作为介于两者之间的中学生，阅读问题也显得非常重要。中学生，是人的自我意识觉醒的时期，是人一生中精力最旺盛的时期。如果说小学生阅读更加需要教师和父母的引领的话，那么中学生已经开始自主自觉的阅读，开始形成自己的阅读兴趣，拥有自己的阅读领域，为今后选择学校和专业，也为今后的职业生涯做准备。所以，中学生有没有形成阅读习惯和兴趣，有没有较强的欣赏与鉴别图书的能力，与他今后的学习品质和工作态度，有着直接的关系。

有人说，现在的中学生太忙了，已经被大量的作业和题海压垮了，哪里有时间去读书呢？这就一方面要求我们的学校为中学生留下阅读的空间，可以通过改革语文教学，增加阅读课等方式让学生有时间阅读；另一方面，要求我们的中学生能够学会主动学习，挤出时间阅读。我一直认为，只要自己认为是重要的事情，一定会有时间去做的。阅读经典，对于中学生来说，其实是磨刀不误砍柴工，会拓宽我们的智力背景，帮助我们更加深刻全面地分析问题解决问题。

所以，我真诚地希望，我们的中学生，在繁忙的学习中，能够爱读书善读书，成为快乐的读书人。

附

中国中学生基础阅读书目 100 种（初中）
（新阅读研究所、北京十一学校联合研制，2014 年版）

一、基础书目 30 种

（一）文学类

1.《唐诗三百首》，蘅塘退士 / 编，顾青 / 注，中华书局。
2.《水浒传》，施耐庵、罗贯中 / 著，人民文学出版社。
3.《三国演义》，罗贯中 / 著，人民文学出版社。
4.《朝花夕拾》，鲁迅 / 著，人民文学出版社。
5.《边城》，沈从文 / 著，中国青年出版社。
6.《月牙儿·我这一辈子：老舍短篇小说选》，老舍 / 著，湖南文艺出版社。
7.《男生贾里 女生贾梅》，秦文君 / 著，作家出版社。
8.《伊索寓言全集》，[古希腊] 伊索 / 著，李汝仪 / 译，译林出版社。
9.《古希腊戏剧选》，[古希腊] 埃斯库罗斯 等 / 著，罗念生 等 / 译，人民文学出版社。
10.《简·爱》，[英国] 夏洛蒂·勃朗特 / 著，祝庆英 / 译，上海译文出版社。
11.《契诃夫短篇小说选》，[俄国] 契诃夫 / 著，汝龙 / 译，人民文学出版社。
12.《生如夏花：泰戈尔经典诗选》，[印度] 泰戈尔 / 著，郑振铎 / 译，江苏文艺出版社。
13.《最后一片叶子：欧·亨利短篇小说选》，[美国] 欧·亨利 / 著，黄源深 / 译，上海译文出版社。
14.《绿山墙的安妮》，[加拿大] 露西·蒙哥马利 / 著，马爱农 / 译，人民文学出版社。
15.《假如给我三天光明》[美国] 海伦·凯勒 / 著，王家湘 / 译，北京十月文艺出版社。
16.《我的心只悲伤七次：纪伯伦经典散文诗选》，[黎巴嫩] 纪伯伦 / 著，[美国] 约翰·辛格尔·萨金特 / 绘，冰心 / 译，江苏文艺出版社。
17.《老人与海》，[美国] 海明威 / 著，吴劳 / 译，上海译文出版社。
18.《布鲁克林有棵树》，[美国] 贝蒂·史密斯 / 著，方柏林 / 译，译林出版社。
19.《海鸥乔纳森》，[美国] 理查德·巴赫 / 著，何贵清、夏杪 / 译，南海出版公司。

（二）人文类

20.《论语译注》，杨伯峻/译注，中华书局。
21.《名人传》，[法国]罗曼·罗兰/著，傅雷/译，译林出版社。
22.《汉字王国》，[瑞典]林西莉/著，李之义/译，生活·读书·新知三联书店。
23.《苏菲的世界》，[挪威]乔斯坦·贾德/著，萧宝森/译，作家出版社。
24.《你一定爱读的极简欧洲史》，[澳大利亚]约翰·赫斯特/著，席玉苹/译，广西师范大学出版社。
25.《杰出青少年的七个习惯》，[美国]肖恩·柯维/著，陈允明等/译，中国青年出版社。

（三）科学类

26.《科学的旅程》，[美国]雷·斯潘根贝格、[美国]黛安娜·莫泽/著，郭奕玲等/译，北京大学出版社。
27.《数理化通俗演义》，梁衡/著，湖北少年儿童出版社。
28.《发明的故事》，[美国]布里奇斯/著，张青民/译，陕西人民出版社。
29.《数学家的眼光》，张景中/著，中国少年儿童出版社。
30.《海底两万里》，[法国]凡尔纳/著，沈国华等/译，译林出版社。

二、推荐书目70种

（一）文学类

1.《镜花缘》，李汝珍/著，洪小如/改写，人民文学出版社。
2.《浮生六记》，沈复/著，朱奇志/校译·点批，钱海燕/绘，中国青年出版社。
3.《朱自清散文选集》，蔡清富/编，百花文艺出版社。
4.《骆驼祥子》，老舍/著，人民文学出版社。
5.《文心》，夏丏尊、叶圣陶/著，生活·读书·新知三联书店。
6.《呼兰河传》，萧红/著，侯国良/绘，中国青年出版社。
7.《射雕英雄传》，金庸/著，广州出版社。
8.《俗世奇人》，冯骥才/著，作家出版社。
9.《撒哈拉的故事》，三毛/著，北京十月文艺出版社。
10.《平凡的世界》，路遥/著，人民文学出版社。
11.《我与地坛》，史铁生/著，人民文学出版社。
12.《顾城的诗·顾城的画》，顾城/著，江苏文艺出版社。

13.《海子的诗》，海子/著，人民文学出版社。
14.《诗歌读本（初中卷）》，钱理群、洪子诚/主编，西渡/编，广西师范大学出版社。
15.《格列佛游记》，［英国］斯威夫特/著，张建/译，人民文学出版社。
16.《少年维特的烦恼》，［德国］歌德/著，杨武能/译，人民文学出版社。
17.《傲慢与偏见》，［英国］简·奥斯汀/著，王科一/译，上海译文出版社。
18.《普希金抒情诗精选集》，［俄国］普希金/著，穆旦/译，当代世界出版社。
19.《基督山伯爵》，［法国］大仲马/著，蒋学模/译，人民文学出版社。
20.《汤姆叔叔的小屋》，［美国］斯托夫人/著，王家湘/译，人民文学出版社。
21.《茵梦湖》，［德国］施托姆/著，施种 等/译，上海译文出版社。
22.《猎人笔记》，［俄国］屠格涅夫/著，力冈/译，浙江文艺出版社。
23.《茶花女》，［法国］小仲马/著，王振孙/译，上海译文出版社。
24.《格兰特船长的儿女》，［法国］儒勒·凡尔纳/著，陈筱卿/译，人民文学出版社。
25.《狄金森诗选》，［美国］艾米莉·狄金森/著，蒲隆/译，上海译文出版社。
26.《小妇人》，［美国］路易莎·奥尔柯特/著，刘春英、陈玉立/译，译林出版社。
27.《哈克贝利·芬历险记》，［美国］马克·吐温/著，张万里/译，上海译文出版社。
28.《爱的教育》，［意大利］亚米契斯/著，储蕾/译，上海译文出版社。
29.《莫泊桑短篇小说选》，［法国］莫泊桑/著，赵少侯/译，人民文学出版社。
30.《道连·格雷的画像》，［爱尔兰］王尔德/著，黄源深/译，人民文学出版社。
31.《青鸟》，［德国］梅特林克/著，郑克鲁/译，上海译文出版社。
32.《月亮与六便士》，［英国］毛姆/著，傅惟慈/译，上海译文出版社。
33.《茨威格中短篇小说选》，［奥地利］茨威格/著，张玉书/译，人民文学出版社。
34.《飘》，［美国］玛格丽特·米切尔/著，戴侃、李野光、庄绎传 等/译，人民文学出版社。

35.《动物庄园》,[英国]乔治·奥威尔/著,荣如德/译,上海译文出版社。
36.《蝇王》,[英国]威廉·戈尔丁/著,龚志成/译,上海译文出版社。
37.《毛毛:时间窃贼和一个小女孩的不可思议的故事》,[德国]米切尔·恩德/著,李士勋/译,二十一世纪出版社。
38.《芒果街上的小屋》,[美国]希斯内罗丝/著,潘帕/译,译林出版社。
39.《天蓝色的彼岸》,[英国]艾尼克斯·希尔/著,张雪松/译,新世界出版社。
40.《圣经故事》,[美国]玛丽·巴切勒/著,[美国]约翰·海森/绘,文洁若/译,华夏出版社。
41.《追风筝的人》,[美国]卡勒德·胡赛尼/著,李继宏/译,上海人民出版社。

(二) 人文类

42.《中国近代史》,蒋廷黻/著,岳麓书社。
43.《傅雷家书》,傅敏/编,江苏文艺出版社。
44.《地图的发现》,杨浪/著,生活·读书·新知三联书店。
45.《培根人生论》,[英国]弗兰西斯·培根/著,何新/译,湖南文艺出版社。
46.《甘地自传》,[印度]莫罕达斯·卡拉姆昌德·甘地/著,钟杰/译,吉林出版集团有限责任公司。
47.《人类的故事》,[美国]房龙、约翰·梅里曼/著,胡允桓/译,生活·读书·新知三联书店。
48.《人性的弱点》,[美国]戴尔·卡耐基/著,李晨曦/译,译林出版社。
49.《渴望生活:梵高传》,[美国]欧文·斯通/著,常涛/译,北京十月文艺出版社。
50.《牛奶可乐经济学》,[美国]罗伯特·弗兰克/著,闾佳/译,中国人民大学出版社。
51.《365种改变世界的方法》,[英国]迈克尔·诺顿/著,刘亦然 等/译,生活·读书·新知三联书店。
52.《最美的音乐史:从巴赫到"摇滚之王"普雷斯利的故事》,[德国]鲁道夫·赫富特纳/著,王泰智、沈惠珠/译,山西人民出版社。
53.《人类群星闪耀时》,[奥地利]斯蒂芬·茨威格/著,高中甫、潘子立/译,译林出版社。
54.《科学发现纵横谈新编》,王梓坤/著,北京师范大学出版社。

55.《科学是美丽的:科学艺术与人文思维》,[美国]沈致远/著,上海教育出版社。
56.《物理世界奇遇记》,[美国]乔治·伽莫夫、[英国]罗素·斯坦纳德/著,吴伯泽/译,科学出版社。
57.《探求上帝的秘密》,赵铮/著,北京师范大学出版社。
58.《视觉之旅:神奇的化学元素》,[美国]西奥多·格雷/著,[美国]西奥多·格雷、尼克·曼/摄影,陈沛然/译,人民邮电出版社。
59.《趣味天文学》,[俄罗斯]别莱利曼/著,刘玉中/译,中国青年出版社。
60.《笔记大自然》,[美国]克莱尔·沃克·莱斯利、[美国]查尔斯·E.罗斯/著,麦子/译,华东师范大学出版社。
61.《趣味动物学》,谢乐恩/编著,中国青年出版社。
62.《眷恋昆虫:写给爱虫或怕虫的人》,[美国]托马斯·艾斯纳/著,虞国跃/译,外语教学与研究出版社。
63.《人类基因的历史地图》,[美国]史蒂夫·奥尔森/著,霍达文/译,生活·读书·新知三联书店。
64.《生命的多样性》,[美国]爱德华·欧·威尔逊/著,王芷等/译,湖南科学技术出版社。
65.《寂静的春天》,[美国]蕾切尔·卡森/著,吕瑞兰、李长生/译,上海译文出版社。
66.《大自然的文字》,[俄罗斯]伊林、谢加尔/著,沈念驹/译,浙江文艺出版社。
67.《发现之旅:历史上最伟大的十次自然探险》,[英国]托尼·赖斯/著,林洁盈/译,商务印书馆。
68.《大科学家50》,[德国]贝恩德·舒/著,张社蚕/译,生活·读书·新知三联书店。
69.《时间机器·隐身人》,[英国]威尔斯/著,叶旭军、庄建华/译,辽宁少年儿童出版社。
70.《火星编年史》,[美国]雷·布拉德伯里/著,陶雪蕾/译,四川科学技术出版社。

中国中学生基础阅读书目 100 种（高中）

（新阅读研究所、北京十一学校联合研制，2014 年版）

一、基础书目 30 种

（一）文学类

1. 《宋词三百首（新注本）》，上彊村民 / 编，谷学彝 / 注，中华书局。
2. 《古文观止》，吴楚材、吴调侯 / 编选，葛兆光、戴燕 / 注解，中华书局。
3. 《红楼梦》，曹雪芹、高鹗 / 著，俞平伯 / 校，启功 / 注，人民文学出版社。
4. 《鲁迅作品名家插图：呐喊 彷徨 故事新编》，鲁迅 / 著，丁聪 / 插图，人民文学出版社。
5. 《家》，巴金 / 著，人民文学出版社。
6. 《雷雨》，曹禺 / 著，人民文学出版社。
7. 《围城》，钱锺书 / 著，人民文学出版社。
8. 《白狗秋千架》，莫言 / 著，上海文艺出版社。
9. 《莎士比亚悲剧喜剧集》，[英国]威廉·莎士比亚 / 著，朱生豪 / 译，译林出版社。
10. 《蒙田随笔集》，[法国]蒙田 / 著，梁宗岱、黄建华 / 译，人民文学出版社。
11. 《堂吉诃德》，[西班牙]塞万提斯 / 著，张广森 / 译，上海译文出版社。
12. 《巴黎圣母院》，[法国]雨果 / 著，陈敬容 / 译，人民文学出版社。
13. 《高老头》，[法国]巴尔扎克 / 著，张冠尧 / 译，人民文学出版社。
14. 《复活》，[俄国]列夫·托尔斯泰 / 著，安东、南风 / 译，人民文学出版社。
15. 《百年孤独》，[哥伦比亚]加西亚·马尔克斯 / 著，范晔 / 译，南海出版公司。

（二）人文类

16. 《傅佩荣译解大学中庸》，傅佩荣 / 著，东方出版社。
17. 《史记选》，王伯祥 / 选注，人民文学出版社。
18. 《中国哲学简史》，冯友兰 / 著，赵复三 / 译，生活·读书·新知三联书店。
19. 《谈美》，朱光潜 / 著，广西师范大学出版社。
20. 《苏东坡传》，林语堂 / 著，湖南文艺出版社。
21. 《民主的细节》，刘瑜 / 著，上海三联书店。
22. 《万历十五年》，[美国]黄仁宇 / 著，中华书局。

23.《理想国》,〔古希腊〕柏拉图/著,郭斌和、张竹明/译,商务印书馆。

24.《菊与刀》〔美国〕鲁思·本尼·迪克特/著,吕万和 等/译,商务印书馆。

(三)科学类

25.《从一到无穷大:科学中的事实和臆测》,〔美国〕G.伽莫夫/著,暴永宁/译,吴伯泽/校,科学出版社。

26.《科学的历程》,吴国盛/著,北京大学出版社。

27.《数学大师:从芝诺到庞加莱》,〔美国〕埃里克·坦普尔·贝尔/著,徐源/译,上海科技教育出版社。

28.《宇宙》,〔美国〕卡尔·萨根/著,周秋麟 等/译,吉林人民出版社。

29.《物种起源(全新修订版)》,〔英国〕查理·达尔文/著,钱逊/译,江苏人民出版社。

30.《蚕丝:钱学森传》,〔美国〕张纯如/著,鲁伊/译,中信出版社。

二、推荐书目70种

(一)文学类

1.《诗经选》,余冠英/选注,中华书局。

2.《唐宋传奇选》,张友鹤/选注,人民文学出版社。

3.《元人杂剧选》,顾学颉/选注,人民文学出版社。

4.《西厢记》,(元)王实甫/著,张燕瑾/校注,人民文学出版社。

5.《聊斋志异选》,(清)蒲松龄/著,李伯奇、徐文军/选注,人民文学出版社。

6.《儒林外史》,(清)吴敬梓/著,张慧剑/校注,程十髪/绘,人民文学出版社。

7.《饮水词笺校》,(清)纳兰性德/著,赵秀亭、冯统一/笺校,中华书局。

8.《人间词话译注(增订本)》,王国维/著,施议对/译注,岳麓书社。

9.《九叶派诗选》,蓝棣之/编选,人民文学出版社。

10.《毛泽东诗词欣赏》,周振甫/著,中华书局。

11.《寂寞的十七岁》,白先勇/著,广西师范大学出版社。

12.《倾城之恋》,张爱玲/著,北京十月文艺出版社。

13.《平凹散文》,贾平凹/著,浙江文艺出版社。

14.《灵魂只能独行》,周国平/著,人民文学出版社。

15.《我的精神家园》,王小波/著,北京十月文艺出版社。

16.《文化苦旅》,余秋雨/著,东方出版中心。

17.《毕淑敏精选集》，毕淑敏／著，北京燕山出版社。
18.《一个人的村庄》，刘亮程／著，春风文艺出版社。
19.《朦胧诗新编》，洪子诚、程光炜／编选，长江文艺出版社。
20.《活着》，余华／著，作家出版社。
21.《穆斯林的葬礼》，霍达／著，北京十月文艺出版社。
22.《忏悔录》，［法国］卢梭／著，范希衡 等／译，人民文学出版社。
23.《红与黑》，［法国］司汤达／著，张冠尧／译，人民文学出版社。
24.《大卫·科波菲尔》，［英国］狄更斯／著，庄绎传／译，人民文学出版社。
25.《呼啸山庄》，［英国］艾米莉·勃朗特／著，宋兆霖／译，上海文艺出版社。
26.《变形记 城堡》，［奥地利］弗朗茨·卡夫卡／著，李文俊、米尚志／译，译林出版社。
27.《瓦尔登湖》，［美国］亨利·戴维·梭罗／著，徐迟／译，上海译文出版社。
28.《推销员之死》，［美国］阿瑟·米勒／著，英若诚／译，上海译文出版社。
29.《了不起的盖茨比》，［美国］菲茨杰拉德／著，巫宁坤 等／译，上海译文出版社。
30.《雪国》，［日本］川端康成／著，林少华／译，青岛出版社。
31.《麦田里的守望者》，［美国］J.D.塞林格／，施咸荣／译，译林出版社。
32.《荒诞派戏剧选》，［法国］贝格特 等／著，施咸荣 等／译，外国文学出版社。
33.《日瓦戈医生》，［俄国］鲍·列·帕斯捷尔纳克／著，白春仁、顾亚铃／译，上海译文出版社。
34.《挪威的森林》，［日本］村上春树／著，林少华／译，上海译文出版社。
35.《逃离》，［加拿大］艾丽丝·门罗／著，李文俊／译，北京十月文艺出版社。

（二）人文类

36.《老子今注今译》，陈鼓应／注译，商务印书馆。
37.《庄子》，孙通海／译注，中华书局。
38.《孟子译注》，杨伯峻／译注，中华书局。
39.《中国文化的命运》，梁漱溟／著，中信出版社。
40.《中国古建筑二十讲》，楼庆西／著，生活·读书·新知三联书店。
41.《乡土中国》，费孝通／著，人民出版社。
42.《司马迁之人格与风格》，李长之／著，天津人民出版社。

43.《梓翁说园》，陈从周 / 著，北京出版社。

44.《李鸿章与晚清四十年》，雷颐 / 著，山西人民出版社。

45.《天朝的崩溃：鸦片战争再研究》，茅海建 / 著，生活·读书·新知三联书店。

46.《美的历程》，李泽厚 / 著，生活·读书·新知三联书店。

47.《定西孤儿院纪事》，杨显惠 / 著，花城出版社。

48.《重新发现社会》，熊培云 / 著，新星出版社。

49.《总统是靠不住的》，林达 / 著，生活·读书·新知三联书店。

50.《写给中学生的逻辑学》，彭漪涟、余式厚 / 著，北京大学出版社。

51.《袁氏当国》，唐德刚 / 著，广西师范大学出版社。

52.《王二的经济学故事》，郭凯 / 著，浙江人民出版社。

53.《论法的精神》，[法国] 孟德斯鸠 / 著，许明龙 / 译，商务印书馆。

54.《超越自卑》，[奥地利] 阿弗雷德·阿德勒 / 著，郁丹 / 译，凤凰出版社。

55.《第三帝国的兴亡》，[美国] 威廉·夏伊勒 / 著，董乐山 等 / 译，世界知识出版社。

56.《全球通史：从史前史到21世纪》，[美国] 斯塔夫里阿诺斯 / 著，吴象婴 等 / 译，北京大学出版社。

57.《文明的冲突与世界秩序的重建》，[美国] 塞缪尔·亨廷顿 / 著，周琪等 / 译，新华出版社。

58.《乌合之众：大众心理研究》，[法国] 古斯塔夫·勒庞 / 著，严雪莉 / 译，凤凰出版社。

59.《寻路中国：从乡村到工厂的自驾之旅》，[美国] 彼得·海斯勒 / 著，李雪顺 / 译，上海译文出版社。

60.《给莉莉的信：关于世界之道》，[英国] 艾伦·麦克法兰 / 著，管可秾、严潇潇 / 译，商务印书馆。

（三）科学类

61.《伽利略的手指》，[英国] 彼得·阿特金斯 / 著，许耀刚 等 / 译，湖南科学技术出版社。

62.《战争的果实：军事冲突如何加速科技创新》，[美国] 迈克尔·怀特 / 著，卢欣渝 / 译，生活·读书·新知三联书店。

63.《啊哈，灵机一动》，[美国] 马丁·加德纳 / 著，李建臣、刘正新 / 译，科学出版社。

64.《量子世界：写给所有人的量子物理》，[美国] 肯尼斯·W. 福特 / 著，王菲/译，外语教学与研究出版社。
65.《平行宇宙》，[日本]加来道雄/著，伍义生、包新周/译，重庆出版社。
66.《科学大师的失误》，杨建邺/著，湖北科学技术出版社。
67.《自私的基因》，[英国]里查德·道金斯/著，卢允中 等/译，吉林人民出版社。
68.《致命的盛宴》，[美国]理查德·罗德斯/著，汪仲、张定绮/译，中国青年出版社。
69.《怀斯曼生存手册》，[英国]约翰·怀斯曼/著，张万伟、于靖蓉/译，北方文艺出版社。
70.《爱因斯坦：生活和宇宙》，[美国]沃尔特·艾萨克森/著，张卜天/译，湖南科学技术出版社。

> 大学是读书的天堂：中国大学生基础阅读书目 100 种

当年我的儿子到南京大学读中文系，其实他在高中理科成绩很好，是理科生。因为他在高中期间读了很多书，也发表了很多有影响力的文章，所以南京大学的老师说，这个同学可能适合读文科，所以阴差阳错地进了中文系。但是他的大学生活可以说不是很顺利，所以我就给他写了一篇文章，题目叫"大学是读书的天堂"。我说"你别指望从老师那里得到更多的东西，在哪里读书不重要，重要的是你读什么书，这是最重要的"。这也是我对大学期间到底应该关注什么，应该做什么的一个很重要的思考。

《人民日报》曾经给我做了个专访。《人民日报》在做关于大学新生人生规划的一个专题报道。记者问我，你觉得大学期间最重要的是什么？我说，最重要的是寻找和发现自我。这才是在大学期间最重要的事。因为绝大部分的学生在中小学期间是很难去寻找、发现自我和成就自我的。但是到了大学应该要思考这个问题了，应该要寻找自我了，应该去做一个人生的规划了。但是怎样去发现自我和寻找自我呢？阅读就是个最重要的路径。前年，北京的一些大学成立了首都阅读联盟。联盟成立的时候要求我去做了一个讲演。我说，每个学生都在不同的大学，见到的是不同的老师，听到的是不同的课程。表面上是有所谓的高低之分,但是事实上只要你阅读,只要你和那些最伟大的书去对话,就没有高低之分。如果说有高低之分的话,不是取决于你在哪个大学读书,不管你是在北京大学读书,还是在一个普通的学校读书,都不重要,重要的是,你每天在做什么,你每天在读什么。最后谁走得更远,不是在于你在哪个大学,而是取决于你这四年怎么度过。坦率地说,因为在中国这样的一个教育体制下,绝大部分的中学生在中学期间,或者说在中小学期间,没有经过比较系统的阅读训练,阅读量相对来说也是比较少。我们新教育学校可能不太一样。我们是把"书香校园"建设作为整个教育的最重要的基础性工程。

阅读到底有多重要?它为什么重要?并不是很多人都清楚。我曾经写过一篇文章叫作《我的阅读观》,这篇文章从五个方面讲述了我对阅读的理解,阅读的重要性。首先,从一个个体的角度来说,我说一个人的精神发育史是他的阅读史。这是从个人的阅读的意义来说。第二,从一个国家或者一个民族的角度来说,我说一个民族的精神境界取决于这个民族的阅读水平。所以一个国家、一个民族的竞争力在哪里?精神力量在哪里?实际上在他们的阅读之中。第三,一个没有阅读的学校,永远不可能有真正的教育。这是从教育的角度、从学校的角度来说的。一个没有阅读的学校永远不可能有真正的教育。第四,一个书香充盈的城市,才能成为伟大的精神家园,这是从一个区域、一个城市的角度来说的。只有充满真正的书香,一个城市才可能成为一个精神家园。第五,共读共写共同生活才能拥有共同的语言和共同的价值。实际上这五个观点分别是从不同的层次和角度去研究阅读问题的。

为什么说一个人的精神发育史就是他的阅读史？因为讲到精神发育就要讲到身体的发育，因为精神发育和身体发育有相似的地方，也有不完全相同的地方。费尔巴哈曾经说过，人是他自己食物的产物。这就是说每个人是他自己食物的产物。我相信这不仅仅是对身体说的，也是对精神说的，吃什么你就会成为什么。最初我们寄身于母体，吸收母体营养，然后来到这个世界，母乳给我们最初的滋养。六个月以后更主要的可能靠自己每天的进食。我们知道，躯体的成长和遗传有着非常密切的关系，所以讲除了遗传以外，我们每天的食物对身体的营养是非常重要的。那么精神是怎么成长起来的呢？当然，从科学的角度来说，对精神成长的奥秘我们一直没有搞清楚。我经常讲，人类认识世界很有意思，是从最遥远的星际开始的，所以整个科学家谱里面，发源最早的一个是天文学。在几千年以前，在摩崖石刻上，就可以看到我们的先人们在观察天象，在记录天文。现在我们才刚刚进入所谓生物学的时代，关注生命的状态。而人是生命最复杂的东西，所以对人自身的研究，我觉得才刚刚开始，对人精神的研究，更没有深入进去。所以我们学心理学、教育学的经常说，我们人的大脑还是个黑匣子。但是不管怎么样，我们有一点是可以肯定的，人的精神的成长和他所经历的、所阅读的东西有着密切的关系。我们精神的高度取决于阅读的高度，人类之所以能够超越其他的物种，在很大程度上是因为人类能够阅读。我们学传播学，西方把传播学分成四个重要的阶段。第一个阶段，是所谓的表演阶段，就是说人类最早的传播是通过表演来实现的，在劳动中、生活中通过口头的语言、手势面对面地交流。所以人和人之间的传播交流是一种即时性的、表演性的传播。从文字产生开始到印刷术的出现，我们进入了第二个阶段，叫表述阶段。表述阶段，人类就可以借助文字这样的工具，记录自己的思想。在这个时候，人类的知识体系开始发生了一个革命性变化。后来进入影像阶段，丰富了传播的方式。现在进入互联网阶段。所以人类的传播体系实际上是经过了这四个阶段，其中最关键的阶段是从表演进入表述，正是由于借助了文字，人类才能不断地在前人创造的智慧基础上超越自我。我们可以想象一下，如果没有文字或者没有阅读，人类会怎么样。可以肯定，人类不可能有这样的进步。因为这样每一代人只能不断地去重复自己，他很难真正地去超越，不可能有如此大的进步。人类那些最伟大的思想、最伟大的智慧在哪里？毫无疑问，就在那些最伟大的著作之中，就在我们的图书馆里，就在你们家的书架上。图书馆是承载着人类最重要的精神财富的地方。我们一直说，图书的生命是通过阅读激活的，没有阅读，你图书馆的书再多，都是一张废纸。我曾经到我们苏州的一个友好城市，当时我在苏州做分管文化教育的副市长，他们的图书馆把成箱成箱的非常漂亮的书打包，送到造纸厂，去化为纸浆。我当时看了很心疼。那个馆长说，图书馆的容量是有限的，我们必须不断地要有好书新书进来，我必须要淘汰旧的书。他把长期没有人借过又没有人看过的图书优先送去"火化"了。那么，图书没有阅读，它就不是书，它就跟废纸没有什么两样。通过阅读，让人类的确变得和其他的生命、其他的物种不一样。其实我一直说，我们人生活在两个世界里，一个是物质世界，一个是精神世界。但是，事实上，我们绝大部分人生活在一个世界里，生活在物质的世界里。是不是这样？的确是这样。

古人为什么说要读万卷书，行万里路，实际上也就是说我们人应该同时生活在两个世界里。行万里路，我们生活在一个物质的世界里，我们看到的是自然的风景。读万卷书，我们生活在精神的世界里，我们看到的是精神世界里的东西，实际上这两个世界又是相辅相成的，读万卷书，可以更好地行万里路。余秋雨的文化苦旅那么精彩，他看到的风景，跟我们看到的风景是不一样的，同样看黄山，可能不同的人看到的是不同的黄山。同样看月亮，可能不同的人看到的是不同的月亮。李白的月亮跟我们的月亮可能不一样。为什么不一样？因为有阅读的理解，有思想的背景，所以生活在精神的世界里的人，他是幸福的。

我的一个好朋友赵丽宏先生之前送给我一本毛边书，书名叫《躲进书里》。他说，你在人世间碰到的各种各样的烦恼，人世间各种各样的喧嚣、各种各样的问题，你只要躲进书里，什么都没了，书是人的最好的住所。这也是真正的读书人才会有的体验。前年，我在中央党校学习，我们也搞了个读书会，就是每个领导介绍影响自己最深的一本书，很多人都谈了自己的体会，最后让我做总点评人。我在点评的时候就讲，我们来到这个世界，是为了看一看这个世界，因为当你从母亲的体内来到这个世界的时候，你的第一声的哭喊，就是你的一个独立宣言。你第一次睁开眼睛,你就开始看这个世界,然后,当你最后闭上眼睛的时候,那你就离开了这个世界。我说,其实,人来到这个世界最重要的目标、目的,就是为了更好地看这个世界。为什么?因为你除了看,其他都是徒劳的。我们很多人用一辈子的心血,去挣钱、去买房子、去添置财产、去收藏各种各样的宝贝,所有的一切,到最后它都带不走,都不属于他。我们安徽的教育家陶行知先生曾经说过,捧着一颗心来,不带半根草去,这是我们很多教育界的人都经常引用的一句名言,其实我在想,你想带半根草走,你也带不走,是吧?有些人没有意识到这样的问题,唯一你可以带走的就是你曾经看过的那些东西,你看过的那些东西,永远在你的脑海里,永远在你的心里,它会随你而去。如果人真的有灵魂的话,我相信,它也会随着你的灵魂飘荡,是不是这样?其它的都不属于你。所以从一个个体的角度来说,阅读也许不能增加或者延长我们生命的长度,但是它的确可以拓展我们生命的宽度、厚度、广度。后来我想想,这句话我讲得比较保守了,其实阅读本身是可以让我们活得更健康,因为只有真正热爱阅读的人,才会变得很宁静,才会看淡或者说看透这个世界,才会知道人生活的意义,所以他会很坦然,他会很淡然、很宁静,他也就会很健康。西方有一种所谓的阅读疗法,阅读可以治疗、治愈人。同时我还说,阅读可能不能改变我们的容颜,但是它可以改变我们的气质,改变我们人生的品位,后来我想想这句话可能也讲得保守了,因为阅读本身是可以让人变得更美丽的。我在苏州的时候,曾经在苏州发起了一个阅读节,我们给阅读节设计了一个广告语，就是阅读"让苏州更美丽"，实际上阅读本身，怎么能够让一个城市变得更美丽呢？实际上是让城市的人更美丽，这个城市才会变得美丽。阅读是会让人变得美丽。在生活中，我们和很多人交流，有些人长得很漂亮，但是和你一交流，就是显得俗不可耐。你再看时，可能就不那么漂亮了。有些人，其貌不扬，你跟他一交流，就觉得这个人不简单，听君一席话，胜读十年书，你会觉得这个人很美，这个人真的很有气质，这个人真的很有品位。作家毕淑敏曾经建议女性少花点钱去买化妆品，把买化妆品的钱用来买书，比它要超值十倍都不止，所以阅读对一个人的精神的成长的确是具有非常重要的意义。真的是这样。你真得把它想通了，你真正地要了解我们应该生活在哪个世界里，你真正地要了解我们应该看什么样的风景，你真正地要了解我们这一生应该让自己过一个什么样的人生。我相信，阅读是一个最好的选择，可能没有什么比阅读更有意思、更有意义。

当然，阅读对一个国家、一个民族来说就更不用说了。我这十多年来一直在呼吁建立国家阅读节，在呼吁要推进全民阅读。不仅仅是因为我是国家聘请的全民阅读代言人，更重要的是我作为一个教育学者，在研究教育的过程中越来越清晰地发现，阅读对一个国家太重要了，对一个民族太重要了。我仔细考察过世界上几个民族，那些最伟大的、最优秀的、最有竞争力的、最有品位的民族。当然，最典型的是犹太人。你们去看看犹太人最近这一两百年对世界的贡献。我们统计过，从1901年到2001年的诺贝尔奖获得者，平均每五个诺贝尔奖获得者中就有一个是犹太人。他们贡献了多少诺贝尔奖获得者，贡献了多少称之为世界级别的大思想家。我们不说远的，我们就说近的，从马克思开始。马克思的学说可以说改变了人类对社会、历史的观点，而且他这种影响力到今天仍然没有过时。所以西方有一门学科——马克思学，有人把它命名为"幽灵学"。为什么叫"幽灵学"啊，因为它无处不在，无时不在。爱因斯坦，他的学说深深地影响了这个世界，包括我们现在这个新的"量子理论"，都和爱因斯坦有着密切关系，这改变了人类对物理学科的看法，对时间、空间的观点。还有弗洛伊德，他的精神分析学说彻底改变了人类对自我的生存心理的分析。你看这三个人，人类的三个重要领域被三个犹太人的理论彻底颠覆和改变了。犹太人在科技领域等方方面面应该说在世界上都是走在最前面的。其中很重要的一个原因，就是犹太人喜爱阅读。全世界阅读量最大的民族就是犹太人，他们平均每人每年阅读64本书。我们平均每人每年阅读5.48本书，才是人家的一个零头啊。所以，阅读对一个国家、一个民族的价值，我觉得我们远远没有意识到。

对学校来说，当然是如此。我说一个没有阅读的学校永远不可能有真正的教育。真的是如此，无论是小学、中学、大学，都是如此。我们的大学和西方的大学最大的差距在哪里？当然我们可以从很多方面去分析，行政化的问题等等，你可以讲很多。但是我认为在教学上，最大的差距就在阅读上。我们的大学有阅读吗？没有阅读。我们的大学和中小学基本上差不多。上课记笔记、考试背笔记、考后全忘记，基本上还是这样一种简单的知识传承的教育方式。我们大学的教育是远离文本的,这一点我认为是和西方大学的教育最大的差距。我们的老师给我们开了书单,但他自己学得都模模糊糊,他跟我们讨论过吗?交流过吗?不是这样的。美国的大学平均阅读量是每天一百页,也就是说每个星期差不多是读六百页。这是我自己深有体验的,因为我在哈佛大学学习了一个多月的时间,老师就是这么教的。每一天就是给学生开个书单。开完书单以后,小组先讨论。讨论完了,在课堂里面,就是围绕这个来进行文本交流和讨论,所以美国大学生为什么那么辛苦,比我们辛苦得多,因为他要读书呀,你不读书你就没法交流呀,你没看过你怎么说,你不能瞎说呀,无论是案例分析还是问题讨论,所有的一切都是基于文本来进行的。不仅仅是人文社会科学,自然科学也是如此。你没有文献的研究不可能让你去实验室,不可能让你去做真正的研究,所以无论是人文科学还是自然科学,阅读是大学教育最重要的方式。所以我经常说你看这个老师开不开书单,开什么样的书单,就能够知道这个老师会不会做学问,做出多大的学问。当然作为我们学生来说也不能完全指望老师给我们开书单,要学会自己给自己开书单。

梅贻琦先生曾经说过,大学者,非大楼之谓也,乃大师之谓也。也就是说一个好的大学不在于学校建得有多漂亮,而在于是不是有真正的大师、优秀的老师。其实,我觉得这句话还可以进一步引申一下。大学可能更重要的是有一群真正的读书人。真正有阅读生活的大学一定是有思想的大学,对中小学教育来说那更是如此。著名教育家苏霍姆林斯基就很坚定地认为:

无限地信仰书籍的力量。这是他的教育信仰。他一直主张在学校教育中要有两套大纲：第一套大纲就是我们现在以教科书为主体的知识体系；另外一套大纲就是所谓的书屋，你要有系统的阅读的技巧。他认为没有第二套大纲，第一套大纲不可能得到真正的落实。他认为阅读是所有学生的最重要的事情。阅读不是那些优秀学生的专利。越是差生，越需要阅读。阅读最关键的时期是在中小学，因为在那个时候，人的精力、人的注意力、人的记忆力都是最好的时候。中国古代特别强调童子功，就是人越是早期，所阅读的内容越是会深刻印在心里，所谓的过目不忘的本领就是在那个时候训练成的。

为什么说大学是读书的天堂？首先，从阅读的时间和空间上说，这是最广阔的。因为在大学期间，尽管看起来我们的课程排得很不少，但是你想想我们有多少属于我们的假期。当然这并不是整个时间都用来阅读，但是我们四年大学生活，要想系统地去读一点书还是有可能的。因为在中小学你还是很难有这样广阔的阅读的时空。其次，我觉得大学的阅读是自主的，相对自主的，尽管我们一些学科、一些老师会给我们开一些书单，让我们去读书，但是我们自主地安排自己读书是有可能的。再次，大学的阅读是专业的阅读，是相对专业性的阅读。我们进入大学以后会有不同的专业，不同的专业相对形成一定的阅读体系。当然我觉得最重要的是大学是我们自主建构我们知识体系的过程。虽然有一些人进入大学，但是他自己的人生规划和专业方向是相背的。我认为大学选好专业固然重要，但是也不是想象中的那么重要。因为大学更重要的是形成一个自己人生的方向感，形成人生的方法论的一个场所，这比你从事什么职业更重要。所以在大学里我认为再不抓紧时间读一点书是非常可惜的。

从我自己的体会来说，我当时在江苏师范学院读本科。读到三年级，学校里面缺教育学、心理学老师，所以被选拔为老师去上海读书。为什么会被选上，我自己想来想去，觉得最重要的就是喜爱读书。我在大学的时候觉得自己很幸运。一是认识了一个非常热爱读书的同学，和我坐同桌的同学。我们两个分工。他不上课，我上课，他到图书馆去读书，他读到好书就借给我看。他知道各行各业的东西永远比不上读书的收获，这一点我觉得他给我很大的启发，从他手里我看到了一大批一大批的名著。除了他给我的以外，我自己在大学喜欢文学类的书，看了各种各样的小说、诗歌。记得当时差不多每星期去图书馆，有时候去两次，有时候去三次，每一次都是抱一堆书回来，图书馆的老师觉得很奇怪，这个人抱一堆书，真的会看吗？他们有时候还考我书里面讲的什么内容。当然不可能所有书都看得那么仔细，有些书看看翻翻就还了，有的翻得比较仔细一些。我读的专业一开始叫政史系，后来分为政教系和历史系。我读的是政教系，也就是认定了自己以后要做一个政教老师。所以我想既然要做老师，那么必须要读教育学、心理学，图书馆里差不多所有心理学方面的书我看完了，图书馆的书差不多都是"文革"以前的那些书。我做了很多笔记，这个笔记起了很大的作用，当时学校要招六个专业六个人未来做教育学、心理学老师，全校组织考试，考完了以后再面试。面试的时候我就拿着我的几本读书笔记,教育学、心理学方面的,我就跟面试官说,其他的人可能想留校,但我真的是喜欢做老师,你看我的读书笔记。他们发现这个学生真的想做老师,读了那么多教育学、心理学的书了。所以我说我人生第一次命运转折就是由于我读书。

在大学时期,另外还有一个对我帮助很大的就是做作业,一般就是老师布置的作业。我把作业作为一个挑战,觉得挺有意思,把作业作为一个任务来写。每布置一篇作业,我就去找很多资料,看好多参考书,然后就写文章。其实啊,人家用一分的功夫,你用两分或三分的功夫,实际上只是多花一点点时间和精力。我的科研训练,最初就是通过阅读来进行的。比如说我们学历史,要评价太平天国,评价忠王李秀成,其他人可能就是随便写篇作业,或者是编编故事就把作业交了。我当时认认真真地去看书,去找各种各样的文章,找各种各样的材料,然后写成一篇论文。那么这样实际上对自己来说,是一个非常好的智力补给,也是一个思维的训练。

所以在大学里面这样读书,对我的成长起到非常关键的作用。其实我自己走的这条路,还是一条完全不自觉的路。不是说大学一开始我就很明确的,我要读书,我要怎么去读书,完全是偶然的际遇。如果现在大学生有一个自觉的读书规划,他们肯定走得比我更远。毫无疑问,我自己在反思成长历程的时候,发现阅读的价值很重要。而且,读什么很重要。2010年,我在北京专门成立了一个新阅读研究所。我们在2000年发起了新教育实验,新教育实验把营造书香校园作为新教育一个非常重要的行动。同时我们发现，光讲阅读的重要性是不够的。你说阅读多重要，很多人也知道阅读的重要。但是，读什么？这个问题没有解决。比如，中小学生到底应该读什么书？我看了一个关于读书的杂志《出版界》的统计：今年六月份的儿童图书热销榜。我看了以后很惊讶，前十里面有五本是《查理九世》。《查理九世》这样的书，竟然十本畅销书里占了五本。那我又想到，我们的孩子最喜欢的竟然是这样的书，让我很惊讶！在孩子阅读问题上，如果完全放任的话，后果不堪设想。大学里面我也看过很多大学图书馆的借阅榜，也不像我们想象的那么乐观。我们不能把我们喜欢的书强加给学生去读，我们要尊重学生阅读的选择权，这是毫无疑问的。当我们的孩子还不知道什么是好东西的时候，让他自己去随便吃，肯德基、麦当劳肯定是他的首选。肯德基、麦当劳是好食品吗？未必是。

但是会有更好的东西在他的人生成长中最关键的时期，让他觉得是好的。他没有形成好的胃口，他没有懂得怎么去鉴赏。真正读过好书的孩子不会那么着迷其他人说好看的书。我接触过很多孩子，他们看过《夏洛的网》，看过一些好书以后，再看这样的书，就会觉得太浅，就不感兴趣了。所以我就组织了专家，用几年的时间专门研究出了中国幼儿基础阅读书目，小学生、初中生、高中生和大学生的基础阅读书目，还有教师书目、父母书目、企业家书目、公务员书目。我不是说所有人都要看几本，我只是给大家提供一个最基本的、可靠的读物。曹文轩先生说我们做了一件功德无量的事情，他说现在只要有人想让我推荐书目，我就会推荐你这个《中国小学生基础阅读书目》，他说这才是真正的、最值得我们孩子去读的东西,把最美好的东西给最美丽的人,这才是最重要的事情。

这个书目我们每两年修订一次。美国有一个很有影响力的"核心知识运动",代表人叫赫希,他写了一本书叫《造就美国人》(Making American),他认为美国人就是那些曾经影响美国的一些伟大的书目造就的。美国人共同读这些东西,在美国的中小学这些书都被推荐了,他们都是被这样的书熏陶出来的,中国也同样需要这些东西,所以这九种书目做完以后,我的梦想是写一本书,Making Chinese。什么叫共读、共写、共同生活,中国人必须要有共同的价值观,这个价值观从哪里来,就是来自那些最伟大的著作、最伟大的智慧、最伟大的思想,成为我们共同的精神的支撑,这是最重要的。同时我还启动了一个新的项目,中小学学科教学书目。比如说我们的中小学英语,就只是一本教科书,这样中国人只能学哑巴英语。为什么很多中国人不能读英文的报纸、英文的书,因为他缺少基本的阅读啊。我们就要做一个英语教师的阅读书目,作为英语老师,教的不仅是语言,更要了解英语文化,所以为了学生的英语学习,我们会开出一个英语阅读书目。若是说学数学,一个小学生对数学特别有兴趣,他要看什么书,我们都会推荐出来,我们将用三年的时间把这个项目完成。从小学到中学一共20个学科,用三年做出一个《中国中小学学科教学书目》。这个书目完成以后,我准备再做一个大工程,就是面对大学生的学科研究书目,比如说你到物理系怎么学物理,你到化学系怎么学化学。我们将从研究的角度,面向大学生再推荐一些书目,我想利用这三种书目不同的功能定位,给我们的教育提供一个比较好的书目,这些书也要进到各种各样的图书馆里去。我曾经到过安徽的一些中小学,他们知道我有一个习惯,每到一个学校,就是要看图书馆。我们中国的很多图书馆是很糟糕的,新的图书馆书怎么来的,两个路径:第一捐赠的。很多捐赠人都是想用最少的钱去买最多的书,所以买的很多书都是书店卖不出去的书。第二招标的。图书招标也是很糟糕的事,招标招到最后就是,对于好书出版社是不肯降价的,出版社肯降价的也是滞销书。我看到很多省的图书馆的招标书目,看了以后,我啼笑皆非。比如说有一个省图书馆的招标书目:《医院管理大全》,698元一本,这样的书中小学需要吗?根本不需要。由此可见,读什么的问题远远没有解决。作为一名大学生来说,尤其是新生,特别需要给自己做一个阅读的规划。不要说其他,四大名著没有看过的,我相信百分之八十以上,一本也没有看过的恐怕也不是少数。我经常说人生不得不去的很多地方,去北京看一看天安门,去安徽看一看黄山,人生有很多风景可看。那么那些精神的风景呢?人类那些最伟大的著作,你没有看过是不是太可惜了?所以说,作为一个人来到这个世界上,不就是为了看看这个世界吗?大学期间总得给自己开一个最低的书目清单,下决心这四年这些书无论如何把它看完。很多同学在中小学没有机会去看,有的是没有条件,有的是没有时间,但是大学完全有可能。当然不可能规划齐全,因为不断地会有好书进来。但是,还是有一些我们人生绕不过去的书,还有自己既然选择了这个专业,那么在这个专业下我们自己也要了解一下有哪些最重要的书。其实，真正值得我们读的那些最重要的书，并不像我们想象的那么多，我们新教育把它称之为根本书籍。这些根本书籍是奠定我们的思维方式、奠定我们的价值观的。

我刚刚讲的我在大学期间读书的故事，那我再讲讲我大学毕业以后对我影响比较大的一些书。现在回头来看，我觉得在我的生命历程中，有些书对我的影响的确是非常大的。

第一本书，应该是在1986年底到1987年底（我是1982年大学毕业的），当时上海人民出版社出版了一套青年艺术丛书，这是推荐给年轻人看的书。其中，我看的一本书叫《产生奇迹的行动哲学》，我还记得很清楚，这本书的封面是红色的，中间是一个拳头，这个拳头是一个金色的拳头，是一个发光的、立着的拳头，象征着年轻人一种奋发向上的力量，1986年出版。我记得很清楚，我买这本书时花了不到一元，9毛7分钱买的这本书，这本书我后来找不到了，前不久我一个朋友专门帮我在网上淘到了这本书送给我，因为他听过我讲起这本书对我的影响。这本书讲的是日本的一个医学改革家德田虎雄的故事。德田虎雄出生在日本的一个农村家庭，他的梦想就是做一个医生，做一个好医生，做一个能够改变医疗状况的医生，但是他成绩不好，全校500多个人排400多名，你还想做什么医生啊，你还想去改变人们的命运啊？但他知道，要想做一个好医生，就必须考一个比较好的医学院，当时日本好的医学院是日本早稻田大学的医学院，他考了三年，最后考取了。书中有一个细节我记得很清楚，他每天照镜子，他就看出镜子里的他不是今天的他，是成为医生的他，是成为一个早稻田大学医学院的学生的他，是成为一个医学改革家的他。他就是这样不断地激励自己，不断地用未来、用理想去激励自己。那时我也很年轻，刚刚大学毕业，工作时间也不长，还不到30岁，当时这本书给了我很大的启示。理想是人生最重要的一盏明灯，人是被理想牵引着走的，没有梦想，没有理想，你是走不远的。书中讲的很多故事对我有很大的启示，一个人的理想越大，那他得到的帮助也会越大，就像一个人背着很沉重的行囊在爬坡，旁边的人都会看不下去，都会帮他一把，推他一把，拉他一把，所以理想对一个人的一生非常重要。这本书很薄，很小很小的一本小册子，也不是名著，就是一本很普通的书，其他人读了可能不像我那么激动，那么兴奋，但对我却能产生一生的影响。后来我能够做一点事情，能够有这样一点抱负，我觉得这本书对我的影响是很深刻的。

第二本对我影响比较大的书是《管理大师德鲁克》。我1997年底从苏州大学到苏州市人民政府担任副市长。担任副市长以后就更多地涉猎一些管理学著作。其实我在苏州大学做教务处处长期间，因为从事管理岗位，就已经开始有计划地读一点管理学的书。到了市政府以后，更加结合工作去读一点管理学的书。当时我读到了一本书，是美国的学者贝利写的，叫《管理大师德鲁克》，是上海交通大学出版社出版的，这本书在1999年5月份出版，我1999年底就读到了这本书。

这本书里面有一个故事，我印象很深刻。德鲁克和他的父亲去看望自己的老师熊彼特。熊彼特和德鲁克，后来都是管理学上著名的大师。1950年的元旦，德鲁克去看望熊彼特的时候，熊彼特就对自己的学生讲了一句话。他说:"我现在已经到了这样的年龄了,知道仅仅靠自己的书和理论而流芳百世是不够的,除非你能够改变人们的生活,否则就没有什么重大的意义。"这是一个管理大师、一个著名的学者,在他行将就木之前给自己学生讲的一句肺腑之言。八天后,熊彼特就去世了,也就是说他在临终前给了自己学生一个遗训。这段文字,在书上就是两行多,一般人看可能不会太在意,因为它不是讲管理,但是对我来说,是在我心里投了一颗原子弹。为什么?因为这彻底颠覆了我的学术观点,因为在此之前,我跟很多大学教授一样,对学问的理解还是停留在思想、观点、发表著作、拿项目、评职称、获奖,也就是说出版、写书。在美国大学里有句话叫"Publish or Die",你要么出版要么死亡,你作为教授,你没有成果,那么你站不住脚。的确,我自己是这么一路成长过来的,但是看到这句话以后,我突然意识到,自己写了那么多东西是干什么呢?我写给谁看呢?我一下子意识到该怎么做学问。

作为学者,你不可能影响整个社会的。后来德鲁克把老师的这句话作为衡量他自己一生成就的基本标准,也就是他不再把写作作为自己的人生目标。这句话也是直接地导致我发起新教育实验的一个重要的精神来源,可以说是这句话使我下决心走进教室。你写那么多东西没人看不等于没写,过去我写的很多书没人看,到2000年的时候,我终于写了一本书有人看,叫《我的教育理想》。

《我的教育理想》可以说就是在德鲁克这本书的感召下写出来的,就是我要写一本真正让老师看得懂,真正能走进老师生活的书。我到湖南浏阳，浏阳市教育局局长跟我说："朱老师，你这本书写得太好了，我们很多老师看了都热血沸腾。"他给6000名老师每人送了一本《我的教育理想》。我拿来一看，盗版书。教育理论书被盗版，我还是第一次知道。也是因为这本书，引发了新教育实验。所以，后来我们把新教育实验诞生的标志定为《我的教育理想》这本书的出版。为什么？因为这本书出版以后，受到一些老师的欢迎。但是也有很多人跟我说："朱老师，不看你这本书也罢，看了更痛苦。"为什么更痛苦？他说："你书中描写的这样的教育理想，那个美好的乌托邦，看了心花怒放。但是回到学校，心又冷了，不是更痛苦么，反差更大。"还有人说："朱老师，你书里都是理论，完全做不到。在中国考试不改，教育难兴。'庆父不死，鲁难未已'，考试不改，教育怎么变？有本事你弄个学校给我看看。"这句话给我很大的激励。本来没想到去做个样板，就是由于这样的一句话，让我下决心：找学校，实验我的这些教育理想的观点，所以才有了新教育实验。如果说，产生奇迹的行动哲学给了我理想的力量。那么管理大师德鲁克给了我行动的力量，我觉得这本书让我意识到，行动是改变社会、改造生活的最有力的武器。所以我觉得这本书对我产生至关重要的影响，至少它直接导致了新教育实验的诞生。

  我觉得还有两本书对我做新教育也是产生了很大的影响，一本书是《如何改变世界：社会企业家与新思想的威力》，我是在2006年8月底9月初读到这本书的。这本书是一个叫大卫·波因斯坦的人写的，书中有一个很重要的概念就是社会企业家。

过去我们只知道企业家是以赚钱、以资源运作和追求利润为主要目标。但社会企业家不是这样，社会企业家是被理想驱动、有创造力的个体，他们试图改变现状，拒绝放弃，最终要重新创造一个更美好的世界。这本书出版不久，一位安徽师范大学的校友就写了一篇长篇报道，叫《零元企业家和他的故事》。零元，就是没有一分钱，没有一分钱的企业家和他的故事。就是写我和我的新教育实验。校友的这篇文章发挥了很大的作用，当时发表在《经济观察报》。第二天，就有一位上海企业家，在我的博客里面留言，说"你们做的事太伟大了"，给了我们200万元来支持我们做新教育事业。

很多老师提出一个很重要的疑问，教育制度不改，你能改变它吗？后来有人就说，我们都戴着镣铐，根本动弹不了。后来我就说，虽然我们戴着镣铐，但我们可以跳出舞蹈。最终，我们会挣脱掉这个镣铐。在同样的制度下，为什么有些人做得风生水起？在同样的条件下，为什么有的人可以做得很卓越？你抱怨是无济于事的，唯一可以做的就是行动，就是改变。当时读了这本书以后，我意识到，就是我们做的这个。其实它改变了一个老师，就是改变了一间教室，就是改变了几个孩子。这么多年来也的确是如此，所以新教育实验它悄悄地在影响着很多区域的教育事业。

还有一本书就是《从优秀到卓越》，这本书也很出名，因为这本书的作者是很著名的管理学家，叫柯林斯。他曾经写过一本很有影响力的书叫《基业长青》，他的书的特点就是应用大数据研究企业发展规律。在《基业长青》中，他用五年时间阅读了 6000 篇文献，记录了 2000 多页的专访，在电脑里留存了 3.84 亿字节的电脑数据。他搜集了美国和欧洲 28 家企业 50 年的所有档案做了一个分析，用定量和定性分析做了一个非常棒的研究。这个研究的最重要的结论是：优秀是卓越的最大敌人！这句话对我有很大的启示，因为到 2009 年的时候，新教育已经很优秀了，在中国的那么多实验里面我们已经脱颖而出了。在这个时候他让我很清晰地意识到，优秀是卓越的最大敌人。如果我们没有自我突破的本领，如果我们不能够不断寻找最优秀的人才，如果我们不自我颠覆，如果我们不能创造卓越的小气候，新教育是走不远的。所以，我也给新教育的同仁们写了一篇我的读书笔记。这篇读书笔记大约有一万五千字，就叫《新教育是如何从优秀到卓越的》。无论是在大学读书期间的阅读生活还是在工作岗位上的读书生活，其实都在悄然地甚至于深刻地改变着我们的生活，改变着我们的人生。

附

中国大学生基础阅读书目100种
(新阅读研究所研制,2019年版)

一、基础书目30种
（一）文学类
1.《诗歌读本（大学卷）》，钱理群/选，广西师范大学出版社。
2.《楚辞》，林家骊/译注，中华书局。
3.《文心雕龙今译》，周振甫/著，中华书局。
4.《杜甫诗选》，莫砺锋、童强/选注，商务印书馆。
5.《鲁迅杂文选集》，鲁迅/著，人民文学出版社。
6.《活动变人形》，王蒙/著，阎克文/译，北京联合出版公司。
7.《希腊神话与英雄传说》，郑振铎/著，新世界出版社。
8.《荷马史诗：伊里亚特》，[古希腊]荷马/著，罗念生、王焕生/译，人民文学出版社。
9.《神曲》，[意大利]但丁/著，王维克/译，人民文学出版社。
10.《莎士比亚十四行诗》，[英国]莎士比亚/著，屠岸/译，外语教学与研究出版社。
11.《包法利夫人》，[法国]福楼拜/著，李健吾/译，人民文学出版社。
12.《玩偶之家》，[挪威]易卜生/著，潘家洵/译，人民文学出版社。
13.《罪与罚》，[俄罗斯]陀思妥耶夫斯基/著，耿济之/译，外文出版社。
14.《喧哗与骚动》，[美国]福克纳/著，李文俊/译，上海译文出版社。
15.《不能承受的生命之轻》，[捷克]米兰·昆德拉/著，许钧/译，上海译文出版社。
16.《马克思主义经典著作精选导读》，阮青/选编，中共中央党校出版社。
17.《孙子兵法》，陈曦/译注，中华书局。
18.《荀子译注》，张觉/译注，上海古籍出版社。
19.《西方哲学史》，[英国]罗素/著，何兆武、马元德/译，商务印书馆。
20.《国史大纲》，钱穆/著，商务印书馆。
21.《历史研究》，[英国]阿诺德·汤因比 等/著，郭小凌 等/译，上海人民出版社。
22.《国民财富的性质和原因的研究》，[英国]亚当·斯密/著，郭大力、王亚南/译，商务印书馆。

23.《艺术的故事》，［英国］贡布里希／著，范景忠／译，美术出版社。
24.《法律的故事》，［美国］约翰·赞恩／著，刘昕 等／译，江苏人民出版社。
25.《新教伦理与资本主义精神》，［德国］马克斯·韦伯／著，康乐、简惠美／译，广西师范大学出版社。

（二）科学类

26.《大陆和海洋的形成》，［德国］魏根纳 等／著，张翼翼／译，中信出版社。
27.《人类简史：从动物到上帝》，［以色列］尤瓦尔·赫拉利／著，林俊宏／译，中信出版社。
28.《美丽之问：宇宙万物的大设计》，［美国］弗兰克·维尔切克／著，兰梅／译，湖南科学技术出版社。
29.《时间简史》，［英国］史蒂芬·霍金／著，许明贤、吴忠超／译，湖南科学技术出版社。
30.《生物技术世纪：用基因重塑世界》，［美国］杰里米·里夫金／著，付立杰 等／译，上海科技教育出版社。

二、推荐书目70种

（一）文学类

1.《官场现形记》，李伯元／著，人民文学出版社。
2.《四世同堂》，老舍／著，人民文学出版社。
3.《秦腔》，贾平凹／著，人民文学出版社。
4.《凤土与山河》，张承志／著，作家出版社。
5.《长恨歌》，王安忆／著，人民文学出版社。
6.《巨流河》，齐邦媛／著，生活·读书·新知三联书店。
7.《三体（"地球往事"三部曲之一）》，刘慈欣／著，重庆出版社。
8.《白鹿原》，陈忠实／著，作家出版社。
9.《失乐园》，［英国］弥尔顿／著，朱维之／译，吉林出版集团有限责任公司。
10.《一九八四》，［英国］乔治·奥威尔／著，董乐山／译，上海译文出版社。
11.《局外人》，［法国］加缪／著，柳鸣九／译，上海译文出版社。
12.《儿子与情人》，［英国］劳伦斯／著，张禹九／译，上海译文出版社。
13.《悲惨世界》，［法国］雨果／著，李丹、方于／译，人民文学出版社。
14.《源氏物语》，［日本］紫式部／著，丰子恺／译，人民文学出版社。
15.《瓦解》，［尼日利亚］阿契贝／著，高宗禹／译，重庆出版社。
16.《古拉格群岛》，［俄罗斯］索尔仁尼琴／著，田大畏 等／译，群众出版社。

17.《博尔赫斯短篇小说集》,[阿根廷]博尔赫斯/著,王央乐/译,上海译文出版社。
18.《耻》,[南非]库切/著,张冲/译,译林出版社。
19.《浮士德》,[德国]歌德/著,董问樵/译,复旦大学出版社。
20.《我的名字叫红》,[土耳其]帕慕克/著,沈志兴/译,上海人民出版社。
21.《都柏林人》,[爱尔兰]詹姆斯·乔伊斯/著,王逢振/译,上海译文出版社。
22.《安娜·卡列尼娜》,[俄罗斯]列夫·托尔斯泰/著,中信出版社。
23.《达洛维夫人》,[英国]弗吉尼亚·伍尔夫/著,姜向明/译,陕西师范大学出版社。
24.《荒原》,[英国]艾略特/著,汤永宽、裘小龙/译,上海译文出版社。
25.《宠儿》,[美国]托妮·莫里森/著,潘岳、雷格/译,南海出版公司。
26.《中国古代文化常识(插图修订第4版)》,王力/著,北京联合出版公司。
27.《社会学》,[英国]安东尼·吉登斯/著,李康/译,北京大学出版社。
28.《西方那一块土:钱乘旦论西方文化》,钱乘旦/著,北京大学出版社。
29.《博弈与社会》,张维迎/著,北京大学出版社。
30.《中国增长模式抉择》,吴敬琏/著,上海远东出版社。
31.《寻求自然秩序中的和谐:中国传统法律文化研究》,梁治平/著,商务印书馆。
32.《法的门前》,[美国]德恩里科/著,邓子滨/编著,北京大学出版社。
33.《国家相册:改革开放四十年的家国记忆》,新华社《国家相册》栏目组/编著,商务印书馆。
34.《南渡北归》,岳南/著,湖南文艺出版社。
35.《直觉泵和其他思考工具》,[美国]丹尼尔·丹尼特/著,冯文婧、傅金岳、徐韬/译,浙江教育出版社。
36.《存在与时间》,[德国]海德格尔/著,陈嘉映、王庆节/译,生活·读书·新知三联书店。
37.《哲学的后门阶梯》,[德国]魏施德/著,吴秦风/译,中国商业出版社。
38.《政府论》,[英国]洛克/著,瞿菊农、叶启芳/译,商务印书馆。
39.《论美国的民主》,[法国]托克维尔/著,董果良/译,商务印书馆。
40.《正义论》,[美国]罗尔斯/著,何怀宏等/译,中国社会科学出版社。
41.《自由主义》,[英国]霍布豪斯/著,朱曾汶/译,商务印书馆。
42.《卓有成效的管理者》,[美国]德鲁克/著,许是祥/译,机械工业出版社。

43.《海权论》,[美国]马汉/著,一兵/译,同心出版社。
44.《爱的艺术》,[美国]弗洛姆/著,李健鸣/译,上海译文出版社。
45.《动机与人格》,[美国]马斯洛/著,许金声等/译,中国人民大学出版社。
46.《金枝》,[英国]弗雷泽/著,汪培基、徐育新、张泽石/译,商务印书馆。
47.《制度是如何形成的》,苏力/著,北京大学出版社。
48.《通往奴役之路》,[英国]弗里德里希·冯·哈耶克/著,王明毅等/译,中国社会科学出版社。
49.《大学的理念(英文版)》,[美国]纽曼/著,中国人民大学出版社。
50.《21世纪资本论》,[法国]皮凯蒂/著,巴曙松等/译,中信出版社。
51.《大学该怎么读:给大学生的75封回信》,南振中/著,新华出版社。
52.《就业宝典:根据性格选择职业》,[美国]保罗·D.蒂戈尔、[美国]巴巴拉·巴伦-蒂戈尔/著,李楠等/译,中信出版社。
53.《毛泽东传》,[美国]罗斯·特里尔/著,何宇光等/译,中国人民大学出版社。
54.《习近平的七年知青岁月》,中央党校采访实录编辑室/著,中共中央党校出版社。
55.《婚姻的意义》,[美国]提摩太·凯勒、[美国]凯西·凯勒/著,杨基/译,生活·读书·新知三联书店。
56.《梦的解析》,[奥地利]弗洛伊德/著,周艳红、胡惠君/译,生活·读书·新知三联书店。
57.《人是如何学习的:大脑、心理、经验及学校》,[美国]约翰·D.布兰思福特等/著,程可拉、孙亚玲、王旭卿/译,华东师范大学出版社。
58.《史蒂夫·乔布斯传(修订版)》,[美国]沃尔特·艾克森/著,管延圻等/译,中信出版社。
59.《化学与人类文明》,王彦广、吕萍/编著,浙江大学出版社。
60.《地理学与生活》,[美国]阿瑟·格蒂斯、[美国]朱迪丝·格蒂斯、[美国]杰尔姆·D.费尔曼/著,黄润华、慕康、孙颖/译,北京联合出版公司。
61.《生命是什么》,王立铭/著,人民邮电出版社。
62.《大数据时代:生活、工作与思维的大变革》,[英国]迈尔-舍恩伯格、库克耶/著,盛杨、周涛/译,浙江人民出版社。
63.《艾伦·图灵传 如谜的解谜者》,[英国]霍奇斯/著,孙天齐/译,湖南科学技术出版社。

64.《费马大定理:一个困惑了世间智者358年的谜》,[英国]辛格/著,薛密/译,广西师范大学出版社。

65.《人工智能的未来》,[美国]布拉克斯莉/著,贺俊杰、李若子、杨倩/译,陕西科学技术出版社。

66.《失控》,[美国]凯文·凯利/著,新星出版社。

67.《数字化生存》,[美国]尼葛洛庞帝/著,胡泳 等/译,海南出版社。

68.《暗淡蓝点:探寻人类的太空家园》,[美国]萨根/著,叶式辉、黄一勤/译,人民邮电出版社。

69.《世界的重新创造:近代科学是如何产生的》,[荷兰]科恩/著,张卜天/译,湖南科学技术出版社。

70.《三种文化:21世纪的自然科学、社会科学和人文学科》,[美国]凯根/著,王加丰、宋严萍/译,新星出版社。

> 专业阅读造就幸福教师：中国教师基础阅读书目 100 种

没有阅读，就没有真正的教育。没有专业阅读，就无法造就真正的教师。

如果说，一个人的精神发育史就是他的阅读史，那么，一位教师的阅读史，不仅是他的精神底色，也是他的教育蓝图。

为什么新教育在教师阅读上，特别推崇专业阅读？

从阅读来说，一方面，无论从事什么职业，无论加入什么群体，在不同中存在着相同，可以共同阅读许多基础图书。这一类图书，我们称之为共同的精神底色。另一方面，每个群体，每个职业，都有自己的特点，阅读的结构会不一样，会有自己这个群体、这个职业的专业书目。后者即为专业阅读。教师的职业特点和教师的专业要求，当然对教师的专业阅读提出了特殊要求。

2014 年，上海市教师学研究会对上海 48 所中小学和幼儿园的 3411 名教师进行了阅读调查，其后发布的《上海市中小学幼儿园教师读书现状报告》中，列出了一系列让人触目惊心的数据。

教师阅读时间短：82% 的教师每天阅读时间低于 1 小时。其中，阅读时间达 90 分钟以上的仅占 6%，60～90 分钟的占 12%，30～60 分钟的占 48%，另有 34% 的教师每天阅读时间在 30 分钟以下。教师读书数量少：61% 的教师在过去一年里读过的书不超过 4 本。其中，3～4 本的占 32%，1～2 本的占 26%，还有 3% 的教师一本都未读过。教师购书数量少：86% 的教师在过去一年订阅的杂志低于 2 种，79.4% 的教师一年购买的书籍少于 10 本。教师阅读效果差：在浏览、泛读和精读三种阅读方式中，39.2% 的教师以浏览为主；其次是泛读，占 32%；最后是精读，占 28.8%。

为何不阅读？教师给出的理由很多。66.1% 的教师认为"工作太忙"。12.6% 和 8.4% 的教师认为影响阅读的主要因素分别是"压力太大"和"家庭事务"。在"阻碍教师阅读的因素"中，有 57.2% 的教师认为是"没有时间"，13% 的教师认为是"没有合适的阅读环境"，还有 9.4% 的教师则表示"没有兴趣"。

类似的调查屡见不鲜。正如《上海市中小学幼儿园教师读书现状报告》所指出的那样：教师阅读存在着动机不足、环境不良、方法欠缺和资源缺乏四大问题。与其说这四大问题是教师阅读的问题，不如说是当下普遍存在的问题，也是阅读推广需要攻克的难点。

我们完全可以肯定一点：教师的确很忙，坚持阅读的确不容易，但是，工作再忙，"没有时间"仍然只是缺乏阅读习惯的借口。就像我们说忙到没有时间吃饭，但每天还是会吃饭一样，把什么事情作为最重要的事情，就一定能够找到做这件事的时间。

之所以教师阅读出现鲜明的理念上重视、行动上忽视的现状，其根本原因在于，对于绝大多数教师来说，这种理念仍然来自外界压力，而不是内在动力。只有向教师澄清专业阅读的价值与意义，让教师真正意识到阅读对于自身的重要性与迫切性，才可能打破这一僵局。让教师懂得为了自己的幸福而阅读，从而在此基础上逐步养成阅读习惯，在自主阅读中摸索阅读方法，在长期阅读中提高阅读能力，从而成为一位爱阅读、会阅读的教师。

教师专业书目提供阅读地图

"中国中小学教师基础阅读书目"的研制工作，正是建立在以上背景下，体现出以下几点必要性。

第一，研制出一份专业的教师书目，是过一种幸福完整的教育生活的需要，是一位教师能够从职业生活中得到完整幸福的需要。从宏观而言，为了自身的成长、一生的幸福，任何一个人都无法离开阅读；从微观而言，为了在复杂多变的社会环境下更轻松有效地完成教学工作，需要以阅读作为最佳途径。

一份专业的教师书目，是一张教育的地图。一张地图当然无法穷尽世界的美好，却为我们寻觅那些精神上的奇珍异宝，提供了有效的指南。好的教师书目，既节约了教师寻觅好书的时间，提高了阅读的效率，又能对培养教师的创造力提供足够的沃土，而不是施加过度的压力。因为书目不是教材，重在推荐启发，而非强制执行。

第二，专业的教师书目，是推动课程改革、落实核心素养的当务之急。如果说，课改受益的主角是学生，那么，课改实施的主角就是教师。新教育实验一直强调，教师就是课程，也正是强调教师在课改过程中的主体地位。这个推动的过程中，教师起到"活化"课程的作用，教师自身的素质，毫无疑问是其中的关键。

第三，专业的教师书目，是党的十八大之后全民阅读工作深入推进的需要。中国的发展进入了新的阶段，新常态之下需要"心"常态。阅读，是润物细无声的过程，为心灵提供着最丰富最精纯的养分。党的十八大之后，全民阅读工作受到了前所未有的重视，各项阅读举措在全国各地风起云涌。

一所没有阅读的学校，就没有真正的教育。同理，每一位教师，就应该成为一位真正的读者。以专业的教师书目进行阶梯式阅读，不仅能够培养出知识结构全面的教师，还能让教师在阅读的过程中言传身教，成为一位阅读代言人，自觉或不自觉地成为一位阅读推广人。

教师专业书目研制五原则

我们在研制这份服务于中国中小学教师的专业书目中，特别强调和遵循以下原则。

第一，开放性与原创性并重的原则。教育是人类自我提升的工具，教育的本质源自对人的深入研究、对人性的深刻洞察。所以，只要是足够优秀的教育著作，任何国家、任何民族、任何历史时期所涌现出的，我们都应该有着为我所用的魄力。和其他中国人基础阅读书目一样，教师书目也具有兼收并蓄的特点。在选入外国图书时,尽力兼顾美、德、英、法、奥、日等不同国家的作品,力争更加丰富。同时,不同文化背景之上的教育,是不同土地上开放的花朵,难免有着"橘生淮南则为橘,橘生淮北则为枳"的现象,教育著作也有着本土作品更接地气的现象。因此书目也强调中外教育著作以大约4∶6的比例分配。

第二,理论性和操作性并重的原则。很多人听到"理论"二字,就把它和枯燥、乏味、深奥联系在一起。其实,真正的理论,就是破解和记录的规律。

教育与教学本身是一门科学,也是一门艺术,有其特殊的规律与方法。有人曾经总结说:"教育是事业,事业的意义在于奉献;教育是科学,科学的价值在于求真;教育是艺术,艺术的生命在于创新。"教育思想、教育理念归纳了这些方法,能够从根本处打牢教育的地基,这一类的图书,自然也是教师书目的根基。人类的教育虽然不断变迁与发展,但是教育的根本不会变化,教育培养人的功能不会变化,教育过程的内在规律不会变化。

落实到具体的实际操作中,从学校应该开设什么课程到课堂教学的效率,从教室环境的布置到教育活动的设计,既有许多不确定性,又有许多操作性很强的具体方法,所以,课程论、教学论的著作,学校文化的书籍,等等,自然是作为一名教师应该阅读的,也是教师书目必须推介的。

第三,经典性与阶梯性并重的原则。经典著作是人类的精神高峰。阅读经典,就是与大师对话。因为教育本身就是文化的选编和传承,在教育中阅读经典著作的作用,更是重于其他职业。所以,阅读教育经典,一方面本身就是继承与传播优秀文化,一方面也是在进一步学习着传授优秀文化的方法。

第四,价值观和完整性并重的原则。没有价值观的书目,是缺乏教育立场的书目,就像一个人,长得再美,却没有灵魂,最终无法产生真正的吸引力。倡导立足传统,强调现代建构,推崇人本精神,等等,都是我们通过选择图书所传达出的教育立场。

第五,前瞻性与实用性并重的原则。教育是一项创造未来的事业。作为教育书目,必须强调前瞻性,强调面向未来。否则,一份所有图书都读完就能用的书目,就只是一根功利的拐杖,只能探索几步路,而不能成为一座灯塔,能够照亮远方和高处,给教师更高远的引领。

正如苏霍姆林斯基说的那样:"教师的职业是一门研究人的学问,要长期不断地深入人的复杂的精神世界。"关于人的学问,最主要的集中在心理学方面,与心理学关系十分密切的是脑科学与生理学。同时每个人都是一个社会的人,了解一些社会学知识,尤其是关于家庭关系学、学校社会学、媒体传播学等方面知识,对教师也十分必要。

附

中国教师基础阅读书目100种

(新阅读研究所研制,2016年版)

一、基础书目30种

(一) 职业认同类

1.《孔子传》,鲍鹏山/著,中国青年出版社。

2.《给教师的建议》,[苏联]B.A.苏霍姆林斯基/著,杜殿坤/译,教育科学出版社。

3.《孩子们,你们好》,[苏联]阿莫纳什维利/著,朱佩荣/译,教育科学出版社。

4.《第56号教室的奇迹》,[美国]雷夫·艾斯奎斯/著,卞娜娜/译,中国城市出版社。

5.《过去的教师》,商友敬/著,教育科学出版社。

6.《中国著名特级教师教学思想录》,吴正宪、窦桂梅 等/著,华东师范大学出版社。

7.《教学勇气:漫步教师心灵》,[美国]帕克·帕尔默/著,吴国珍 等/译,华东师范大学出版社。

(二) 专业发展类

8.《〈学记〉评注》,高时良/著,人民教育出版社。

9.《毓老师说大学》,爱新觉罗·毓鋆/讲述,陈絅/整理,上海三联书店。

10.《陶行知教育名篇选》,陶行知/著,董宝良/编选,人民教育出版社。

11.《蔡元培教育论著选》,蔡元培/著,人民教育出版社。

12.《教育的目的》,[英国]怀特海/著,庄莲平、王立中/译,文汇出版社。

13.《什么是教育》,[德国]卡尔·雅斯贝斯/著,邹进/译,生活·读书·新知三联书店。

14.《民主主义与教育》,[美国]约翰·杜威/著,王承绪/译,人民教育出版社。

15.《复杂性理论与教育问题》,[法国]埃德加·莫兰/著,陈一壮/译,北京大学出版社。

16.《儿童心理学》,[瑞士]J.皮亚杰、B.英海尔德/著,吴福元/译,商务印书馆。

17.《思维与语言》,[苏联]列夫·维果茨基/著,李维/译,北京大学出版社。

18.《儿童的人格教育》，［奥地利］阿尔弗雷德·阿德勒／著，彭正梅、彭莉莉／译，上海人民出版社。
19.《静悄悄的革命》，［日本］佐藤学／著，李季湄／译，教育科学出版社。
20.《有效的学习型学校：提高学生成绩的最佳实践》，［美国］杜富尔、［美国］埃克／著，聂向荣等／译，中国轻工业出版社。
21.《道德发展心理学：道德阶段的本质与确证》，［美国］科尔伯格／著，郭本禹／译，华东师范大学出版社。
22.《儿童发展》，［美国］贝克／著，吴颖／译，江苏教育出版社。

（三）视野拓展类

23.《教师人文读本》（增订本），张民生、于漪／主编，上海辞书出版社。
24.《唐宋词十七讲》，叶嘉莹／著，北京大学出版社。
25.《公正》，［美国］迈克尔·桑德尔／著，朱慧玲／译，中信出版社。
26.《一篇读罢头飞雪，重读马克思》，韩毓海／著，中信出版社。
27.《美的历程》，李泽厚／著，生活·读书·新知三联书店。
28.《中国哲学简史》，冯友兰／著，北京大学出版社。
29.《苏菲的世界》，［美国］乔斯坦·贾德／著，萧宝森／译，作家出版社。
30.《万物简史》，［美国］比尔·布莱森／著，严维明、陈邕／译，接力出版社。

二、推荐书目70种

（一）职业认同类

1.《民国先生》，马建强／著，广西师范大学出版社。
2.《夏山学校》，［英国］尼尔／著，王克难／译，南海出版公司。
3.《情境教育的诗篇》，李吉林／著，高等教育出版社。
4.《岁月如歌》，于漪／著，上海教育出版社。
5.《做一个学生喜欢的老师：我的为师之道》，于永正／著，教育科学出版社。
6.《爱心与教育》，李镇西／著，文化艺术出版社。
7.《从优秀教师到卓越教师》，［美国］安奈特·布鲁肖、［美国］托德·威特克尔／著，范杰／译，中国青年出版社。
8.《给青年教师的15封信：教育家对话新任教师》，［美国］乔纳森·考泽尔／著，史亚娟／译，华东师范大学出版社。
9.《致青年教师》，吴非／著，教育科学出版社。
10.《教师作为知识分子：迈向批判教育学》，［美国］吉鲁／著，朱红文／译，教育科学出版社。

11.《给青年诗人的信》,[德国]里尔克/著,冯至/译,上海译文出版社。

12.《积极心理学:探索人类优势的科学与实践》,[美国]斯奈德/著,人民邮电出版社。

(二)专业发展类

13.《问题学生诊疗手册》,王晓春/著,华东师范大学出版社。

14.《有吸收力的心灵》,[意大利]玛丽亚·蒙台梭利/著,马荣根/译,中国妇女出版社。

15.《华德福教育之道》,[荷兰]克里斯托夫·维歇特/著,魏羽/译,深圳报业集团出版社。

16.《一生的学习》,[印度]克里希那穆提/著,张南星/译,深圳报业集团出版社。

17.《中国古代教育文选》,孟宪承/编选,孙培青/注释,人民教育出版社。

18.《中国教育的文化基础》,顾明远/著,山西教育出版社。

19.《课程的逻辑》,钟启泉/主编,浙江人民出版社。

20.《"新基础教育"论:关于当代中国学校变革的探究与认识》,叶澜/著,教育科学出版社。

21.《新教育年度主报告》,新教育研究院/主编,湖北教育出版社。

22.《教育新理念》,袁振国/著,教育科学出版社

23.《面向个体的教育》,李希贵/著,教育科学出版社。

24.《什么是好的教育》,刘铁芳/著,高等教育出版社。

25.《教育常识》,李政涛/著,华东师范大学出版社。

26.《道尔顿教育计划》,[美国]海伦·帕克赫斯特/著,陈金芳/译,北京大学出版社。

27.《爱弥儿:论教育(上下卷)》,[法国]卢梭/著,李平沤/译,商务印书馆。

28.《教育漫话》,[英国]约翰·洛克/著,傅任敢/译,教育科学出版社。

29.《幸福与教育》,[美国]内尔·诺丁斯/著,龙宝新/译,教育科学出版社。

30.《西方近代教育论著选》,任钟印/选编,人民教育出版社。

31.《西方现代教育论著选》,王承绪、赵祥麟/编译,人民教育出版社。

32.《外国中小学教育问题史》,单中惠/著,山东教育出版社。

33.《教育人类学》,[德国]博尔诺夫/著,李其龙/译,华东师范大学出版社。

34.《布鲁纳教育文化观》,[美]杰罗姆·布鲁纳/著,宋文里、黄小鹏/译,首都师范大学出版社。

35.《教育哲学》,石中英/著,北京师范大学出版社。

36.《动机与人格》,[美]亚伯拉罕·马斯洛/著,许金声 等/译,中国人民大学出版社。

37.《同一性:青少年与危机》,[美]埃里克·H.埃里克森/著,孙名之/译,浙江教育出版社。

38.《爱的艺术》,[美]艾里希·弗洛姆/著,李健鸣/译,上海译文出版社。

39.《教育心理学精要:指导有效教学的主要理念》,[美]简妮·爱丽丝·奥姆罗德/著,雷雳 等/译,中国人民大学出版社。

40.《多元智能新视野》,[美]霍华德·加德纳/著,沈致隆/译,中国人民大学出版社。

41.《课堂中的皮格马利翁:教师期望与学生智力发展》,[美]罗森塔尔、雅各布森/著,唐晓杰、崔允漷/译,人民教育出版社。

42.《翻转课堂的可汗学院:互联时代的教育革命》,[美]卡美·萨尔曼·可汗/著,刘昱含/编,刘婧/译,浙江人民出版社。

43.《后现代课程观》,[美]小威廉姆斯·E.多尔/著,王红宇/译,教育科学出版社。

44.《教学与发展》,[苏联]赞可夫/编,杜殿坤 等/译,人民教育出版社。

45.《教学教育过程最优化》,[苏联]巴班斯基/著,吴文侃/译,教育科学出版社。

46.《教学机智》,[加拿大]范梅南/著,李树英/译,教育科学出版社。

47.《人是如何学习的:大脑、心理、经验及学校》,[美]布兰思福特 等/编著,程可拉 等/译,华东师范大学出版社。

48.《有效教学十讲》,余文森/著,华东师范大学出版社。

49.《课堂观察:走向专业的听评课》,沈毅、崔允漷/著,华东师范大学出版社。

50.《教师如何做研究》,郑金洲/著,华东师范大学出版社。

51.《到中小学去研究教育:教育行动研究的尝试》,陈桂生/著,华东师范大学出版社。

52.《剑桥学习科学手册》,[美]R.基思·索耶/著,徐晓东 等/译,教育科学出版社。

53.《道德教育的当代论域》,鲁洁/著,人民出版社。

54.《0-8岁儿童纪律教育》,[美国]菲尔茨 等/著,蔡菡/译,中国轻工业出版社。

55.《美德的起源》,[英国]马特·里德利/著,吴礼敬/译,机械工业出版社。

56.《奖励的惩罚》,[美国]埃尔菲·艾恩/著,程寅、艾斐/译,上海三联书店。

57.《班主任工作漫谈》,魏书生/著,文化艺术出版社。

58.《优秀是教出来的:创造教育奇迹的55个细节》,[美国]罗恩·克拉克/著,汪颖/译,电子工业出版社。

59.《全面课堂管理》,[美国]琼斯/著,方彤 等/译,中国轻工业出版社。

60.《老师怎样和学生说话》,[美国]海姆·吉诺特/著,冯杨、周呈奇/译,海南出版社。

61.《如何阅读一本书》,[美国]莫提默·J.艾德勒、[美国]查尔斯·范多伦/著,郝明义、朱衣/译,商务印书馆。

(三)视野拓展类

62.《理想国》,[古希腊]柏拉图/著,郭斌和、张竹明/译,商务印书馆。

63.《宽容》,房龙/著,胡允桓/译,生活·读书·新知三联书店。

64.《老子注译与评价》,陈鼓应/译注,中华书局。

65.《吾国吾民》,林语堂/著,江苏文艺出版社。

66.《全球通史(第7版修订版)》,[美国]L.S.斯塔夫里阿诺斯/著,吴象婴、梁赤民/译,北京大学出版社。

67.《童年的消逝》,[美国]尼尔·波兹曼/著,吴燕莛/译,广西师范大学出版社。

68.《文明之光》,吴军/著,人民邮电出版社。

69.《科学的历程》,吴国盛/著,北京大学出版社。

70.《社会学的想象力》,[美国]米尔斯/著,陈强、张永强/译,生活·读书·新知三联书店。

> 与孩子一起成长：中国父母基础阅读书目100种

中国父母基础阅读书目研制的必要性

家庭对人生来说非常重要，因为我们所有的人都是从家庭这个港湾出发的。人的一生，有四个最重要的场所：第一个就是母亲的子宫，人通过母亲来感受外部世界的变化。可以说，家庭教育实际上在母亲的子宫里就开始了。第二个就是家庭。人来到世界的第一声啼哭，这是人生的第一个独立宣言，这个时候他和外部世界的交流主要是通过家庭、父母来进行的；第三个就是教室。在教室里有没有亲密的人际关系？能不能健康成长？离开学校工作了，走进职场，这是人生的第四个重要场所。在职场里面要拼搏、要晋升，有很多事情要处理。但是，在职场里累了，回到家里还可以倾诉。所以，家庭是人生永远离不开的一个场所，是人生最重要、最温馨的一个港湾。人生从这里出发，人生将回到这里。

习近平总书记在 2015 年的春节团拜会上指出："家庭是社会的基本细胞，是人生的第一所学校。不论时代发生多大变化，不论生活格局发生多大变化，我们都要重视家庭建设，注重家庭、注重家教、注重家风，紧密结合培育和弘扬社会主义核心价值观，发扬光大中华民族传统家庭美德，促进家庭和睦，促进亲人相亲相爱，促进下一代健康成长，促进老年人老有所养，使千千万万个家庭成为国家发展、民族进步、社会和谐的重要基点。"总书记的讲话可谓高屋建瓴，把家庭问题，尤其是家庭教育问题，放在国家发展、民族进步、社会和谐的高度来论述。尽管随着社会的发展和科技的进步，家庭的形态在不断变化，人们的价值观也在经受着各种洗礼和考验，但是家庭，应该始终是一个最需要被关注的教育场。家庭教育，也应该始终受到足够的重视。

我们经常说："父母是孩子的第一任老师。"可是随着时代的发展，这第一任老师的角色，却遭遇到前所未有的挑战。

首先是家庭结构的变化所导致的挑战。在很长一段时间内，"独生子女"现象普遍存在，一个孩子，一对夫妇，四个老人，是中国家庭一道独特的风景线，也是家庭教育领域一个非常显著的"中国特色"。学习如何做父母，尤其是独生子女的父母，对现有的父母群体形成了一个巨大的挑战。再加上留守儿童、单亲家庭等因素所导致的家庭教育问题日益严峻，父母和孩子之间，越来越成为"最熟悉的陌生人"。

其次是知识结构的限制所导致的挑战。九年义务教育的普及，父母群体受教育的比例提高了。但任何一所学校，从来没有开设关于如何做父母的课程。个体受到知识结构的限制，让很多父母现有的知识储备，远远不能满足用以解决现在的家庭教育中出现在孩子身上的各种现象和问题。所以很多自身很优秀的人，很多在各个领域表现很出色的人，却败在了"父母"这个角色上。

可以说，我们的家庭之路充满着无证驾驶的"司机"。没有驾照不能开车，违规要被罚款。然而，我们做父母却不需要接受任何培训，也不需要证就可以自行其道了。实际上，做父母比开车要复杂一百倍、一千倍。一个孩子的方方面面，从生理到心理到养育方式，从知识的学习到人格的养成，是一门大学问。但是，我们不需要接受任何培训就可以做父母，就可以对孩子发号施令了。如果一个国家，这样的"司机"充斥在其国土上，这个国家一定是危险的。所以，如何帮助父母成长，帮助年轻的父母成为合格乃至优秀的父母，就是摆在我们面前一个非常重要的课题。

我们认为，做父母是一门学问。而阅读是一个帮助父母成长最廉价、最便捷、最有效的路径。但是，从我们的调查来看，父母的阅读存在许多问题。

一是不重视、"没时间"。对父母来说，尤其是那些年轻的父母们，正处于工作和生活压力最大、责任最重的年龄段。他们需要花费大量的时间来经营自己的工作和事业，以及处理各种社会关系。即使行走在路上，或者在休息的间隙，也多是埋头在各类电子产品里接收铺天盖地的资讯。忙碌和压力成为"合理"的借口，电子产品作为"有效"的途径，成功阻断了父母们通往阅读的路。

二是不行动、难坚持。"我小时候，父母就是这样教育我的。"这恐怕是中国父母最常挂在嘴边的一句话了。因为有这样的"经验为先"思想，很多父母尽管也知道家庭教育的重要性，但是仍然缺少行动的动力，即使想好好学习如何做父母，也往往以为自己的成长经历是足以让自己教育好自己的孩子的,从而导致学习如何做父母的行动要么难以开始,要么难以坚持。

三是不会选、不会读。也有相当一部分觉醒的父母,非常重视对孩子的培养,但是因为缺乏正确的方法或者方向,结果是还不如不教育,这样对孩子的成长更好。他们面对日新月异、不断颠覆的各种家教类、育儿类理念,面对琳琅满目的各种家教类、育儿类书籍,不知道该如何选择最适合自己的,读完了也不知道该怎样正确地用到自己对孩子的教育中。

不仅父母们成长的愿望需要被不断唤醒,父母成长的行动也需要不断引导和激励,而真正帮助父母选对合适的书,用对合适的阅读方法,收获切实可行的指导,更显得尤为重要。

中国父母基础阅读书目研制的理念与原则

近年来,无论是社会上各式各样的培训机构,还是社会团体,已经越来越意识到家庭教育的重要性,意识到父母亟待成长的现状,也试图为父母成长提供一些参考的阅读书目,这都是非常有价值的,也是非常可喜的。

作为新教育实验的专业机构,我们有自己关于阅读和家庭教育的基本理念,同时,在先后成功研制了《中国幼儿基础阅读书目》《中国小学生基础阅读书目》《中国初中生基础阅读书目》《中国高中生基础阅读书目》《中国企业家基础阅读书目》的基础上,我们也积累了书目研制的经验。

我们希望中国父母基础阅读书目能够真正地帮助父母建立

起正确的家庭教育观,同时教给父母具体实用的操作方法,既有"道",又有"术"。具体来说,要实现以下目标:

一、注重规律性和操作性的统一

在选择书目时,我们一直尽力避免简单的"成功学",那只会让本已焦虑的中国父母更加焦虑,而是努力引导父母探索儿童发展的本质规律,使父母心态更平和,从而真正陪伴孩子健康快乐地成长。比如爱孩子,但不能以爱的名义伤害了孩子,所以我们需要学习《爱的艺术》《睿智的父母之爱》;比如青春期的孩子需要引导,更需要理解,所以我们要学习《青春期:发展、关系和文化》;比如我们要营造温馨的家庭氛围,不仅要学习理念如《家庭成就孩子》,还要学方法如《塔莎的传家宝》等等。

二、注重兼容性与前瞻性的统一

在选择书目时,我们特别强调应该具有发展和前瞻的眼光。在家庭教育领域,儿童发展的问题,实际是涉及和关乎整个人类发展的奥秘的。童年是一个黑匣子,有太多待揭开的奥秘。所以谁都不可能是真理在握者。所以,在选择书目时,我们也特别强调不以自己的观点为唯一取向,而是要求书目的兼容并蓄。比如《正面管教》所提出的积极管教,必然与《无条件养育》所提倡的让孩子自由生长有所违背。不同观点的书目,可以让父母在对比阅读中,根据实际情况思考和选择。对父母来说,思考本身就已经意义非凡。

三、注重经典性与畅销书的统一

因为父母这个群体所具有的特殊性，我们既选择了心理学、教育学领域较为经典、专业的著作如《儿童的人格教育》《教育漫话》《爱弥儿》等，也选择了那些理论结合实践，且受到广泛好评的作品，比如《朗读手册》《好妈妈胜过好老师》《发现母亲》等。在基础书目中，我们更强调经典性，把那些能够形成良好教育观、父母观的优秀图书推荐给父母。在推荐书目中，我们则兼顾经典性与通俗性、畅销性的结合，让不同层次、不同水平的父母都能够找到适合自己的书目。

为此，我们在书目研制的过程中遵循了以下原则：

第一，开放，让视野更开阔。为了避免受个人经验的限制，我们的书目研制邀请了教育、心理、医疗、阅读、园艺等不同领域的专家学者参与。目的是综合考虑来自不同领域专家学者对家庭教育、父母成长问题的意见和建议，从而使我们的书目更具有开放性，从而有更广泛的适用价值。

所以我们最终形成的书目，纵向上尽力涵盖古今教育大家在家庭教育领域的重要贡献；横向上尽力涵盖中外有关家庭教育领域的各类研究成果。从作者来看，既有教育领域专业人士的教育论著，也有父母现身说法的实战讲述。从内容来看，既有关于儿童身心发展的，也有针对各种特殊问题来提供解决方法的书籍。

第二，分类，让板块更清晰。为了便于父母选择，有针对性地阅读，我们在研制过程中将推荐的书目进行了分类。

研制初期，我们拟根据孩子成长的不同阶段来分类，可是很快发现，这样的分类会导致很多内容出现交叉。比如有的心理学类图书，涉及儿童各个阶段的发展，适合有不同年龄孩子的父母阅读；有的父母成长类图书，因为是作者根据自己孩子的成长过程来写的，所以适合不同年龄段孩子的父母阅读等等。最终，我们将书目按照"儿童发展、父母成长、亲子互动"分成了三类。

这样分类的好处在于：（1）分类本身就是引导。父母要关注孩子的成长，就应该首先了解孩子；父母要认识到自我成长的重要性，就应该知道自我成长的方向和方法；父母要避免和孩子成为"同一屋檐下的陌生人"，就要选择最合适的方式和孩子互动沟通。（2）方便父母选择。父母可以根据自己的实际情况优先选择自己最需要的类别进行阅读，以补充不足，从而完善自己身为父母这一角色所需的知识结构。（3）尽量避免交叉。毕竟父母成长的基础和前提也是对儿童发展的了解，所以有些书的内容还是无法避免交叉。但是这样的分类，已经根据具体书目的内容，尽力进行了规避，以期能为父母读者提供更清晰的阅读框架。

第三，全面，让选择更有据。除了那些经典的家教类图书，我们还努力从不同角度、不同层面进行平衡，为面临不同问题的父母提供最有效、最有价值的参考。

在"儿童发展"部分，我们根据孩子从孕育、出生到成长的不同阶段进行选择，同时兼顾了儿童的身体、心理、行为、语言等不同方面的发展特点。比如我们选择的《西尔斯亲密育儿百科》《儿童健康指南》《怎样满足婴儿的心灵》等，就是关于儿童身心发展的，而《语迟的孩子》《善解童贞》《游戏力》《蜗牛牵我去散步》等，就是分别从语言、性别认识、游戏和运动以及自闭症儿童等方面对父母给予指导的。

在"父母成长"部分，我们一方面根据父母自身普遍存在的各种问题，引导父母认识到：要引导孩子成长，应该努力完善自己，使自己首先成为身心健康的人。比如《少有人走的路》《改变孩子先改变自己》《父母的觉醒》等。另一方面针对不同领域的具体问题，有针对性地对父母进行引导，比如《生存教育在美国》《阅读与经典》《孩子与恶》等。另外，还兼顾了家庭环境的营造、传统家教智慧的传承等，比如《单亲家庭教育指南》《为何家会伤人》《中国家训经典》等。

在"亲子互动"部分，我们则包括更多的内容。比如游戏，我们既考虑了传统如《民间游戏》，又考虑了现代如《亲子游戏每天一个》。比如阅读，我们有关于亲子阅读《朗读手册》《幸福的种子》，又有《小巫教你讲故事》的推荐；有关于孩子绘画的《许多孩子，许多月亮》；有关于孩子音乐发展的《音乐漂流瓶》；还有手工、园艺、自然、社交、礼仪等等。在沟通方面，我们既有传统的传承如《傅雷家书》《唐浩明评点曾国藩家书》，也有现代的理念如《孩子，把你的手给我》等。

这样尽量做到分类更加细致，让面临不同情况和问题的父母，都能够按图索骥，找到适合自己、带给自己最大启发的书目。

中国父母基础阅读书目研制的过程

中国父母基础阅读书目的研制过程经历了三年左右的时间，大致分为以下几个阶段：

一是准备阶段。2013年3月，中国父母基础阅读书目项目正式启动。本项目由我主持，受新教育研究院新阅读研究所委托，由新父母研究所协助，新父母研究所执行所长蓝玫担任项目负责人。

准备阶段的工作分三部分进行：首先，经过新父母研究所全体成员的多次会议讨论与线上沟通，初步拟定了书目研制的理念、原则、计划等；其次，组成了由新父母研究所分布在全国30多个萤火虫分站的骨干义工、新教育种子教师计划骨干种子教师参加的书目研制团队，对书目研制草案提出完善性建议；再次，通过电话、短信、邮件等方式发出邀约，组建了由国内家庭和儿童教育等方面的专家组成的研制核心团队。

二是书目分类与筛选阶段。2013年5月，研制团队召开第一次专家会议，对新父母研究所提出的书目板块分类及原则等进行讨论并做出调整。邀请相关领域专家各自根据板块分别推荐一百本书，以供筛选。2013年底，研制团队将专家推荐的书目进行分类整理，形成了第一份基础书单。

同时，书目研制团队每个人列出自己的一份书单，原则是对自己做父母帮助最大的书。然后由专人进行统计，合并整理并简单分类，形成第二份书单。2014年3月，安排专人通过网络等渠道搜集各界推荐的父母阅读、亲子共读的书目，对这些书目进行分类整理，形成第三份书单。

2014年10月，研制团队召开第二次全体会议，在专家团队及研制团队推荐的1000余种图书中，首先去掉了与之前所推荐的幼儿、中小学生各类书目中重复的部分，然后选择推荐率较高的书目制成第一份正式书单，共计150本。另留150本左右备选。

三是试读与调研阶段。这个阶段，主要完成了以下工作：

在国家图书馆、首都图书馆等地方，针对家教类图书上架情况，调研了较受读者喜欢的图书，然后对书单进行比照调整。

通过邮件的方式，将书目发送给专家进一步征求意见。

邀请中国教育学会家庭教育专业委员会的数十名专家，对几经修改的书目提出建议和意见。

通过新教育萤火虫义工团队，将部分板块内书目进行试读，并收集反馈意见。

向北京市新教育实验学校的父母委员会等团队，进一步征询意见和建议。

根据以上信息，对书目进行反复调整。并在新父母研究所内部，多次召开会议商讨，对书目进行数次修订。

四是确定书目与编写导赏手册阶段。历经近20次的反复打磨，我们在2015年2月4日，召开了书目的专家论证会。孙云晓、童喜喜、康健、小巫、边玉芳、蓝玫、李一慢等专家对书目进行了严格的评审，进一步提出了调整完善建议，对书目做出了微调，确定了中国父母基础阅读书目100种。

2015年3月，正式成立《中国父母基础阅读书目导赏手册》编写小组，对入选的每一本书精心阅读，撰写导赏文字。导赏手册主要包括推荐书目简介、推荐理由及延伸阅读等，以期给父母提供最具参考价值的指导。

经过近三年的努力，这本凝聚着许多专家与父母智慧的《中国父母基础阅读书目导赏手册》终于呈现在大家面前。我们知道，研制"一份让各方都满意的书目本身就是一个悖论"。所有的书目总是不可能尽善尽美的，限于水平，我们的书目也必然有遗珠之憾。好在，我们还有继续修订、继续选择好书的机会。

如果能借由这份书目，让越来越多的父母以爱的名义重新走上阅读之路，那么，对我们来说，也是功莫大焉。

亲爱的父母，培育孩子，本身就是父母再次成长的一个过程。好父母不应把教育孩子当作枯燥的责任和义务，而应该当作自己人生的一种乐趣、一种享受、一种富足。只有享受教育的人，才能演绎教育的精彩。只有与孩子一起成长的父母，才是真正的好父母。

读起来吧！让我们在阅读中与孩子一起成长！

附

中国父母基础阅读书目 100 种
（新阅读研究所研制，2015 年版）

一、基础书目 30 种

（一）儿童发展类

1.《西尔斯亲密育儿百科》，[美国]威廉·西尔斯等/著，邵艳美、唐婧/译，南海出版公司。
2.《幼儿心理百科》，[韩国]申宜真/著，世界图书出版公司。
3.《儿童健康指南：零至十八岁的身心灵发展》，[德国]米凯拉·格洛克勒、[德国]沃尔夫冈·戈贝尔/著，林玉珠等/译，河北教育出版社。
4.《有吸收力的心灵》，[意大利]玛丽亚·蒙台梭利/著，蒙台梭利丛书编委会/编译，中国妇女出版社。
5.《家庭教育》，陈鹤琴/著，长江文艺出版社。
6.《青春期：发展、关系和文化》，[美国]F.飞利浦·赖斯、[美国]金·盖尔·多金等/著，陆洋等/审校，上海人民出版社。
7.《好孩子：三分天注定，七分靠教育》，洪兰/著，尹建莉/主编，长江文艺出版社。
8.《习惯决定孩子一生》，孙云晓/著，北京师范大学出版社。
9.《童年的王国》，[奥地利]鲁道夫·斯坦纳/著，深圳报业集团出版社。
10.《解放儿童》，刘晓东/著，江苏教育出版社。

（二）父母成长类

11.《爱的艺术》，[美国]弗洛姆/著，李健鸣/译，上海译文出版社。
12.《斯波克父母经》，[美国]本杰明·斯波克/著，刘莹/译，安徽科学技术出版社。
13.《好妈妈胜过好老师》，尹建莉/著，作家出版社。
14.《发现母亲》，王东华/著，中国妇女出版社。
15.《睿智的父母之爱》，[苏联]B.A.苏霍姆林斯基/著，罗亦超/译，长江文艺出版社。
16.《为何家会伤人》，武志红/著，北京联合出版公司。
17.《夏山学校》，[英国]A.S.尼尔/著，王克难/译，南海出版公司。
18.《谁拿走了孩子的幸福》，李跃儿/著，国际文化出版公司。
19.《少有人走的路》，[美国]M.斯科特·派克/著，于海生/译，严冬冬/校，吉林文史出版社。

20.《教育漫话》，[英国]约翰·洛克/著，傅任敢/译，教育科学出版社。

（三）亲子互动类

21.《0-7岁孩子家庭游戏全方案》，[德国]科耐莉亚·尼驰、[德国]吉拉德·胡特尔/著，中国妇女出版社。

22.《民间游戏》，余志慧/著，时代出版传媒股份有限公司、黄山书社。

23.《傅敏编傅雷家书》，傅敏/著，天津社会科学院出版社。

24.《幸福的种子：亲子共读图画书》，[日本]松居直/著，刘涤昭/译，明天出版社。

25.《朗读手册》，[美国]吉姆·崔利斯/著，沙永玲、麦奇美、麦倩宜/译，南海出版公司。

26.《小巫教你讲故事》，小巫/著，新世纪出版社。

27.《音乐漂流瓶》，肖复兴/著，曹芮搏、杜鑫/绘画，新疆青少年出版社。

28.《林间最后的小孩：拯救自然缺失症儿童》，[美国]理查德·洛夫/著，自然之友、王西敏/译，中国发展出版社。

29.《塔莎的传家宝》，[美国]托娃·马丁/著，[美国]理查德·布朗/摄影，孙婷婷/译，九州出版社。

30.《父母效能训练手册》，[美国]托马斯·戈登/著，宋苗/译，天津社会科学院出版社。

二、推荐书目70种

（一）儿童发展类

31.《善解童贞》，胡萍/著，广西科学技术出版社。

32.《儿童的秘密：秘密、隐私和自我的重新认识》，[加拿大]马克思·范梅南、[荷兰]巴斯·莱维林/著，陈慧黠、曹赛先/译，李树英/审校，教育科学出版社。

33.《怎样满足婴儿的心灵》，[日本]内藤寿七郎/著，顾振申/译，河北少年儿童出版社。

34.《平衡发展的孩子：运动和幼儿早期学习》，[英国]萨利·戈达德·布莱斯/著，于淑芬/译，民主与建设出版社。

35.《儿童的人格教育》，[奥地利]阿尔弗雷德·阿德勒/著，彭正梅、彭莉莉/译，上海人民出版社。

36.《童年，人生幸福之源》，[美国]爱德华·哈洛韦尔/著，覃薇薇/译，浙江人民出版社。
37.《好奇心》,［美国］托德·卡什丹/著,谭秀敏/译,浙江人民出版社。
38.《性格的力量》,［美国］保罗·图赫/著,刘春艳、柴悦/译,机械工业出版社。
39.《入学早知道:儿童入学必备的八种能力》,钱志亮/著,北京师范大学出版社。
40.《郑玉巧育儿经》,郑玉巧/著,二十一世纪出版社。
41.《养育男孩》,［澳大利亚］史蒂夫·比达尔夫/著,丰俊功、宋修华/译,中信出版社。
42.《培育女孩》,［美国］詹姆士·杜布森/著,华东师范大学出版社。
43.《语迟的孩子》,［美国］托马斯·索维尔/著,顾鹏、王文卿/译,湖北教育出版社。
44.《蜗牛牵我去散步》,陈婕/著,北京大学出版社。
45.《涂鸦,宝宝说给世界的话》,［意大利］艾薇·克劳迪/著,崔银辉/译,南方出版社。
46.《母乳育儿全书》,国际母乳会/著,旬寿温/译,新星出版社。
47.《透析童年》,王树/著,中央编译出版社。
48.《游戏力》,［美国］劳伦斯·科恩/著,李岩/译,军事谊文出版社。
49.《崔玉涛:宝贝健康公开课》,崔玉涛/著,北京出版社。
50.《读懂孩子:心理学家实用教子宝典(6-12岁)》,边玉芳/著,北京师范大学出版社。
51.《〈3-6岁儿童学习与发展指南〉解读》,李季湄、冯晓霞/著,人民教育出版社。

(二)父母成长类

52.《世界图画书阅读与经典》,彭懿/著,接力出版社。
53.《不要用爱控制我》,［美国］帕萃丝·埃文斯/著,郑春蕾、梅子/译,京华出版社。
54.《卡尔·威特的教育》,［德国］卡尔·威特/著,刘恒新/译,京华出版社。
55.《早期教育与天才》,［日本］木村久一/著,唐欣/译,上海社会科学院出版社。
56.《长大不容易》,卢勤/著,长江文艺出版社。
57.《改变孩子先改变自己》,贾容韬/著,作家出版社。
58.《家长学校》,［德国］安德里亚·比朔夫、［德国］汉斯·贝旺格/著,李王琦/译,江苏人民出版社。
59.《新父母学校》,刘良华/著,北京师范大学出版社。
60.《爱弥儿》,[法国]让-雅克·卢梭/著,彭正梅/译,上海人民出版社。
61.《儿童的利益:学会如何尊重孩子》,[法国]弗朗索瓦兹·多尔多/著,王文新/译,上海社会科学院出版社。
62.《正面管教》,[美国]简·尼尔森/著,玉冰/译,京华出版社。
63.《父母平和孩子快乐》,[美国]劳拉·马卡姆/著,刘海青/译,上海社会科学院出版社。
64.《培养独立的孩子:生存教育在美国》,[美国]黄全愈/著,中国人民大学出版社。
65.《为了孩子:和家长谈谈未成年人保护法》,张丁华、王鸿江/顾问,赵忠心、关颖/主编,赵智鸿、赵刚/副主编,赵忠心、关颖、王小波、王志强/撰稿人,中国法制出版社。
66.《光有爱还不够:帮助孩子构建自我》,[法国]克洛德·阿尔莫/著,王文新、李美平/译,上海社会科学院出版社。
67.《教出乐观的孩子》,[美国]马丁·塞利格曼、[美国]卡伦·莱维奇、[美国]莉萨·杰科克斯等/著,浙江人民出版社。
68.《中国家训经典》,翟博/著,海南出版社。
69.《做最好的家长:李镇西教养女儿手记》,李镇西/著,文化艺术出版社。
70.《无条件养育》,[美国]艾尔菲·科恩/著,小巫、耿丹/译,天津教育出版社。
71.《家庭成就孩子》,李子勋/著,中信出版社。
72.《单亲家庭教育指南》,[美国]卡尔·皮卡哈特/著,吴婷婷/译,电子工业出版社。
73.《父母的觉醒》,[美国]沙法丽·萨巴瑞/著,王臻/译,上海社会科学院出版社。
74.《为什么孩子这么难教:心理学家教你养育五类问题儿童》,[美国]斯坦利·I.格林斯潘、[美国]杰奎琳·萨蒙/著,姚芸竹/译,华东师范大学出版社。
75.《好孩子的成长99%靠妈妈》,[韩国]张炳慧/著,李世鹏/译,海天出版社。
76.《父亲塑造女儿的未来》,[美国]里克·约翰逊/著,安珍、盛海霞/译,北京出版社。

77.《斯宾塞的快乐教育》,［英国］赫伯特·斯宾塞/著,吕可丁/译,北京联合出版公司。

78.《阅读儿童文学》,梅子涵/著,少年儿童出版社。

79.《简单父母经》,［美国］金·约翰·培恩、［美国］利萨·M.罗斯/著,杨雪、张欢/译,辽宁科学技术出版社。

80.《10岁前教会孩子如何做人》,［韩国］文龙鳞/著,马南顺/译,中国轻工业出版社。

81.《孩子与恶》,［日本］河合隼雄/著,李静/译,东方出版中心。

82.《家庭教育基本功》,冉乃彦/著,黑龙江教育出版社。

（三）亲子互动类

83.《让孩子聪明的121个大脑训练游戏》,［英国］罗伯特·费希尔/著,李中/译,新世界出版社。

84.《许多孩子,许多月亮》,蓝剑虹/著,东方出版社。

85.《如何培养孩子的社交商》,［美国］凯西·柯恩/著,［美国］乔·米拉贝罗/绘图,安燕玲/译,中央编译出版社。

86.《李中莹亲子关系全面技巧》,李中莹/著,中国华侨出版社。

87.《孩子,把你的手给我》,［美国］海姆·G.吉诺特/著,张雪兰/译,京华出版社。

88.《唐浩明评点曾国藩家书》,唐浩明/著,山东人民出版社。

89.《如何说孩子才会听 怎么听孩子才肯说》,［美国］阿黛尔·法伯、［美国］伊莱恩·玛兹丽施/著,安燕玲/译,中央编译出版社。

90.《孩子提问题大师来回答》,［英国］杰玛·埃尔文·哈里斯/著,杜冰/译,上海社会科学院出版社。

91.《亲子游戏,每天一个》,罗耀先/主编,中国人口出版社。

92.《大地的礼物:与孩子一起做园艺》,［英国］比亚翠斯·洛奇/著,周悬/译,天津教育出版社。

93.《父与子冒险书》,［德国］克里斯蒂安·安科维奇/著,郑萌芽/译,浙江科学技术出版社。

94.《天哪!数学原来可以这样学》,［日本］野口哲典/著,刘慧、韩丽红/译,陕西师范大学出版社。

95.《佩蓉教孩子学礼仪》,［美国］蒋佩蓉/著,中华根基教育机构/译,中华工商联合出版社。

96.《骑鲸之旅》(全两册),粲然/著,译林出版社。

97.《诺贝尔奖获得者与儿童对话》,[德国]贝蒂娜·施蒂克尔/著,张荣昌/译,生活·读书·新知三联书店。
98.《与孩子共享自然》,[美国]约瑟夫·克奈尔/著,天津教育出版社。
99.《画说汉字:1000个汉字的故事》,[东汉]许慎/著,北京联合出版公司。
100.《中国初中生基础阅读书目·导赏手册》,朱永新、李希贵/著,中国人民大学出版社。

> 领导人热爱阅读是民族的福祉:中国公务员基础阅读书目 100 种

国家领导人热爱阅读、推广阅读,是民族的福祉。因为领导人的身先士卒,就是无言的榜样,就是最好的广告。领导人阅读的图书,往往会成为社会阅读的风向标。习近平总书记指出,书籍是人类知识的载体,是人类智慧的结晶,是人类进步的阶梯,要求各级领导干部深刻认识到现代领导活动与读书学习的密切关系;深刻认识到,领导干部的读书学习水平在很大程度上决定着工作水平和领导水平;真正把读书学习当成一种生活态度、一种工作责任、一种精神追求,自觉做到爱读书、读好书、善读书,积极推动学习型政党、学习型社会建设。

领导干部为什么要读书?

领导干部为什么要读书?为什么凭经验工作是不够的?关于这个问题,习近平总书记在中央党校 2013 年春季学期开学典礼上讲得很深刻。他说,只有读书学习,才能增强工作的科学性、预见性、主动性,使决策体现时代性、把握规律性、富于创造性。

的确,领导干部进行阅读首先对于自己的工作具有重要的指导作用。领导干部的工作内容非常广泛，但最重要的还是做决策、拿主意。做决策、拿主意往往需要有广阔的视野、多方面的知识背景和相对精深的专业素养。总的来看，我们的领导干部一般都受过正规的高等教育训练。但是，大部分领导干部是从基层慢慢成长起来的，往往经验比较丰富，理论素养不够。而且，我们没有国外的技术官僚体系，领导干部跨行业、跨专业的情况比较普遍，许多人对自己分管的专业领域是比较陌生的。这样不仅使决策风险增加，而且容易导致领导团队之间的矛盾与冲突。这个时候，读书学习就显得非常重要。

我曾经在苏州分管过文化、教育、新闻出版、妇女儿童、计划生育、科技、城市管理等工作。每个领域都有许多事情需要我"拍板"。这个时候，就明显感到知识恐慌，感到阅读的重要性。不说外行话已经不容易，要做出正确的、有前瞻性的决策就更不容易。所以，我一方面订阅了分管领域的报刊，及时了解行情动态，另一方面依靠专家咨询的力量，读专家的"外脑"。中国作为发展中国家，对许多发达国家治理的理论和实践是可以借鉴的。从我们的工作体会来看，善于读书的领导，往往知识面比较宽，决策比较理性，工作上自然会更加游刃有余。我认为，只要善于阅读，积极学习，作为领导干部，就能游刃有余地完成工作任务，如果长期坚持不懈，还完全有可能成为该领域的专家。

领导干部读书不仅仅是为了胜任工作，也是为了使自己的人生更加丰富多彩。在历史的长河中，我们每个人的人生都非常短暂。我们来到这个世界上，不是为了赚多少钱，也不是为了当多大的官,因为这些东西你是带不走的。那么,我们是为什么而来?陶行知先生说,人生为一大事来。我经常把这件大事理解为"看风景"。人类有两种风景,自然的风景和精神的风景。行万里路,是为了看自然的风景;读万卷书,是为了看精神的风景。腿不能够到达的地方,眼可以到达,眼不能到达的地方,心可以抵达。自然的风景是有限的,精神的风景是没有边际的,这才是风光无限的顶峰。人生真正的财富,是精神的财富。在我们离开这个世界的时候,唯一可以带走的,就是精神的财富。总之,领导干部读书,可以帮助他们拥有宁静的心态、从容的心情、理智的头脑、开放的胸怀。

领导干部读书还有一个特别的作用,那就是对社会的示范作用,领导干部在会议上引用到什么书,他正在读什么书,多少会影响到一个部门甚至一个城市的阅读风气。比如,汪洋同志在担任重庆市委书记时曾向干部推荐《世界是平的》一书,当时这本书一下子就在重庆火了起来,成为重庆干部的必读书。上有所行下有所效。领导干部的读书风气对全社会的阅读氛围的形成具有重要的引领、示范与推动作用。

正因为如此,发达国家的主要领导人往往都特别重视阅读推广。美国历任总统都力争使自己成为美国全民阅读的第一推广人,在位时身体力行,退位后还建立"总统图书馆",而他们的夫人则成为全民阅读的形象代言人。林肯总统虽然接受正规教育的时间不足一年,但他广泛阅读哲学、科技、宗教、文学、法律和政治等方面的书籍,最终成为美国历史上最伟大总统之一。杜鲁门总统也没有上过大学,但他多次通读《圣经》,还一卷一卷地读了《不列颠百科全书》，以及所有查尔斯·狄更斯和维克多·雨果的小说、莎士比亚的戏剧和十四行诗等，广泛地阅读，科学地决策，让他能够带领美国实现了战后的繁荣。他有一句名言："不是所有的读书人都是一名领袖，然而每一位领袖必然是读书人。"

多年前，我曾经呼吁领导干部要"少一点烟酒味，多一点书卷气"。现在，随着八项规定的出台，领导干部的应酬少了，读书的时间多了。但是，如何读书、读什么书等问题仍然需要我们认真研究探索，积极引导推进。

领导干部的阅读时间从哪里来？

对于领导干部阅读的重要性，许多人并不否认。但是，更多的领导觉得工作太忙，根本没有时间读书。2009年，人民网曾经进行了"百名党政干部阅读习惯"调查活动，结果显示，尽管许多党政干部有较强烈的读书需求，但工作太忙、应酬过多已经成为影响干部阅读的最主要因素，大部分干部并不读书。

总的来看，我们的各级领导干部的确很忙。八项规定的出台虽然帮助我们减少了不少应酬，但作为政府官员，许多工作仍然是必须要做的。上级通知的会议，必须参加；自己组织的会议，必须讲话；单位举行的例会，必须到场；上级领导来调研，必须陪同；了解基层情况，必须调研；外地客人来访，必须接待；各种偶发事件，必须处理……要挤出整块时间来专心读书、从容学习的确非常不容易。但我还是认为，尽管我们的工作非常繁忙，"没有时间"仍然只是缺乏阅读习惯的借口。

为自己的阅读安排时间，首先要从思想上真正把阅读当成最重要的事情来做。管理学上有 ABC 时间管理法，即按照工作的轻重缓急把事情分为三类，用 80% 的精力优先处理 20% 最重要的事情。自来水是压出来的，时间是挤出来的。试想某一天，你生命中最重要的人突然约你相见，你会不去吗？肯定会想方设法相见。我认为，阅读就是我们生命中最重要的那个人。只要认可这一点，就一定能找出时间。重要的事情，总是有时间做的。以工作忙为借口，是因为你还没有把阅读作为自己人生中最重要的事情。

学会利用碎片和边角料的时间来读书也非常重要。古人就有所谓"三上"（马上、枕上、厕上）读书法，看似有些不雅，其实是很重要的经验之谈。"马上"读书，相当于我们在汽车里、旅途中的读书。北京的交通很拥堵，我的车里往往有充足的报刊书籍，报纸主要是在汽车上浏览的，重要的文章则剪下来以待细读。出差时，包里总是带上一两本书籍，在飞机上和候车时随时可以阅读。"枕上"读书，相当于我们的睡前阅读。睡前阅读往往因人而异，有些人在睡前留有充分的时间来读书，也有人把读书作为"催眠"，两者选择的图书就不一样。但不能因为睡前阅读而影响睡眠，这是前提。"厕上"读书，相当于我们现在在卫生间的阅读。这个习惯也是因人而异，我们不特别提倡。但是，在卫生间看一些相对轻松的小品、画册、短文，也不失为一种阅读。

阅读贵在坚持，贵在养成习惯。当阅读成为我们的生活方式，成为我们生命中不可缺少的组成部分时，我们就不必刻意地为阅读寻找时间了。我多年来养成了早晨5点左右起床阅读的习惯，每天早晨留两个小时的时间读书写作，思考工作。晚上睡前也要尽可能挤出时间阅读。长此以往，不读书就会若有所失，甚至会有"罪恶感"。如果一段时间书读少了，就要尽可能安排相对多一些的时间集中阅读，求得平衡。时间抓起来就是黄金，抓不起来就是流水。对读书来说，尤其如此。早晨早十分钟起床，可以挤这十分钟读书；晚上少看一点电视，翻几页书应该可以做到；节假日休息时，推掉一两个应酬，就有了整块时间来阅读。不能小看这十分钟、这几页书，阅读像爬山，不怕慢，只怕站。只要阅读就有收获，坚持才有奇迹。

领导干部应该读什么书？

费尔巴哈说，人是他自己食物的产物。从身体发育来看，吃什么，你就会成为什么。从精神发育来看，在很大程度上人的精神世界由他所阅读的图书塑造，读什么，你就会成为什么。领导干部应该读什么书？如何把有限的时间用来读最值得读的书？这是领导干部读书应该认真思考的问题。

古人讲的"开卷有益"，现在看来是不合时宜了。目前，我国每年出版的图书多达40万种，我们不可能所有书都看，许多书也不值得看，甚至有些坏书看了还有毒害。

我个人认为,领导干部应该读六种书,即专业书、经典书、传记书、中国书、管理书、文学书。第一,要读专业书。领导干部要成为自己分管领域的行家里手,就离不开阅读。在这个问题上,让我印象深刻的是全国政协原副主席张怀西曾经对我的指点。他说:一个人不可能什么都懂,边工作边学习也一下子忙不过来,你首先要订阅两份分管工作领域的报纸与杂志,看大家在关心什么?那些先进典型的经验好在哪里?外行看热闹,但看多了就懂门道了,就能够把握住最重要的事情,然后再围绕这些事情有目标地阅读更多书籍。

第二,要读经典书。读经典就像交朋友,要交就交最值得交的好朋友,要读就读最值得读的好书。那些经过时间大浪淘沙积淀下来的经典,是最值得你读的。经典读多了,我们的阅读审美能力就加强了,阅读的口味和习惯也就养成了,阅读的鉴别力自然也会提高。所以,我们应该多读马克思主义经典作家的原著,读中国文化的经典,如《论语》《孟子》《老子》《庄子》等,这些是中国文化的源头,阐述了许多人生的哲理,能帮助领导干部树立正确的人生观和价值观。当然,我们还要读西方经典,如《新教伦理与资本主义精神》等这样的作品。

第三,要读传记书。按照生命叙事的理论,我们每个人的生命都是一个不断书写中的故事,每个人都是自己生命叙事的唯一主角,也是最重要的作者。能否把自己的生命故事写成一部伟大的传奇,在很大程度上取决于我们自己,取决于我们能否为自己寻找生命的原型、人生的榜样。那些伟大人物的传记,如《乔布斯传》《林肯传》《居里夫人传》《毛泽东传》《我的生活故事》等，就是为我们书写传奇所树立的原型和榜样。与伟大的人物对话，与崇高的精神交流，会使自己不断地汲取到奋进的力量。

第四，要读中国书。我们从事的是中国特色社会主义事业，中国特殊的国情，决定了必须走自己的道路。在借鉴西方发达国家和一切先进文明经验的同时，一定要立足中国国情。无论是费孝通的《乡土中国》，还是熊培云的《重新发现社会》，无论是基辛格的《论中国》，还是傅高义的《邓小平时代》，它们都从不同的角度认识中国，理解中国，发现中国，对于我们立足国情、做好工作，都是有启迪的。

第五，要读管理书。领导干部是从事管理的，管理是科学也是艺术。一些优秀的管理图书，会让我们更加深刻地理解人性，理解工作。如《从优秀到卓越》让我们知道，优秀经常是卓越的敌人；《如何改变世界》让我们知道，只要用心去行动，普通人通过努力也可以改变世界。这些书首先是教我们要学会"管理"自己，这会让自己的生活与工作更有效率。

第六，要读文学书。好的文艺作品往往具有移情的作用，通过作品中人物的悲欢离合的命运，让人们的心灵受到震撼与启迪，如《平凡的世界》《巴黎圣母院》等，都是非常好的文艺作品。文学作品让我们更好地认识世界，也让我们的语言更加丰富。阅读是写作和讲演的基础，熟读唐诗三百首，不会作诗也会吟。阅读那些好的文学作品，对于提高我们的表达能力与写作能力，也是大有裨益的。

当然，应该结合自己的阅读兴趣和工作性质，阅读一些自己特别关注的领域和相关专业的书，这也是最重要的。如我在政府部门工作，就努力读一些城市管理的书籍，读一些经济、环境方面的书籍。到民进中央工作以后，结合参政议政等方面的工作，我加强了政治理论和教育理论的阅读。读什么书，的确需要有睿智的眼光，需要我们在实践中慢慢地磨练。学会利用好的书目指导，也是不错的选择。

领导干部应该怎样读书？

在解决了读什么书的问题以后，怎样读书就是一个非常重要的问题了。领导干部应该怎样读书呢？我结合自己的读书实践，与大家分享一些读书体会。

第一，目标导向，制定系统读书计划。领导干部工作千头万绪，要静下心来读书，首先是要为自己制定一个系统的读书计划。可以分析一下自己的阅读史，审视一下自己已经读过的书籍，研究一下自己阅读的结构是否合理。根据我们研制的领导干部基础阅读书目，或者根据自己的知识结构，根据"浪漫——精确——综合"的阅读规律，制定一个自己的相对完整的阅读计划，用三到五年时间读一些基础的经典，补一些缺少的知识结构，这个计划可以具体到月或者周，定期检查计划执行的情况，每半年总结调整一次。

第二，针对问题，结合中心工作读书。领导干部的阅读虽然不可能"立竿见影"，但是适当的"急用先学"也是可以的，结合自己的本职工作阅读，有效阅读最受关注的问题。前不久我出版了一本130万字的著作《我在人大这五年：一位民主党派成员见证的中国民主政治进程》，其中有我参加每次全国人大常委会的100余篇发言。全国人大常委会一般每次都要审议并通过一两个专门的法律，我不是法律专业出身，每次接到通知以后，我都要用比较多的时间阅读相应的专业文献，熟悉该项法律的背景与重点难点问题，从而能够言之有理，言之有物，切中要害。

第三，学思结合，养成不动笔墨不读书的习惯。阅读是一种学习，是汲取；写作是一种思考，是表达。学而不思则罔，思而不学则殆。学习与思考结合，阅读才能够更有成效。阅读是站在前人的肩膀上前行，写作是站在自己的肩膀上攀升。真正的思考是从写作开始的，而写作对于巩固阅读的成果也非常有益。古人强调不动笔墨不读书，就是认为阅读时进行认真的圈点、批注、记录，对于提高阅读效果具有特别的意义。所以，在读书的时候，应该尽可能采取知性阅读的方法，与书中的观点深度对话，把握其要义精髓。

第四，有详有略，浏览与精读相结合。根据不同的内容，可以采取浏览与精读的不同方法。如我在阅读所订阅的十余种报纸时，一般采取先浏览标题、粗读主要内容的办法，遇到与自己工作关系紧密，与自己参政议政联系紧密，与自己研究的课题高度相关的文章，则剪下来以待慢慢细读，有些则长期保存以备用。对于不同的书籍，甚至同一本书籍的不同章节，也采取不同的阅读方法。有的匆匆翻阅，花个把小时就可以读完，有些则花费好几天甚至更长时间才能够读完。一些重要的著作，还要不断温故知新，常读常新。

第五，注重积累，争取成为一个领域的小专家。领导干部工作变动相对较多，工作分工也相对比较杂。因此阅读的范围与内容也相对比较广泛，难以形成相对固定的专业领域，变成所谓的"万金油"。但是，如果能够有意识地坚持关注一两个重点领域，长期聚焦性阅读，就能够成为"小专家"。我原来的专业是中国心理学史研究，但是从担任苏州大学教务处处长开始，到后来担任苏州市副市长、中国民主促进会中央委员会副主席，工作范围和内容发生很大变化，但是我及时把阅读与研究的方向与分管工作结合起来，一直坚持阅读教育专业的书籍，思考教育领域的重要问题，渐渐在教育领域崭露头角，有了一定的影响力，也为自己的本职工作提供了有力的专业支撑。其实，只要长期聚焦，坚持阅读和研究，我们每个人都能够成为一个领域的"小专家"。

第六，共同阅读，带动大家一起读书。生活在不同的语言里，就是生活在不同的世界上；共读一本书，就是创造并拥有共同的语言与密码。共读，就是和读同一本书的人真正生活在一起。共同阅读的过程，往往能够有效形成共同的价值观和共同的文化，避免成为生活在同一个屋檐下的陌生人的尴尬。作为领导干部，如何把阅读与机关建设、团队打造结合起来，是一个非常重要的课题。我们民进中央每年召开一次处长工作会议，会议要求我们为机关干部推荐一本好书，我就推荐过《从优秀到卓越》《如何改变世界》等书籍。我认为，这两本书对于理解自己工作的意义，突破工作的瓶颈，形成积极进取的机关文化，具有重要的意义。领导干部读什么书，推荐什么书，本身就是一种表率，我们应该尽可能养成与大家分享好书的好习惯。

附

中国公务员基础阅读书目100种
(新阅读研究所研制,2019年版)

一、基础书目30种

(一)政治素养类

1.《马克思主义经典著作选读》(修订版),中共中央马恩列斯著名编译局马列部、教育部社会科学研究与思想政治工作司/编,人民出版社。

2.《习近平谈治国理政》(1、2卷),国务院新闻办公室会同中央文献研究室、中国外文局/编,外文出版社。

3.《国情备忘录》,央视《国情备忘录》项目组/著,万卷出版公司。

4.《世界社会主义五百年》(党员干部读本),中共中央宣传部理论局/编,学习出版社。

5.《马克思传》,[英国]戴维·麦克莱伦/著,王珍/译,中国人民大学出版社。

6.《论共产党员的修养》,刘少奇/著,人民出版社。

7.《历史的轨迹:中国共产党为什么能》,谢春涛/著,新世界出版社。

8.《焦裕禄传》,何秀之/著,河南文艺出版社。

9.《中国史纲》,张荫麟/著,江苏人民出版社。

10.《中国传统文化经典百篇》(上下册),国务院参事室、中央文史研究馆/著,中华书局。

11.《史记精讲》,韩兆琦/著,中国青年出版社。

12.《全球通史》,[美国]斯塔夫里阿诺斯/著,吴象婴 等/译,北京大学出版社。

(二)管理能力类

13.《新公共服务:服务,而不是掌舵》,[美国]珍妮特·V.登哈特、罗伯特·B.登哈特/著,丁煌/译,中国人民大学出版社。

14.《罗伯特议事规则》,[美国]亨利·罗伯特/著,陈允明 等/译,格致出版社。

15.《说话的力量》,[坦桑尼亚]阿卡什·P.卡里亚/著,边艳丹/译,天津人民出版社。

16.《怎样写文章》,王梦奎/著,中国发展出版社。

17.《中国法律与中国社会》,瞿同祖/著,商务印书馆。

18.《法治秩序的建构》,季卫东/著,商务印书馆。
19.《法与国家的一般理论》,[奥地利]汉斯·凯尔森/著,商务印书馆。
20.《法律职业的精神》,[美国]罗伯特·N.威尔金/著,北京大学出版社。
21.《卓有成效的管理者》,[美国]德鲁克/著,机械工业出版社。
22.《国富论》,[英国]亚当·斯密/著,商务印书馆。
23.《领导学》,[美国]诺思豪斯/著,吴荣先/译,江苏教育出版社。
24.《解读中国经济》,林毅夫/著,上海人民出版社。

(三) 个人素养类

25.《古文观止》,钟基、李先银、王身钢/译注,中华书局。
26.《鲁迅杂文集》,果麦文化/编,天津人民出版社。
27.《西方哲学史》,[英国]罗素/著,商务印书馆。
28.《寂静的春天》,[美国]卡森/著,韩正/译,人民教育出版社。
29.《从一到无穷大》,[美国]伽莫夫/著,暴永宁等/译,科学出版社。
30.《科学的历程》,吴国盛/著,湖南科学技术出版社。

二、推荐书目70种

(一) 政治素养类

1.《中国历代政治得失》,钱穆/著,生活·读书·新知三联书店。
2.《新教伦理与资本主义精神》,[德国]马克斯·韦伯/著,阎克文/译,上海人民出版社。
3.《文化与帝国主义》,[美国]爱德华·W.萨义德/著,李琨/译,生活·读书·新知三联书店。
4.《西方国家政府管理新变革》,刘炳香/著,中共中央党校出版社。
5.《政治的逻辑:马克思主义政治学原理》,王沪宁、林尚立、孙关宏/编,上海人民出版社。
6.《文明的冲突与世界秩序的重建》,[美国]塞缪尔·亨廷顿/著,新华出版社。
7.《文明的共存:对塞缪尔·亨廷顿"文明冲突论"的批判》,[德国]哈拉尔德·米勒/著,郦红、那滨/译,新华出版社。
8.《用另一只眼睛观察当代资本主义》,陈学明、俞可平等/著,重庆出版社。
9.《社会契约论》,[法国]卢梭/著,商务印书馆。
10.《图解中国政治》,杨凤春/著,人民出版社。
11.《大道之行:中国共产党与中国社会主义》,鄢一龙等/著,中国人民大学出版社。

12.《西方政党是如何执政的》,林勋建/著,中共中央党校出版社。

13.《政德:刘余莉精解〈群书治要〉》,刘余莉/著,红旗出版社。

14.《40年改变中国:经济学大家谈改革开放》,新望/主编,高尚全、刘世锦、张维迎等/著,北京联合出版公司。

15.《理论自信:做坚定的马克思主义信仰者》,陈先达/著,吉林人民出版社。

16.《复兴之路》,中央电视台《复兴之路》节目组、人民出版社《复兴之路》编写组/编写,人民出版社。

17.《国家相册》,新华社《国家相册》栏目组/编,商务印书馆。

18.《资治通鉴》,陈磊/译注,中华书局。

19.《中国文化的精神》,许倬云/著,九州出版社。

20.《中国大历史》,黄仁宇/著,生活·读书·新知三联书店。

21.《现代化新论:世界与中国的现代化进程》(增订本),罗荣渠/著,商务印书馆。

22.《理解国际冲突:理论与历史》,[美国]小约瑟夫·奈/著,张小明/译,上海人民出版社。

23.《人类简史:从动物到上帝》,[以色列]尤瓦尔·赫拉利/著,林俊宏/译,中信出版社。

24.《另一半中国史》,高洪雷/著,人民文学出版社。

25.《近代社会的新陈代谢》,陈旭麓/著,生活·读书·新知三联书店。

(二)管理能力类

26.《改革政府:企业家精神如何改革着公共部门》,[美国]戴维·奥斯本、[美国]特德·盖布勒/著,周敦仁等/译,上海译文出版社。

27.《如何掌控自己的时间与生活》,[美国]阿兰·拉金/著,刘祥亚/译,金城出版社。

28.《政府未来的治理模式》,[美国]B.盖伊·彼得斯/著,吴爱明、夏宏图/译,张成福/校,中国人民大学出版社。

29.《好莱坞如何征服全世界:市场、战略与影响》,[法国]诺文·明根特/著,吕好/译,商务印书馆。

30.《危机传播:基于经典案例的观点》,[美国]班克斯/著,陈虹等/译,复旦大学出版社。

31.《寻找公共行政的伦理视角》,张康之/著,中国人民大学出版社。

32.《哲学思维方式与领导工作方法》,韩庆祥/著,红旗出版社。

33.《毛泽东的读书生活》,龚育之、逄先知、石仲泉/著,生活·读书·新知三联书店。

34.《寻求自然秩序中的和谐:中国传统法律文化研究》,梁治平/著,商务印书馆。

35.《法律的故事》,[美国]约翰·麦克西·赞恩/著,于庆生/译,中国法制出版社。

36.《联邦党人文集》,[美国]汉密尔顿、杰伊、麦迪逊/著,商务印书馆。

37.《法律的正当程序》,[英国]丹宁勋爵/著,李克强、杨百揆、刘庸安/译,法律出版社。

38.《政法笔记》,冯象/著,北京大学出版社。

39.《人权是什么?》,[瑞士]托马斯·弗莱纳/著,谢鹏程/译,中国社会科学出版社。

40.《法治及其本土资源》,苏力/著,北京大学出版社。

41.《论法的精神》,[法国]孟德斯鸠/著,译林出版社。

42.《法治理想国:苏格拉底与孟子的虚拟对话》,周天玮/著,商务印书馆。

43.《市场的逻辑》,张维迎/著,上海人民出版社。

44.《经济学原理》(第6版,宏观、微观经济学2册),[美国]N.格里高利·曼昆/著,梁小民、梁砾/译,北京大学出版社。

45.《竞争战略》,[美国]迈克尔·波特/著,陈丽芳/译,中信出版社。

46.《管理学》,周三多/著,复旦大学出版社。

47.《金融的逻辑》,陈志武/著,西北大学出版社。

48.《高效能人士的七个习惯》,[美国]史蒂芬·柯维/著,高新勇、王亦兵、葛雪蕾/译,中国青年出版社。

49.《领导力21法则:如何培养领袖气质》,[美国]约翰·C.马克斯维尔/著,路本福/译,文汇出版社。

50.《从优秀到卓越》,[美国]吉姆·柯林斯/著,俞利军/译,中信出版社。

(三)个人素养类

51.《人类群星闪耀时》,[奥地利]茨威格/著,舒昌善/译,生活·读书·新知三联书店。

52.《苏东坡传》,林语堂/著,湖南文艺出版社。

53.《曾国藩》,唐浩明/著,文汇出版社。

54.《国学的天空》,傅佩荣/著,岳麓书社。

55.《唐诗三百首 宋词三百首 元曲三百首》,毛治中等/注,浙江古籍出版社。

56.《悲惨世界》，[法国]雨果/著，郑克鲁/译，上海译文出版社。
57.《论语译注》，杨伯峻/译注，中华书局。
58.《红楼梦》，曹雪芹/著，人民文学出版社。
59.《美的历程》，李泽厚/著，生活·读书·新知三联书店。
60.《菊与刀》，[美国]鲁思·本尼迪克特/著，何晴/译，浙江文艺出版社。
61.《培根人生论》，[法国]培根/著，何新/译，陕西师范大学出版社。
62.《人有人的用处：控制论和社会》，[美国]N·维纳/著，陈步/译，商务印书馆。
63.《人工智能读本》，《人工智能读本》编写组/著，人民出版社。
64.《时间简史》，[英国]史蒂芬·霍金/著，许明贤、吴忠超/译，湖南科学技术出版社。
65.《播火录：科学发现的人文启示》，赵致真/著，北京出版社。
66.《计算机与人脑》，[美国]冯·诺伊曼/著，甘子玉/译，北京大学出版社。
67.《生态都市主义》，[美国]莫斯塔法维等/著，俞孔坚/译，江苏科学技术出版社。
68.《三体》，刘慈欣/著，重庆出版社。
69.《数字化生存》，[美国]古拉·尼葛洛庞帝/著，胡泳等/译，电子工业出版社。
70.《华杉讲透〈孙子兵法〉》，华杉/著，江苏文艺出版社。

> 做一个有情怀的企业家：中国企业家基础阅读书目 100 种

企业家阅读的必要性

现实之中，有些企业家不读书，有两个重要原因：一是认为读书没有什么用处，二是认为工作太忙根本没有时间读书。其实，这两条理由都是站不住脚的。

认为工作太忙，没有时间读书的企业家，往往会说，你看我们，眼睛一睁，忙到熄灯，开会决策，会见客户，宴请喝酒，陪唱陪玩，根本沉不下心来，哪有时间读书呢？也许，这说的是实话。但是，我一直认为，是否有时间，从本质上取决于你是否把这件事情当成最主要的事情。如果你认为重要，一定可以安排时间；如果你认为不重要，一定会找出借口不去做。喜欢打扑克、搓麻将的人，再忙，也可以安排时间打一把、搓一下。我曾经劝说领导干部要"少一点烟酒味，多一点书卷气"，讲的就是这个道理，对于我们企业家来说，也是如此。鲁迅先生说，时间就像海绵里的水，挤挤总还是有的。外出乘飞机等候的时间，在飞机上的时光，晚上睡觉前的一二十分钟，早晨起来以后等碎片时间都可以读一点书……这些都是不费吹灰之力就能够做到的事情。关键还是在于我们是否真正认识到阅读的价值和意义。

那么，关键的问题就是，阅读对于企业家究竟有什么用处？企业家究竟为什么要读书？有许多企业家或者堂而皇之地宣称，或者心里暗自思忖："我不读书不是一样赚钱吗？"甚至会认为，读书反而会变得迂腐，会缺乏灵活性等。就连零点研究咨询集团董事长袁岳也曾经写过一篇反对企业家读书的文章，认为"书多扰神、书多疑行、书多欠察、书多轻人"，对于企业家读书的事情不以为意。

我明确反对这种观点。我曾经提出过，一个人的精神发育史就是他的阅读史。人的心灵是怎么发育的？事实证明，精神的发育最重要的方式就是阅读。人类最伟大的智慧、最伟大的思想没有办法从父母那里通过基因来拷贝、遗传，而是深藏在那些最伟大的书籍之中。德国诗人歌德说："读一本好书，就是和许多高尚的人谈话。"通过阅读能与大师交流、与崇高对话；没有阅读就没有个人心灵的健康成长，就没有人的精神的良好发育。

对于企业家来说，阅读有着非常特别的价值和意义。

首先，阅读可以帮助企业家净化心灵，涵养道德。"小富靠智，大富靠德。"企业家的道德修养对企业的成败至关重要。提高道德修养有多种方法，读书就是一种重要的方法。书读得多了，眼光就远了，胸怀就宽了，道德修养就提高了，人生境界也就提升了。书籍以深刻的思想、生动的形象反映生活，揭示人生的真谛，赞颂真善美，鞭挞假恶丑，往往以一种无形的力量潜移默化地影响着人们的思想，陶冶人们的情操。"在读书的时候，哲人的思想涤荡着我们的灵魂，在知识和智慧的指引下，我们更容易识别美与丑、善与恶，我们的生命也因此一次又一次向前展拓。读书，使我们的心灵变得辽阔而宽广，坚韧而顽强，也使我们获得一个温煦宁静的内心世界，以对抗外部世界的喧哗与浮躁。"（王余光语）所以，如果我们的企业家能够与书本为伴、与大师为伍，就能让自己不为狭隘私心所扰，不为浮华名利所累，不为低俗物欲所惑。这样，才能够杜绝牛奶中掺三聚氰胺、火腿肠用瘦肉精猪肉、轮胎掺不合格材料等损人利己的行为。这也是马云为什么不能够容忍手下爱将弄虚作假，俞敏洪为什么呼唤价值回归的原因所在。没有人要求他们这样做，这是良心的呼唤，是价值的引领。而这，也正是从小富通往大富的必由之路。

其次，阅读可以帮助企业家把握大局，科学决策。梁小民先生曾经讲过一个故事：在一次浙商大会上，一位进入福布斯排行榜的企业家大声疾呼，"企业家不要读书"。这位企业家"空手套白狼"，凭空有了偌大一笔财富，于是发出了这样的呼声。也正是这位中了"读书无用论"之毒的企业家，缺乏公司理财的知识，上榜后没几个月就遇到了现金流断裂的困境。梁小民先生还举了一个正面的例子，是关于耐克鞋的名字诞生的故事。据说，这个名字是耐克创始人之一约翰逊的灵机一动。当年鞋生产出来，设计了"√"的标记后，大家为起名字犯了愁。约翰逊觉得这个标记很像古希腊神话中有着翅膀的胜利之神耐克的双翼，于是想出了耐克的名字。如果约翰逊没有读过古希腊神话，怎么可能想到这个名字？历史上，企业家因读书受启示而进行产品创新的例子还有不少。

为什么许多企业家会觉得，他们没有读过什么书一样可以赚钱呢？胆量、勇气甚至关系等因素在创业中都起到了非常重要的作用。有人曾经这样分析："第二代成功的企业家往往是没读过什么书的文盲。没有读过书的优势是不受保守的传统文化的束缚，敢闯、敢干。在那个初创时期，知识并不重要，甚至可能是包袱，所以，无文化者成功了。但是，创业成功的人并不一定是能笑到最后的人。随着市场经济体制的完善，企业必须从经验型企业转变为制度型企业。经验型企业的管理者可以没有文化，不读书，依靠个人能力和过去积累的经验取得成功。但制度型企业的管理者是一定要有现代企业管理的理论与知识。管理理论和知识固然来自实践，但绝不是一个人的实践或是千千万万企业家的实践。学者把这无数企业家成功或失败的经验与教训总结出来，写成书，就成了理论。不读这些书，就无法去创立和管理制度型企业。"

其实，当我们读那些最优秀的管理著作、最优秀的人文作品的时候，我们经常会有醍醐灌顶、豁然开朗的感觉，这是没有读书经历的人所无法体会的。人类那些最伟大的思想、最伟大的智慧、最伟大的管理经验在哪里？就在那些最伟大的著作中。也正是出于这样的原因，比尔·盖茨在《未来之路》中提出：要想掌握商业分配的原则，只有一点——学习。而战胜竞争对手最快最好的方法，就是怎样比对方学得更快更好。谁学习的速度快，谁就会成为赢家。无疑，学习的最好办法，就是阅读。

中外优秀企业家成长的历程也反复告诉我们，善于学习、勤于阅读，应该是优秀企业家的行为方式。

有资料介绍，日本资生堂创始人、福原家族的福原义春，就是一个读书非常多的人。他的读书范围从社会上的畅销书到原版的法国最新哲学、美学著作，再到美国最新思潮方面的著作等，多有涉及。东芝全球前总裁西田厚聪也是特别热爱读书的人，不论多晚到家，都会埋头读上几个小时的书，而且是几本书、几个方面的书同时读。出差到中国的时候，西田的夫人、秘书等人要为他准备一大包的书，不论去哪里，旅途成了读书的专用时间。

家居业的著名企业红星美凯龙公司每年会为每个员工报销200元书费。同时，为了将学习的成果落地，公司还专门成立了一个"读书分享委员会"，每个月，各个部门都会分别召开会议，讨论从书籍中获得的知识和启发。据了解，红星美凯龙公司要求其管理人员将三分之一的时间用来学习，另外三分之二的时间用来培训和调研。对普通员工也要求他们每年至少读5本书。不仅如此，从2002年开始，公司向每个管理人员的家庭赠送一只书柜，试图将学习触角伸向管理层的"八小时之外"。而为让学习的革命开展得更加深入，红星美凯龙公司甚至要求，员工家中的书柜里书要有30本以上，每个人的包里也必须有一本书，因为在飞机、火车上打开就可以看，要是飞机晚点，说不定就能看完一本书。

阅读对于一个企业家的成长，对于一个企业的发展，其作用和价值无疑将会越来越得到显现。希望那些忽视阅读和学习的企业家，能够真正地拿起书本来，成为一个有素质、有思想、有社会责任感且更加成功的儒雅商人。

企业家基础阅读书目研制的重要性

公司是社会财富的主要创造者。人类 97% 的财富是在近 250 年里创造的，也就是在人类诞生以来的 0.01% 的时间里创造的。而创造这些财富的主角是公司。

作为公司掌舵人的企业家无疑在其中起到极其重要的作用。诺贝尔经济学奖得主罗伯特·蒙代尔说过："我认为在历史上，企业家和政治领袖至少同样重要。那些把欧美变得强大、把中国变得更强大的企业家和政治家一样了不起。"（《公司的力量》）

在资本全球化时代，随着企业家群体的财富不断积累，地位不断提升，拥有的资源不断增多，社会辐射影响力不断增强，他们在国民经济发展与社会主流价值主导上的作用越加凸显。纵观国内外历史，我们不难发现一个城市的发展都离不开精英阶层的主导与大力支持，从而造就了光耀璀璨的历史。21 世纪的精英阶层就是企业家，也就是说，企业家群体不仅主导着国民经济的发展，还在当今社会主流价值塑造与引导上扮演着举足轻重的作用。

人类最伟大的思想和智慧存在于最伟大的著作中，这些著作放在图书馆，放在你的书架上，只有捧起它、与它对话，你才能拥有它，你的精神才随之成长。我曾经说过："一个人的精神发育史就是他的阅读史，阅读就是精神成长的过程。"

在缺乏社会共同语言，面临共同价值崩溃的时代，作为精英阶层的企业家群体更需要做好表率，把书籍阅读而不是网络阅读倡导起来。网络上更容易吸引眼球的是信息、广告和娱乐的内容。人类的理解，特别是人类理性的洞察力，通过网络很难获得，智慧的内容在网络上更是凤毛麟角。对人类思想的进化而言，对个人思想的发展而言，从信息到知识、到智慧，就像一个金字塔，它是精神与智力逐步升级发展的过程。唯有通过书籍阅读，我们每一个人的智慧才能一步步走向精神的"金字塔"之巅。将每一个人的智慧汇总起来，才能体现我们这个时代的精神高度。也只有通过阅读共同的历史与神话，我们才能有共同的信仰与价值体系。

然而，在知识大爆炸、阅读碎片化、图书出版水平良莠不齐的今天，每个人一生读尽自己所从事领域的图书已经远远不可能了，更何况还有所从事领域之外的一些图书需要关注，特别是站在思想潮流前端的企业家，在繁忙的管理工作之余，想了解更多的国内外传统文化，借鉴前人的成功智慧，掌握不断更新的社会动态及文化思潮，名目繁多的图书带给企业家的只能是"望洋兴叹"的现实。最后只能选择碎片化的方式满足阅读需求，比如网络阅读。

可见，把一份相对客观、专业与权威的基础阅读书目推荐给企业家，让其有一个基本的阅读"地图"，这将有助于企业家在茫茫书海中找到让自己能有所启迪的书，从而开展有效阅读，提高阅读收益，促进其精神的成长，从而营造一个健康向上的社会主流价值观。

《中国企业家基础阅读书目》是"基础阅读书目"系列的重要组成部分，力图为企业家提供一个较为全面的阅读参考，无论是在企业管理方面，还是在个人能力与素质的再次提升方面，我们希望企业家能从书目中找到值得认真阅读的书。

我们研制的书目旨在为企业家提供一份科学、权威、公正、独立的阅读书单。该书单汇集社会各界在各专业领域有精深造诣的专家的意见和建议，强调书目的客观性、权威性、公益性及实用性。本项目以"提高阅读收益，分享管理智慧"为出发点，既注重人文情怀、世界情怀及公益慈善情怀的"真善美"精神的引导，也不忘从"人财物"角度分享经营管理智慧。

在企业家基础阅读书目的研制过程中，经团队讨论与专家交流意见，我们初步形成了比较一致的研制工作必须遵守的基本理念。这些理念是我们在选择书目、审查内容、确定重点时必须首先考虑的问题。具体来说，我们的研制理念主要包括以下几点：

第一，关注作品所体现的企业家精神以及其核心价值导向。价值问题是我们研制书目的出发点之一。

"企业家"这一概念由法国经济学家理查德·坎蒂隆（Richard Cantillon）在18世纪30年代首次提出，即企业家使经济资源的效率由低转高；"企业家精神"则是企业家特殊技能（包括精神和技巧）的集合。或者说，"企业家精神"指企业家组织建立和经营管理企业的综合才能的表述方式，它是一种重要而特殊的无形生产要素。埃森哲的研究报告曾指出，在全球高级主管心目中，企业家精神是组织健康长寿的主要基因。

创新是企业家精神的灵魂。熊彼特关于企业家是从事"创造性破坏（creative destruction）"的创新者观点，凸显了企业家精神的实质和特征。创新是企业家活动的典型特征，从产品创新到技术创新、市场创新、组织形式创新等等。创新精神的实质是"做不同的事，而不是将已经做过的事做得更好一些"。所以，具有创新精神的企业家更像一名充满激情的艺术家。

冒险是企业家精神的天性。没有甘冒风险和承担风险的魄力，就不可能成为企业家。企业创新风险是二进制的，要么成功，要么失败，只能对冲不能交易，企业家没有别的第三条道路。在美国3M公司有一个很有价值的口号："为了发现王子，你必须和无数个青蛙接吻。""接吻青蛙"常常意味着冒险与失败，但是"如果你不想犯错误，那么什么也别干"。

敬业是企业家精神的动力。马克斯·韦伯在《新教伦理与资本主义精神》中写道："这种需要人们不停地工作的事业，成为他们生活中不可或缺的组成部分。事实上，这是唯一可能的动机。但与此同时，从个人幸福的观点来看，它表述了这类生活是如此的不合理：在生活中，一个人为了他的事业才生存，而不是为了他的生存才经营事业。"企业家基于对事业的热爱而产生全身心投入的精神是他们前行的动力。

学习是企业家精神的关键。荀子曰："学不可以已。"德鲁克说："一个企业只能在企业家的思维空间之内成长，企业的成长被其经营者所能达到的思维空间所限制！"无论企业处于初创期、转型期还是成熟期，对期望不断成长的企业家而言，学习无疑是拓展企业家思维空间的最有效方法之一。唯有企业家的不断进步，才能让企业不断壮大和健康发展。

诚信是企业家精神的基石。诚信是企业家的立身之本，是企业绝对不能妥协的原则。诺贝尔经济学奖得主弗利曼说："企业家只有一个责任,就是在遵守游戏规则下,运用生产资源从事利润的活动。亦即须从事公开和自由的竞争,不能有欺瞒和诈欺。"

基于以上理念,我们仔细阅读作品,找出一部作品所体现的核心价值观,不只是阅读结构平衡,也希望书目尽可能包括体现真善美以及八大价值领域的主要概念与关键内容。

第二,"提升阅读收益分享管理智慧"是项目的根本出发点。

希望通过本次基础阅读书目的推荐让企业家在有效选书的前提下,找到解决个人提升及组织发展问题的方法和途径。项目组关注中国企业家的群体特征,根据企业家应该具备的知识结构来提供基础阅读书目。我们认为,企业家是推动中国经济社会前进的重要力量。

第三,重视历经考验的经典作品,也尊重市场的选择。

在研制书目的过程中,我们将会重点关注经过时间考验的大师经典,同时持续关注各大图书榜,以及各类企业家读书俱乐部等机构的推荐书目。对于市场认可的畅销书,我们将会综合各位专家的意见,审慎地加以选择。既参考市场数据,又不被数据所左右。

第四,本民族的文化传统与放眼全世界的意识情怀并重。

在全球化浪潮汹涌来袭的今天,任何一家将眼光局限于本土的企业都不可能取得持续的发展动力。在研制书目的过程中,我们不仅关注本土知名学者和企业家的精彩论述,而且注目于世界知名学者的著作。

第五，强调作品的时效性、可读性。现代社会经济形势瞬息万变。

20年前的成功管理经验今天用很有可能适得其反，因此我们要考虑管理类书籍的时效性。考虑到企业家知识结构及专业背景的差异性，我们的书目力求全面，兼顾企业家需要阅读的各类书籍。考虑到企业家阅读时间的紧张，原则上我们不推荐学术性较强、篇幅较长的书籍。

第六，充分考虑其他书目情况，不重复收录图书。

考虑企业家书目与领导干部书目、中学生书目、大学生书目的有效衔接。我们认为，很多经典书籍，如《论语》《孟子》、"四大名著"等书已入选中学及大学阶段推荐书目中，故而在企业家书目中暂不做重复推荐。

企业家基础阅读书目的编制原则和研制过程

书目研制组在研制书目的过程中，经过仔细讨论并与各方面专家沟通交流，初步确定了如下基本原则：

第一，凡由国家批准的正式出版机构出版的中文简体作品均可进行推荐。

第二，原则上不推荐外文书、绝版书、大部头著作、教材、学术性较强的书籍、繁体书。

第三，兼顾作品的价值导向具体内容，形成30种企业家基础阅读书目及70种推荐阅读书目。在30种基础阅读书目中，同一作家一般只选择一本代表作品。在70种推荐阅读的书目中可以适当放开，考虑套书和系列。套书或丛书列入基础书目的，只从中选出一本。

第四，推荐时对作者国别、出版时间、出版社等均不做限制。但最终呈现的书目综合考虑国内与国外、管理与非管理、经典与流行等要素。尤其应该注意在推荐过程中不应受到出版社的影响和干扰。

第五，对于有多种译本的经典作品，选择译文质量较高的译本。

第六，对于同一作品的不同版本，综合考虑图书价格、装帧质量、插图水平等多种因素，选择性价比最为合理的图书。

第七，与《领导干部基础阅读书目》及《大学生基础阅读书目》项目组保持联系，随时沟通，避免同一本书在几个书目中同时出现。

第八，坚持研制的开放性，如果发现更好的作品，或者更好的版本，及时更换，确保书目的先进性。

《中国企业家基础阅读书目》的研制是一项繁杂的系统工程。整个项目分为以下几个阶段，各阶段完成任务如下：

第一阶段，做调研、找专家、定框架、内部试读。

2011年7月至2012年1月，成立《中国企业家基础阅读书目》研制项目组。本项目由我发起，正略钧策管理咨询创始人、董事长赵民先生负责执行。主要工作包括：

1."企业家推荐书目"市场调研。项目组查阅美、英、法、德、荷兰、日本、韩国、中国大陆以及中国港台地区的知名商学院、研究机构、企业家俱乐部的相关书目推荐信息。发现至今还未有权威机构或组织客观地向企业家群体推荐过系统的阅读书目。

2. 专家查找与邀请。项目组查找了各专业领域里的400多位权威人士，包括知名学者、财经媒体人士及成功企业家。然后根据"专业领域的成就""热心社会活动""关心了解企业家群体""各领域比例合理搭配"等几个标准确定出100多位专家。之后通过电子邮件、微博等方式发送邀请函，邀请专家为项目提供支持。

3. 选书框架的初步制定及对图书的初步挑选。项目组参考大学学科设置、《中国图书馆图书分类法》及几大网络图书销售商的分类方式，结合专家意见，根据企业管理经营与企业家自身提高所需要涉猎的知识，按"内圣外王"两个框架从几十万种图书中筛选出精品。"外王"类的图书涵盖人物传记与企业史、政治法律、经济金融、基础管理、战略管理、营销管理、企业文化、商业模式、方法论等；"内圣"类由哲学、科学、社会学、历史以及文化文学等各类图书组成。尽可能做到不遗漏一本值得推荐的好书。

4. 项目组图书试读。为了与专家进行有效沟通，项目组成员成立了核心研讨小组，对初步筛选的500多本图书进行试读及讨论，形成120万字的读书摘要与书评。之后，根据专家擅长的领域对图书进行分类，为第二阶段专家访谈，及推荐专家试读打下良好基础。

5. 读书会活动查找与跟踪。项目组对各类读书会进行跟踪，并定期派项目组成员参加线下活动，以获得活动推荐图书信息作为参考。

6. 研制方案初稿的撰写。项目组参考《小学生基础阅读书目》项目经验，结合专家意见与建议编写了《中国企业家基础阅读书目》研制方案初稿。主要包括项目简介、研制书目的重要性、研制理念、研制原则、研制过程、项目成员及专家顾问团队七个部分的内容。

第二阶段，专家访谈与试读、简报制作与发送、研制方案讨论与完善。

2012年1月至2013年1月，为保证书目的质量和权威性，决定集思广益。本阶段的工作重点为联系与访谈专家，充分征求他们对项目运作及企业家阅读书目的建议，形成初步推荐书目。本阶段的主要工作包括：

1. 专家访谈及意见汇总。项目组通过面谈、电话访谈、邮件访谈及微博互动四种形式获取专家对项目的建议及推荐书目。在京的核心专家主要以面谈的形式进行拜访。项目组定期对访谈纪要进行汇总，共形成近6万字的访谈纪要，有利地指导了项目的顺利进行。同时还整理专家推荐书籍，形成推荐书目初稿。

2. 专家图书试读及推荐理由收集。项目组结合第一期的图书分类及专家推荐信息，邀请专家对相关领域书籍及其推荐书籍进行试读，并提供试读体会。收集汇总专家推荐图书意见，作为导赏手册的编写参考。

3. 项目简报制作与发送。项目组定期将阶段性工作成果进行汇总，制作成项目简报，发送给专家及相关机构。此阶段，共制作简报 3 期，发送超过 600 人次，得到专家意见反馈超过 50 人次。

4. 企业家阅读现状问卷调查与分析。为了更好地了解企业家群体的阅读习惯，项目组进行了"中国企业家阅读现状问卷调查"并对相关数据进行了收集和统计分析。

5. 研制方案讨论与完善。确立"提升阅读收益，分享管理智慧"作为项目出发点。结合阅读所各位老师的指导，专家访谈过程中征求的意见，以及项目讨论会及专家例会资料，从而有效地完善了研制方案。

第三阶段，网络投票、专家论证、导赏编写、书目发布。

2013 年 1 月至 2014 年 1 月，网络调查投票及书目发布阶段。此阶段的主要工作包括：

1. 书目网络投票与调查。项目组在腾讯网、当当网设立专题页面进行书目网络投票调查。收集来自市场的反馈信息，并对投票结果进行统计分析，完善及更新推荐书目。此次调查收集了两万个有效的调查数据，对书目研制起到重要的参考作用。

2. 召开专家论证会。邀请财经、企业、媒体、学界等领域的专家和企业家对书目征求意见稿进行讨论和论证，国务院参事汤敏先生等参加了论证会。

3. 导赏手册的编写。项目组结合前期的研制成果及汇总的资料，对 100 本推荐书目编写导赏手册，新阅读研究所进行修改并交付出版社出版。

4. 书目发布。2014年1月,召开书目新闻发布会,正式向社会发布研制书目,邀请部分专家和媒体出席发布会。

我们的书目研制,并非就此结束了,我们还要继续组织专家密切关注图书出版动态,研究企业家阅读的最新状况,每两三年重新修订一次书目,对部分书籍进行适当的调整。

我们迫切希望,这份书目能够对中国的企业家阅读起到一定的促进作用。

附

中国企业家基础阅读书目 100 种
(新阅读研究所、正略钧策管理咨询联合研制，2014 年版)

一、基础书目 30 种

(一)领导者传记与企业史类

1.《李嘉诚全传》，孙良珠 / 著，华中科技大学出版社。
2.《专注：解读中国隐形冠军企业》，邓地、万中兴 / 著，浙江人民出版社。
3.《一个广告人的自白》，[美国]奥格威 / 著，林桦 / 译，中信出版社。
4.《张謇评传》，卫春回 / 著，南京大学出版社。
5.《我在通用汽车的岁月》，[美国]小艾尔弗雷德·斯隆 / 著，刘昕 / 译，华夏出版社。

(二)企业管理类

6.《卓有成效的管理者》，[美国]德鲁克 / 著，许是祥 / 译，机械工业出版社。
7.《从优秀到卓越》，[美国]吉姆·柯林斯 / 著，俞利军 / 译，中信出版社。
8.《大败局》(修订本)，吴晓波 / 著，浙江人民出版社。
9.《竞争战略》，[美国]迈克尔·波特 / 著，郭武军、刘亮 / 译，华夏出版社。
10.《营销管理》(第14版)，[美国]菲利普·科特勒 等 / 著，王永贵 等 / 译，中国人民大学出版社。
11.《罗伯特议事规则》(第10版)，[美国]亨利·罗伯特 / 著，袁天鹏、孙涤 / 译，格致出版社。
12.《商业模式新生代》，[瑞士]亚历山大·奥斯特瓦德、[瑞士]伊夫·皮尼厄 / 著，黄涛 等 / 译，机械工业出版社。
13.《第五项修炼：学习型组织的艺术与实践》，[美国]彼得·圣吉 / 著，张成林 / 译，中信出版社。
14.《团队协作的五大障碍》(第三版)，[美国]帕特里克·兰西奥尼 / 著，华颖 / 译，中信出版社。

(三)与经济有关的企业家素质类

15.《公司的力量》，《公司的力量》节目组 / 编，山西教育出版社。
16.《市场经济与道德基础》，汪丁丁 / 著，上海人民出版社。
17.《市场的逻辑》(增订本)，张维迎 / 著，上海人民出版社。
18.《中国增长模式抉择》，吴敬琏 / 著，上海远东出版社。
19.《新教伦理与资本主义精神》，[德国]马克斯·韦伯 / 著，康乐、简惠美 /

译,广西师范大学出版社。

20.《世界是平的:21世纪简史》,[美国]托马斯·弗里德曼/著,何帆、郝正非、肖莹莹/译,湖南科学技术出版社。

21.《财富的归宿:美国现代公益基金会述评》,资中筠/著,生活·读书·新知三联书店。

(四)创业者素质与企业家素质类

22.《领袖》,[美国]詹姆斯·麦格雷戈·伯恩斯/著,常健 等/译,中国人民大学出版社。

23.《管理者而非MBA》,[加拿大]明茨伯格/著,杨斌/译,机械工业出版社。

24.《金字塔原理》,[美国]芭芭拉·明托/著,汪洱、高愉/译,南海出版公司。

25.《高效能人士的七个习惯》,[美国]史蒂芬·柯维/著,高新勇、王亦兵、葛雪蕾/译,中国青年出版社。

26.《活法》,[日本]稻盛和夫/著,曹岫云/译,东方出版社。

(五)与社科人文相关的企业家素质类

27.《中国大历史》,黄仁宇/著,生活·读书·新知三联书店。

28.《中国大趋势:新社会的八大支柱》,[美国]约翰·奈斯比特、[德国]多丽丝·奈斯比特/著,魏平/译,中华工商联合出版社。

29.《大国崛起》,唐晋/主编,人民出版社。

30.《兵以诈立:我读〈孙子〉》(增订典藏本),李零/著,中华书局。

二、推荐书目70种

(一)领导者传记与企业史类

1.《百年利丰跨国集团亚洲再出发》(第2版),冯邦彦/著,中国人民大学出版社。

2.《藏锋:刘永好传》,周桦/著,北京大学出版社。

3.《史蒂夫·乔布斯传》,[美国]沃尔特·艾萨克森/著,管延圻 等/译,中信出版社。

4.《赢》,[美国]杰克·韦尔奇、苏茜·韦尔奇/著,余江、玉书/译,中信出版社。

5.《自来水哲学:松下幸之助自传》,[日本]松下幸之助/著,李菁菁/译,南海出版公司。

6.《华为研发》,张利华/著,机械工业出版社。

7.《道路与梦想:我与万科(1983~1999)》,王石/著,中信出版社。

8.《超越商海:BP石油总裁约翰·布朗自传》,[英国]约翰·布朗/著,毕崇毅/译,机械工业出版社。

9.《亨利·福特自传》,[美国]亨利·福特/著,姜成功/译,哈尔滨出版社。

10.《价值观的力量》,[美国]梅格·惠特曼、[美国]汉密尔顿/著,吴振阳等/译,机械工业出版社。

11.《麦肯锡传奇》,[美国]埃德莎姆/著,魏青江、方海萍/译,机械工业出版社。

12.《谁说大象不能跳舞》,[美国]郭士纳/著,张秀琴、音正权/译,中信出版社。

13.《一路向前》,[美国]霍华德·舒尔茨、[美国]乔安·戈登/著,张万伟/译,中信出版社。

14.《游戏颠覆者》,[美国]雷福礼、查兰/著,辛弘、石超艺/译,机械工业出版社。

15.《真北:125位全球顶尖领袖的领导力告白》,[美国]比尔·乔治、[美国]彼得·西蒙斯/著,刘祥亚/译,广东经济出版社。

16.《再联想》,张小平/著,机械工业出版社。

(二)企业管理类

17.《创新者的窘境》,[美国]克莱顿·克里斯坦森/著,胡建桥/译,中信出版社。

18.《管理:使命、责任、实务》(使命篇),[美国]彼得·德鲁克/著,王永贵/译,机械工业出版社。

19.《管理心智》,朱永新/主编,经济管理出版社。

20.《基业长青》,[美国]吉姆·柯林斯 等/著,真如/译,俞利军/审校,中信出版社。

21.《奖励的惩罚》,[美国]埃尔菲·艾恩/著,程寅、艾斐/译,上海三联书店。

22.《企业的人性面》,[美国]麦格雷戈/著,[美国]格尔圣菲尔德/注释,韩卉/译,中国人民大学出版社。

23.《商业生态学》,[美国]保罗·霍肯/著,夏善晨、余继英、方堃/译,上海译文出版社。

24.《未来企业之路》,[美国]伯曼 等/著,华晓亮、冯月圻/编译,北京大学出版社。
25.《以人为本的企业》,〔印度〕苏曼德拉·戈沙尔、〔美国〕巴特利特/著,苏月/译,中国人民大学出版社。
26.《追求卓越》,〔美国〕汤姆·彼得斯、罗伯特·沃特曼/著,胡玮珊/译,中信出版社。
27.《策略思维》,〔美国〕阿维纳什·K.迪克西特、巴里·J.奈尔伯夫/著,王尔山/译,中国人民大学出版社。
28.《蓝海战略》,〔韩国〕W.钱·金、〔韩国〕勒尼·莫博涅/著,吉宓/译,商务印书馆。
29.《别做正常的傻瓜》,奚恺元/著,机械工业出版社。
30.《定位》,〔美国〕艾·里斯、〔美国〕杰克·特劳特/著,谢伟山、苑爱冬/译,机械工业出版社。
31.《模仿的力量》,〔美国〕石家安/著,吴进操/译,机械工业出版社。
32.《管理的常识》,陈春花/著,机械工业出版社。

(三)与经济有关的企业家素质类

33.《中国模式:经验与困局》,郑永年/著,浙江人民出版社。
34.《非均衡的中国经济》,厉以宁/著,中国大百科全书出版社。
35.《金融的逻辑》,陈志武/著,国际文化出版公司。
36.《生活中的经济学》,茅于轼/著,暨南大学出版社。
37.《经济学原理》(第6版,宏观、微观经济学2册),〔美国〕N.格里高利·曼昆/著,梁小民、梁砾/译,北京大学出版社。
38.《国富论》,〔英国〕亚当·斯密/著,郭大力、王亚南/译,上海三联书店。
39.《经济思想史》(第四版),〔美国〕哈里·兰德雷斯、大卫·C.柯南德尔/著,周文/译,人民邮电出版社。
40.《门口的野蛮人:史上最强悍的资本收购》,〔美国〕布赖恩·伯勒、约翰·希利亚尔/著,张振华/译,机械工业出版社。
41.《伟大的博弈》,〔美国〕约翰·S.戈登/著,祁斌/译,中信出版社。
42.《资本的秘密》,〔美国〕赫尔南多·德·索托/著,于海生/译,华夏出版社。
43.《价值的起源》,〔美国〕戈兹曼、罗文霍斯特/编著,王宇、王文玉/译,万卷出版公司。
44.《如何改变世界:社会企业家与新思想的威力》,〔美国〕戴维·伯恩斯坦/

著,吴士宏/译,新星出版社。

(四)创业者素质与企业家素质类

45.《追寻生命的意义》,[奥地利]维克多·E.弗兰克尔/著,何忠强、杨凤池/译,新华出版社。

46.《世界上最伟大的推销员》,[美国]奥格·曼狄诺/著,安辽/译,世界知识出版社。

47.《创业者:全世界最成功的技术公司初创的故事》,[美国]利文斯顿/著,夏吉敏 等/译,机械工业出版社。

48.《管理技艺之精髓》,[奥地利]弗雷德蒙德·马利克/著,刘斌/译,机械工业出版社。

49.《君主论》,[意大利]马基雅维里/著,潘汉典/译,商务印书馆。

50.《高难度谈话》,[美国]道格拉斯·斯通 等/著,王甜甜/译,中国城市出版社。

51.《街头生意经:MBA课堂不会教你的》,[美国]诺姆·布罗茨基、博林翰/著,李瑜偲/译,中信出版社。

52.《蚯蚓创业记》,[美国]汤姆·萨基/著,王哲/译,中国人民大学出版社。

(五)与社科人文相关的企业家素质类

53.《中国历代政治得失》,钱穆/著,生活·读书·新知三联书店。

54.《社会契约论》,[法国]卢梭/著,李平沤/译,商务印书馆。

55.《法律之门》(第八版),[美国]博西格诺 等/著,邓子滨/译,华夏出版社。

56.《哲学的后门阶梯》,[德国]威廉·魏施德/著,吴秦风/译,中国商业出版社。

57.《公正》,[美国]迈克尔·桑德尔/著,朱慧玲/译,中信出版社。

58.《论语别裁》,南怀瑾/著述,复旦大学出版社。

59.《菜根谭》,洪应明/著,欧阳居士/注,中国画报出版社。

60.《重新发现社会》,熊培云/著,新星出版社。

61.《房间里的大象:生活中的沉默和否认》,[美国]伊维塔·泽鲁巴维尔/著,胡缠/译,重庆大学出版社。

62.《狂热分子》,[美国]埃里克·霍弗/著,梁永安/译,广西师范大学出版社。

63.《守卫底线:转型社会生活的基础秩序》,孙立平/著,社会科学文献出版社。

64.《乡土中国》，费孝通/著，上海人民出版社。
65.《影响力》，[美国]罗伯特·西奥迪尼/著，闾佳/译，万卷出版公司。
66.《历史深处的忧虑》(第三版)，林达/著，生活·读书·新知三联书店。
67.《潜规则：中国历史中的真实游戏》(修订版)，吴思/著，复旦大学出版社。
68.《中国人史纲》，柏杨/著，人民文学出版社。
69.《先秦诸子百家争鸣》，易中天/著，上海文艺出版社。
70.《曾国藩》，唐浩明/著，北京出版社。

> 学科书目为学科架起阅读的钢筋铁骨

目前,阅读的重要性已经为越来越多的人所认识。但国内基本上没有学科阅读,缺少学科阅读已经产生了许多不良现象。从中小学生的阅读内容来看,阅读的"偏食"情况仍然比较严重,因此学科书目研制有着特殊的价值与意义。

第一,研制学科书目,是深化阅读效果,进一步推动全民阅读的重要举措。近年来,全民阅读已经轰轰烈烈地开展起来。在已有的局面下,要想让阅读取得更好的效果,必须对阅读的各个方面进行进一步的细化研究。"读什么"和"怎么读",是研究阅读两个绕不开的问题。研制学科书目,解决了各个学科应该读什么的问题。

新阅读研究所在组织研制《中国中小学学科阅读基础书目》时,初步考虑小学语文、数学、英语、科学、历史、艺术、生命等几个学科,中学语文、数学、英语、物理、化学、历史、地理、政治、生命、艺术等10个学科。

第二,研制学科书目,是提升国民素养和阅读能力的重要方法。如果说《中国人基础阅读书目》是为了让不同群体的中国人拥有不同类型的基本素养,那么学科书目是在《中国人基础阅读书目》上的深度研发。阅读能力,就是一种自学能力。通过对学科书目的阅读,能进一步把阅读向专业阅读推进,提高阅读能力,从而提高整体的国民素养。

第三，研制学科书目，是培养跨学科人才的重要途径。目前，因中小学的课程设置复杂繁多，所以相关部门提出了学科整合的改革取向。整合的方式一般采取学科合并，最明显的方式就是高考试卷的理综文综。这种整合的想法固然很好，但几年下来整合效果并不理想。这是因为，教材是专业人才的作品，比如数学教材肯定是一群数学专家在研究，语文教材一定是语文专家在做。把教材的研制工作放到学校，让每天上课的教师去整合，这显然有点不近人情。所以，一般学校所进行的学科整合教学都是人为地整合，非自然地整合。要想自然地整合就必须在学科与学科之间架起一座相互连接的桥梁，而这个桥梁就是阅读，因为书籍本身就是一个很好的整合体。

当我们解决问题时，会发现几乎所有问题都需要综合知识。因此，我们一方面越来越强调合作，另一方面也越来越呼唤跨学科人才。所以，到了信息时代，我们越来越重视学习力，而不重视学历。通过对学科书目推荐图书的阅读，读者可以轻松地架构起新的知识体系。

第四，研制学科书目，是发掘知识自身魅力的重要手段。书目的推荐与研制要分科，一是因为学校的主体课程依然是分科教学；二是因为社会分工越来越细，这是人类生活状态的走向。最重要的，是因为新教育实验特别强调要发掘知识自身的魅力，强调老师和学生共同朝向知识，朝向真理，并肩探索。就某一个领域的学习来说，有必要打开一个更广阔的视野。

以数学举例。如果一位数学老师在本学科内缺少开阔的视野，就很难超越技术层面而抵达数学思想的境界。这当然怪不得老师们，就小学数学老师而言，学会了四则运算和初步的几何图形知识就完全可以应付小学6年的数学教学。如果把方程组、函数之类的知识带给小学生，那就是超纲。再多的数学知识在小学阶段毫无用处。数学教学唯一的魅力，变成了解决问题的愉悦。孩子们做了一道题，再做一道题，问题一个一个地解决，精神上在这种自我设置的愉悦中得到了满足。但是这种愉悦是思考完成的愉悦，只是因为对数学思考而产生，而不是因为数学本身的魅力。数学之所以没有产生魅力，是因为数学视野只局限于教材之内。而这种限制并不是因为数学老师不优秀，而是自童年起，数学的阅读就已经缺失了。以至于数学老师更多显示出来的是匠气，而不是数学之师的气质。学数学的孩子自然也就是学了"算术"，却没有学到"数之学"。

第五，研制学科书目，是促进学生健康成长的重要途径。首先，学科阅读能够激发学生学科学习的好奇心与求知欲。问号就是打开未知世界的钥匙。爱迪生说："惊奇就是科学的种子。"对于中小学生而言，走进大自然、博物馆探索科学的奥秘当然很重要，但由于时间、空间、物力、财力和人感觉能力的限制，很难以一己之力对世界进行全面的、直接的感受。因此，通过学科阅读，借助各个学科科学家、艺术家的慧眼，阅读他们的著作，我们可以看到一个新的世界。

其次，学科阅读能够帮助学生寻找人生榜样，科学确立志向。学科阅读不仅是读各个学科的科学普及著作和相关文献，也包括阅读各个学科的先贤和大师的人物传记。对于中小学生来说，阅读一些关于科学家、艺术家等各类人物的传记是非常重要的。

按照新教育实验的生命叙事理论，每个人都是自己的生命故事的主人翁，也是自己生命故事的作者。能否把自己的生命写成一部伟大的传奇，在很大程度上取决于我们能否为自己寻找生命的原型、人生的榜样。

再次，学科阅读能够推进学生拓展学科视野，理解学科本质。中小学学科学习的主要材料是教科书和教辅书。教科书只是对学科的基本知识和成果进行综合归纳和系统阐述，具有全面、系统、准确的特征。但是，教科书只是学科的"压缩饼干"，由于篇幅的限制，提纲挈领，可读性不是很强。要真正理解教科书，拓宽知识面，把握学科的本质，学科阅读就显得非常重要。

在中小学生的精神成长中，特别需要精神养分搭配全面的、成体系的阅读产品，无论是数学、科学乃至音乐、美术等不同学科，都需要借助阅读这一抓手，才能实现学科学习的深入有效，才能实现学科与学科之间的彼此融合，举一反三。

关于阅读时间问题，我一直认为，重要的事情总是有时间做的，关键是真正认识到学科阅读的意义。磨刀不误砍柴工，学科阅读比机械地重复练习更能够提高学业成绩，是已经被大量案例证明的事实。

我也提出要通过媒体、教育部门加强对学科阅读的宣传，让中小学生了解到学科阅读的重要性，认识到学科阅读是走进学科本质的最佳路径，从而主动进行相关探索；要组织团结更多的社会力量和专家，吸引社会各界注意，广泛参与，为学科阅读体系的建立添砖加瓦。调动更多人参与到学科阅读的研究和推广中来，既是集思广益的过程，又是推广全民阅读工作基础上的深化和细化。其中最关键的是学科教师本身对于学科阅读价值的认识。如果没有学科老师对于学科阅读的热爱，学科书目是很难真正发挥作用的。所以，学科阅读的关键还是所有的科任老师应该成为真正的"领读者"。学科阅读从科任老师开始，跨学科阅读更是从科任老师的本职和兴趣开始，这正是开展学科阅读和跨学科阅读的关键所在。

学科书目的研制，是为读者奠定了一座高楼大厦的地基，甚至是提供了钢筋铁骨。学科书目，就相当于学科知识的地基、学科知识的骨架。读者通过对不同学科图书的阅读，可以轻松建构起相应学科的整体知识架构，从而方便接下来的添砖加瓦。

第三章

阅读,从儿童开始:今天我们应该怎么读书?

格林说,所有的童书都是预言书。早期阅读对人们的影响无疑是刻骨铭心的,是塑造精神趣味与人格倾向的。我们要用儿童阅读让儿童的精神世界变得更为美丽,也要用儿童阅读去塑造儿童美好的人格,更要用儿童阅读去创造一个民族美丽的未来。

> 阅读，从儿童开始

儿童阅读，是我们经常挂在嘴边的词语，但是，我们能够真正有效地行动吗？

我曾经说过，童年的长度决定了国家的高度。同理，我们还可以说，儿童阅读的深度决定了民族精神的高度，从这个意义上说，儿童阅读决定着民族未来。

所以，我们必须重新认识儿童，关注儿童阅读。我认为，儿童不仅是一种生理上的年龄，更是一种心理上的状态。

关于儿童阅读的意义与方法，已经有许多文献论述了。这里，我想用我曾经提出的"成长六字诀"，即"信、望、爱、学、思、恒"六个字，从六个纬度来谈一些自己的思考。

第一个字，信。

在儿童阅读之中，信，应该放在第一位，因为，这个字，决定了儿童的精神底色。信，有两个主要含义：一是要相信儿童，相信阅读；二是要通过阅读培养儿童对世界、对人的根本信任。

对于成年人来说，某些东西是难于把握和经不起推敲的，比如这个"信"字。在成人的世界中，我们囿于种种我们自己深信不疑的原因，常常会回避、逃避，甚至扭曲它。我们经常会一叶蔽目，对人性、对世界充满不信任。

然而，儿童的世界，却总能充分把握这个主题。从小马过河，到咕咚来了；从皇帝的新装，到快乐王子；从诚信，到信仰；儿童总能用某种单纯、真挚的方式进行独特而清晰的解读。儿童对所信的纯粹、坚定，是我们的精神文明中最宝贵的财富。

蒙台梭利曾经说过，儿童是成人制造出来的。在成年人的世界里，只有成人的逻辑，没有儿童的逻辑。儿童的逻辑与成人的逻辑越是相近，儿童的天性也就越被压制，成长的空间就越小。

所以，具体到当下的儿童阅读，我们如何才能够遴选出最能真正代表中华文明之丰富多彩的优秀传统文化，使得儿童能够在童年时期，对我们的文化产生信任，产生信赖，产生信仰，这是儿童阅读不可回避的课题。

与此同时，如何让儿童在文化自信的基础之上，建立起对周围世界、对人类未来的根本信任，这是时代给我们抛出的另一个重要课题。

第二个字，望。

在儿童阅读之中，望，也有两个方面的意义：其一，是激发儿童的阅读愿望；其二，是通过阅读帮助儿童构建希望，形成人生的理想。

在成年人的世界里，我们更多的是用受伤过、痛过、失望过作为理由，从此对望若即若离，不再珍视；从此对理想不再憧憬，不再追寻。而在儿童的世界里，望，永恒存在，始终照亮生命。

好奇心是一把打开未知世界的钥匙,也是阅读最重要的动力。满足好奇心是发展好奇心最有效的路径之一,知道自己不知道是让自己知道得更多的最深刻诱因。只要对世界充满好奇,自己就会去寻找答案,就会走进书籍的世界。所以,满足好奇心是激发儿童阅读愿望最重要的秘诀。

孩子是由大人牵手进入阅读的世界的,无论是自觉的引导,还是无意的带进,大人在孩子阅读方面的作用无论怎么评价也不为过。孩子爱读书的背后往往有爱读书的父母。儿童是通过榜样来学习的。对孩子说一百遍"给我读书",不如自己捧起书本读给孩子看,更不如与孩子一起读书。这也是新教育强调亲子共读的原因。大人读书时专注的神态和满足的表情,大人之间讨论书中的人物与故事,亲子之间交流共读的心得,这些做法会比简单地把书丢给孩子去读,或者直接把书"喂给孩子",更能够把孩子带进阅读的世界。

绝大多数人都是通过听故事走进书本的世界,从而成为读者的。许多孩子因为喜欢书中的故事,慢慢认识了书中的文字,又借助这些文字,慢慢走进了其他书籍,发现了新的故事。所以,儿童阅读其实不是从自己独立的阅读开始,而是从"听读"开始的。父母要把讲故事作为激发儿童阅读愿望的重要方法。

对于儿童而言,阅读是帮助他们认识世界,形成对人生、对未来的基本态度和价值观的最主要的路径。在阅读之中,要给予他们更多的光芒,这种光芒与儿童的内心交相辉映。它产生一种蓬勃的希望,将成为改变世界的力量。它将会引领我们不断地向前。因此,选择儿童图书,重要的是从这个积极的角度进行选择。引导儿童阅读,也要从这个积极方向,进行引领。

第三个字,爱。

儿童爱自然、爱生命、爱自由,爱提问、爱思考……简单地说,儿童热爱世界,因此儿童热爱一切。

我们在儿童阅读中,特别强调培养儿童对于阅读的挚爱,以及通过儿童阅读保持和发展儿童对世界的热爱。

从儿童的天性来看,没有人是不喜欢听故事的,没有人是不爱阅读的。关键是我们如何找到他们喜欢的书。就像我们早期着迷的食物大致显示了我们的躯体特征一样,我们的精神气质多多少少与早期的阅读有关。这是一个互为依赖、互为作用的过程。我们吃过的东西(读过的书)在塑造了胃口的同时也塑造了自己。选择怎样的书,就会培养出怎样的读者。要让孩子真正热爱阅读,首先要选择能够真正打动他们的心灵,既有意义又有意思的书籍。

苏霍姆林斯基曾经说过,一个真正的人应当在灵魂深处有一份精神宝藏,那就是他曾通宵达旦地读过一两百本伟大的书。其实他说的正是青年时代的这种阅读,纯粹,沉醉,通宵达旦,没有功利色彩,这种感觉如爱情一样深刻地影响一生。而这种对于阅读的挚爱,正是儿童时期对阅读兴趣、阅读习惯与阅读能力的培养。

当然,阅读本身也是培养儿童对世界的爱的情感的重要源泉。作家周大新曾经说,向孩子们推荐书的时候,应该把握两个标准:第一这本书是否在传达爱,第二这本书是不是在告诉孩子什么东西是美。新教育在研制儿童书目的时候，就是按照真善美的标准来选择的，爱的情感，如同情、尊重、爱等，都是应该早早在儿童心中播下的善的种子。

没有谁是一座孤岛，每本书都是一个世界。正是因为书，我们和整个世界，和书里书外的世界与人物联系起来。我们在物质与精神的世界中穿梭而行，书把我们心中的美好唤醒。在儿童阅读的过程之中，要注意感性的共鸣和理性的反思兼备。这就是智慧爱的阅读法，这样的过程，也就能够让儿童在阅读之中产生更多收获。

或者更简单地说，爱就是要让儿童和世界之间，和世界上的无论图书、人们之间产生关联，产生情感的共鸣，从而由情入理，推动儿童阅读的发展，进而推动儿童身心的发展。

第四个字，学。

一个学字，难倒了千千万万的成年人。这也许是因为成年人的世界，过于重视功利化，而忽视了学的过程本身的结果。

在这个意义上，成年人需要借鉴儿童的思维：学是本能，是天性，是一种与生活和自然相处的方式。

蒙台梭利说过，儿童有一种未知的力量。几千年来，儿童真正的创造力和潜能一直没有得到重视，"这些没被采摘的果实具有极大的价值，它们的珍贵甚至胜过金子，因为它们是属于人类精神世界的财富"。蒙台梭利曾经用"有吸收力的心灵"来形容儿童强大的学习能力与成长能力，我们可以把儿童的大脑设想成一个强大的吸收器，对于外部世界的所有一切，儿童不费吹灰之力就可以吸收到大脑之中、心灵之中。在从新生儿到幼儿的短短几年中，儿童掌握了世界上最为复杂的语言和思维，获得了无数的知识和技能，这些看起来有点不可思议，但对于儿童却是如此自然。

学，从某种意义上，其实指的就是阅读本身。阅读能力，就是最重要的学习力。之所以我们如此倡导儿童阅读，是因为我们在儿童时期养成的这种学习力，它不仅仅是一种能力，同时还是一种习惯。也就是说，一个热爱阅读的儿童，不会成为一个厌倦学习的成人，这也就意味着，在信息时代，在这样一个必须终身学习的时代里，掌握了安身立命最重要的根本能力。因此，我们如何强调儿童阅读，都不为过。

人类几千年来创造的知识智慧与伟大思想都在那些最伟大的著作中。把最美好的东西给最美丽的童年，对于培养阅读兴趣与学习能力具有非常重要的作用。阅读也是要有品位的，就像饮食，好的食物品尝多了，自然就对垃圾食品不感兴趣了；好的作品读多了，自然就知道什么才是伟大的作品，就会寻求那些美好的书籍。

好书不厌百回读。对于有些重要的经典，是需要反复多次阅读的。读书就是交朋友，第一次是认识新朋友，第二次就是再见老朋友。每一次见面，就会加深一次印象，增添一分友谊。所以，在童年的时期，应该尽可能让孩子与那些最伟大的经典相遇。

阅读是学习最主要的路径。对于学习而言，仅仅做一名读者是不够的，要检验学习的成效和阅读的结果，说话与写作是一种行之有效的做法，即把自己阅读的东西说出来和写出来，能够清晰地说出来，清楚地写出来，才表明真正理解了。而这与下面的第五点关系就非常密切了。

第五个字，思。

成年人经常宣称自己理解和尊重一切人的发展规律，却没有意识到自己并不了解儿童，而且已经在无意识中压抑了自己与儿童的发展。

我们本可以做得更好，如果我们可以经常反思。儿童在思考这一点上，最容易被成年人诟病。可事实上，当我们从感性的角度，把儿童称为天生的诗人时，也应该从理性的角度，把儿童称为天生的哲学家。这是因为儿童所思考的，通常都是人类最本质的问题。这些问题很宏大，并不是日常生活之中时常所见的问题，这些问题往往被成人忽视，提问的儿童也同样没有受到重视。所以，这里说的思，主要是指让儿童在阅读的过程中善于提问、思考，并且通过阅读培养儿童的批判性思维。

读书不是为了记忆，不是为了让儿童成为一个会走动的"书橱"。读书是为了让儿童活得更加明白，为了让他们知道有一个更加精彩的世界。学而不思则罔，思而不学则殆。有了思考的阅读，才是真正的深度阅读。儿童只有在阅读之中独立思考，才能够让自己的精神世界有深度，才能够让我们的民族有高度。

因此，我们常常很关注读什么书，却常常忽视了怎么读。这正是因为我们自身对于"怎么读"会导致怎样的思考，没有进行足够的研究。我们最容易陷入用成人意志代替、压抑儿童意志的误区。只有深切认识到这一点，才能解放儿童，从而迅速有力地真正推动儿童阅读不仅往广度上拓展，同时往深度上发展。

为了培养儿童的思考力，选择一些有挑战性的书籍是非常必要的。有些书读起来明白晓畅毫不费力，但对儿童来说只是增加一些信息量，或经历了一次娱乐生活而已。有些书读起来却有些费力，甚至是艰难，但是恰恰是这些书，会挑战和提升儿童的理解力。当然，这种难度的恰到好处是很重要的，不能让儿童望而生畏。

善于提问的主动阅读，是培养思考能力的重要方法。自发自主的阅读，会培养孩子的探索精神和怀疑精神。因为，书籍打开了一个个通向世界的窗户，每扇窗户的风景都不相同。孩子慢慢就会懂得欣赏、比较、分析，从而形成自己的思想。美国学者艾德勒说："阅读时越主动，就读得越好。所谓主动阅读，也就是能提出问题来。"主动与被动地阅读，和积极与消极地工作一样，结果是完全不同的。主动地阅读，头脑会像一盏聚焦灯，会自觉梳理阅读的内容，把握内在的逻辑，厘清各种关系。提出问题，就是主动阅读的办法，会让阅读更有方向。

第六个字，恒。

儿童阅读的"恒"，也有两层意思：一是读书要有恒心，二是要通过坚持阅读培养儿童意志力，培养儿童的韧性。

出于身心发育的特点，儿童对于自己感兴趣的事物会极度专注、异常痴迷，但是对于自己眼下不感兴趣的事物，便会显得烦躁不安、无法坚持。所以,"恒"是离童年稍远的一个品质,需要经过时光的锻造。

而阅读恰恰是一个滴水穿石的过程。在当下五光十色的世界里,静静地读一本书,所需要的耐心远远超过了看电影、玩游戏等各种娱乐。

在这样的现状下,一方面,我们用电影课等新的手段、新的方式,吸引儿童阅读,丰富儿童阅读,激发他们的阅读兴趣,培养他们的阅读能力;另一方面,成人毫无疑问将要对儿童进行有效引导,以各种巧妙的方法进行各种"干预"。

我曾经写过一篇文章叫《父亲的礼物》,讲述了我的父亲在我童年时,每天早晨5点左右强迫我起床练字的事。这样的经历培养了我持之以恒的早起习惯,虽然没有让我成为书法家,却让我在时间上每天拥有两三个小时的专注高效的阅读与写作,得以不断发展自己。所以,在我本职的行政工作之外,我业余的学术研究也从来没有懈怠。

对于儿童来说,阅读也正是如此。一旦在外在干预下养成内在的阅读习惯,就是让阅读成为生活方式,就会让儿童受益终生。

当阅读成为儿童的生活方式时,我们要谈的就不再仅仅是阅读,而是如何让儿童更为全面地发展,让我们的艺术、运动、创造等各种事物,真正融合到儿童的生活之中,让儿童拥有幸福完整的童年生活,过一种幸福完整的教育生活,从而创造幸福完整的人生。

我相信，拥有幸福完整的童年与幸福完整的人生，这是每个父母希望看见的，是每个老师正在努力的，也是每个儿童应该享有的。就是为了这个神圣的目标，为了这样的一个美好而柔嫩、需要成人精心呵护的目标，我们今天聚在这里，再一次重复地、不厌其烦地回到儿童。

一个人的精神发育史就是他的阅读史，一个民族的精神境界取决于这个民族的阅读水平。只要还有一个儿童没有阅读，我们就会坚持不懈地说——阅读，从儿童开始。

> 我为什么喜欢儿童文学

说到儿童文学,先要从儿童读物说起。

我们常常习惯于把儿童所读的书,称为儿童读物。其实并非如此。并非所有童年阅读的书,就是儿童读物。即便到了今天,因为社会大众对阅读基础知识的了解还不够,阅读推广的力度还不够,我们如今还有很多儿童要么不爱阅读,要么哪怕捧起了书,也没有机会真正拥有适合他们的生理年龄、心理年龄的读物。

而我们新教育实验对儿童的定义,是采取国际通行的惯例,即从 0 到 18 岁的未成年人。所以,我们新教育通常所说的儿童阅读课程,其实指的是 0 到 18 岁的课程。

我们一次次地聚集,一年年地汇聚,我们不断回到儿童,回到儿童读物,并且把这个问题一再细化,试图通过务实地解析儿童阅读的一个个环节,最终形成一个让儿童浸润在童书之中的大环境,从而让千千万万的儿童有着不一样的童年,孕育出不一样的未来。

说到儿童读物,儿童文学当然是首先要提及的最重要一环。

有专家学者认为,文学是一切艺术作品的母体。而我更认同一点:文学就是人学,而儿童文学就是儿童精神生命的母体。

还记得在新阅读研究所研制第一份书目,也就是流传最为广泛的《中国小学生基础阅读书目》时,我们反反复复论证应该从哪些类别去为处于小学阶段的儿童搭配"精神食粮套餐",我们把推荐图书分为文学、科学、人文三大类,文学在其中占比最重。

同时,我们的书目围绕人与自我、人与家庭、人与社会、人与国家、人与自然、人与世界、人与历史、人与未来等八个价值领域,进行展开。看一看我们的八个领域就知道,每一个领域都离不开一个字:"人"。文学又称人学,这也是我们为什么在推荐给儿童的图书中,把文学放在首要位置的原因。

文学对人有着潜移默化的作用,对于身心正值发育期的儿童来说,儿童文学更是在育人上起着极其重要的作用。这种作用与教育密切相关,但是又不完全等同,或者我们可以把这种作用称之为一种大教育。

我为什么喜欢儿童文学?

当然,首先是因为教育的原因。

我一直说,一个人的精神发育史就是一个人的阅读史,一所不重视阅读的学校永远不可能有真正的教育。在教育的过程中,如果把阅读抓好了,教育也就抓好了一大半。如果一个孩子通过家庭教育、学校教育,真正爱上了读书、学会了读书,那么就掌握了自我教育的工具。所以,在教育工作中,我一直非常注重推动阅读。

推动阅读,就要从读什么开始。为了解决读什么的问题,我开始了书目的研制工作。

我真正开始接触儿童文学,是在20世纪90年代中期。从1995年开始,我组织一群专家学者研制了一份书目,为中小学教师、学生父母,当然也包括儿童,推荐适合他们的100种图书。也就是从那时起,我正式接触儿童文学,并且开始对文学作品进行比较深入的阅读。

其后,于2010年我们成立了新阅读研究所。这个研究所的重要工作之一,就是研制各种书目。作为一个公益机构,当然会在这个过程中遇到很多困难,但我一直鼓励我们新阅读研究所的同仁们,告诉他们:哪怕新阅读研究所其他什么事都不做,我们只是专心致志地研制书目,就够了。我认为,在信息时代,一份公正客观的书目,犹如一张详略得当的地图,它并不是人人都需要,却又是极其重要、非常有效的阅读工具。

所以,在我们新阅读研究所研制并发布的《中国人基础阅读书目》,就包括《中国幼儿基础阅读书目》《中国小学生基础阅读书目》《中国中学生基础阅读书目》。现在我们还在进行不同学科的书目研制,如小学、初中的语文、数学、外语、物理、化学等不同学科的书目。

除此之外,为了让更多的新书、好书走到人们面前,为了让更多的读者有一个公平公正的书目参考体系,也为了让我们的书目研制工作不断地深入和迭代,所以我们也发动了"中国童书榜"的评选和推介工作。我们每年从新出版的童书中,特别甄选出100种,为其中12本最佳童书颁奖,寓意着每个月都有一本好童书,希望更多的人以阅读作为自己的生活方式。

就在这个过程中,应该说出于从事教育的需要,我越来越深入地走进儿童文学阅读的这个领域,也越来越多地接触儿童文学。这一次我不仅阅读了大量的儿童文学作品,还记录了自己的点滴思考，并在微博上呈现出来。从2011年开始我就在微博上发表我阅读童书（其中主要是儿童文学作品）的感受，后来变成了有规律的每天一篇的阅读感受记录，这些年以来，我阅读了近两千本童书，也写了很多条微博。我把这个微博小栏目命名为《童书过眼录》，本来只是记录我自己的童书阅读情况，没想到有不少父母根据我的记录去购买童书，所以又在无意间成为进行阅读推广的一个平台。

当然，以上这一切，只是外在的原因。做一件事，如果仅仅是外在的原因，那么一个负责任的人虽然能够坚持，却难以在工作完成后，像我这样几年来始终对儿童文学有着持续跟进。

从我自己生命内在需求而言，即我喜欢儿童文学的第二个原因，是为了弥补自身儿童时期的阅读缺憾。

在我的童年，因为时代的原因，各种物质都很匮乏，精神食粮更是匮乏。我的童年别说读到真正的儿童文学作品，就是生活中一般的图书也很少见到。

不过，和我的其他同龄人相比，可能我还算是幸运儿。因为我的母亲在我们镇的招待所上班。那时我家没有自己的房子，父亲在乡村学校教书，周末才能回家。平时我和妹妹就借住在母亲的单位招待所里。母亲既是招待所的所长，又是会计、出纳、清洁工……承包了一切工作。我和两个妹妹都是招待所的小工作人员，义务劳动。这样的特殊境遇，让我能够接触到南来北往的客人。

这些客人见多识广，他们的人生经历比一般的成人要丰富得多，听他们说话、讲故事，本身就像在阅读一本生活的大书。

这些客人整天走南闯北，在旅途奔波的时刻又不像现在手机不离身，行李中时常少不了塞进一两本书。

我的母亲为人友善热情，这些客人对我们几个孩子也格外喜爱，我们就有幸经常吃到不同地方的特色美食，读到他们携带的不同图书。现在我还记得，那时拿到一本能够看得懂的图书之后，时常会彻夜不眠，因为客人通常只是住那么一个晚上就要离开，我必须连夜把书翻阅完毕。我自己也没有意识到，就这样我养成了一种快速浏览的阅读能力。直到进入大学之后，我之所以能够通过不断阅读而有所提高，不仅是因为受到当时老三届的优秀同学们的刺激，也是因为自己通过童年的阅读，有了阅读的童子功。

只是，在我的童年阅读生涯里，有一个非常大的遗憾：我当时读到的书籍，显然都是成人的书籍。

没有儿童文学滋养的童年是有缺憾的，尤其是当我深入研究儿童文学之后，我更是感觉到了这一点。

人们常说，书是忠诚的朋友。恐怕没有人不愿意找一位品性好的人做朋友或伴侣。或许，每个人对品德性格的要求不尽相同，但诚实、正直、善良、可靠、勇敢、心胸宽广等品质，一定是在哪里都会受欢迎的。从图书来说，以上这些品性，在儿童文学这类作品中，无疑体现得最为鲜明。

儿童文学就像是清晨的第一滴露珠，描绘的生活正是人生中最纯净的那一段。所有优秀的儿童文学作品所倡导的，没有一点不是成年人最为迫切呼吁的品质。所以，当我有机会大量接触到儿童文学作品时，尽管那时的我已经成年，可我还是满怀欣喜地投入到了这些作品的阅读之中。我享受阅读儿童文学的那些时光，不亚于我在阅读教育理论名著中得到的满足感。

我喜欢儿童文学的第三个理由，可能源自我对文学的喜爱。

我不知道有多少青年人有过作家梦。就我自己来说，我是真正做过一段时间的作家梦。

早在高中时期，我一度疯狂迷恋上了写作。还记得当时写了很多作品。其中有一篇《车轮滚滚》的小说，写完后自己非常自信，热血沸腾地投稿到了报社，尽管收到一封退稿信，但并没有改变我对文学的喜爱。

考大学的时候，我就是奔着我最钟情的文学去的。尽管当时老师们提醒我们读理科比文科"保险"，但是我还是把我最初的志愿填为南京大学中文系。

很可惜的是，大概正是因为我幼年缺少了儿童文学的滋养，最后我没有成为一位真正的作家。不过在我成人之后，在繁忙的事务工作中，我对文学的喜爱又一次得到了彰显，而且恰恰表现在对儿童文学的阅读上。

第四，我之所以喜爱儿童文学，也因为我在民进中央的本职工作，让我更深切地了解我的同行者。民主促进会是一个以文化、出版和教育为主的党派，参加民主促进会的儿童文学作家特别多。

安徽少年儿童出版社推出了我主编的"开明儿童文学书系"中，就有许多优秀作家的作品：赵丽宏的《童年河》《渔童》、童喜喜的《嘭嘭嘭》《影子翼》、黄蓓佳的《我要做个好孩子》《今天我是升旗手》、汤素兰的《阁楼精灵》《阿莲》、杨红樱的

《淘气包马小跳》《笑猫日记》等等。

通过阅读一个人的作品去了解这个人,是沟通交流中最简单、最直接、最省力的方式。尽管作品不能完全和人等同起来,但是,因为这样的阅读,因为这样的交流,可以更加深入地了解对方,对他们的精神世界有着更多的认知,这是一种非常美好的阅读体验。这种感受也让我对我们民进中央这样的一个组织充满了骄傲和自豪。我们民进中央的工作不仅仅有着民主党派的特色,还有着儿童的纯真快乐。

第五,阅读儿童文学,也是我和朋友进行心灵对话的一种方式。

正是因为越来越多地阅读儿童文学,并且从中得到了很多美好的阅读体验,所以阅读儿童文学不知不觉中成为我和朋友进行心灵对话的一种途径。

直到现在,我也说不清是因为结识了许多儿童文学作家朋友,才让我更加喜欢儿童文学,还是因为对儿童文学的喜爱,让我结识了越来越多的儿童文学作家朋友。比如著名的儿童文学作家、国际安徒生奖的得主曹文轩教授,我和他就儿童文学的创作和评论有着非常多的探讨。

这些对话,其实不再仅仅是一个教育研究者和一位儿童文学作家的对话,而是走进儿童文学作家的世界,与儿童文学作家这个大孩子进行心灵对话,也是通过作家的心灵之窗,从儿童的视角与世界对话,更是在心灵之间的碰撞和交流中,对人生价值与意义的重新厘清和追寻。

第六,最吸引我的理由,也是我为什么喜欢儿童文学最重要的一个理由,就是儿童文学自身的魅力吸引了我。

好的儿童文学作品,本身就是不朽的文学巨著。它和其他的作品一样,本质上也是超越时空并且超越年龄的,比如《小王子》《牧羊少年奇幻之旅》《夏洛的网》等,都是无数次感动我的作品。

这些儿童文学作品,以儿童的视角为切入点,揭示了人性之中最光明、最温暖,也是最值得人类去坚守和探险的一面。这样的文学作品,它不仅会成为一个孩子生命中的底色,而且当一个成年人在现实生活之中,因为追寻碰壁,因为遭遇挫折、失败感到痛苦甚至绝望的时刻,都将一次又一次鼓舞他站起身来,不停地向前走去。

中国人有一个词,用于赞扬生命的一种美好状态,叫"赤子之心"。我想,一个拥有赤子之心的人,应该是一个喜欢儿童文学的成年人。这样的一个人,他一定能够在漫长的人生旅途之中,汲取更多的力量;他一定能够在遇到困难时,有着更多的勇气;他也一定能够在得到成功时,还保存着对未知世界更多的好奇与探索的力量,因为这一切都是儿童的特质。这些特质是一个人生命中最本真的东西,而这些特质也集中地保存在那些优秀的儿童文学名著之中。

正因为这样,我可以把儿童文学归结为一种记录幸福、传播幸福的文学。新教育实验有一个宗旨:过一种幸福完整的教育生活。无论是流浪的三毛,还是哭泣的小美人鱼,无论是七十二变神通广大的孙悟空,还是不断努力想变成一个真正孩子的匹诺曹,几乎所有的儿童文学都在谈论幸福、歌颂幸福、追求幸福。就像比利时作家梅特林克的儿童文学作品《青鸟》传遍世界每个角落，也把幸福传遍世界，让这故事本身成为幸福的象征，我们也可以说，儿童文学把幸福传遍世界的每个角落，儿童文学已经成为幸福的象征。

在儿童阅读上，我们新阅读研究所一直呼喊着：把最美好的童书献给最美丽的童年。我们努力为每个儿童选择最适合他们的童书，从而把幸福传播给每个孩子。就像童书《青鸟》里的那句话一样："我们给人以幸福，自己才更接近幸福。"拿我自己来说，我就是在阅读儿童文学中，在和阅读推广的同好交流中，无数次感受到这种接近幸福甚至拥有幸福的时刻。我相信，大家在每一次和热爱阅读的孩子们相处的时光中，都能感受到这种无比的幸福。

喜欢儿童文学，如果细细列举理由，实在太多太多。归根结底，或许就是因为儿童文学最初制造了幸福、传播了幸福、带来了幸福，甚至它就是幸福本身的一种创作吧。而我很愿意把我所得到和感受到的幸福，大声告诉每个人。

所以，我不仅自己喜欢儿童文学，还特别期待有更多的人喜欢儿童文学，尤其是有更多的成年人喜欢儿童文学。今天来到这里的人们，我想，都是喜爱儿童文学的阅读推广人。我和大家一样，也是一个阅读推广人。希望我们通过自己亲身的体验，感受到儿童文学的魅力，从而把这种亲身体验的美好，更多地向儿童传播。

无论是在课堂上，还是在家庭里，把家庭作为一个广义的课堂，把大自然作为一个更辽阔的大课堂，都将意味着我们所有人，无论成人还是儿童，都能从文学化的儿童文学课堂里，得到更丰富的滋养，甚至让我们的精神生命得到更新。

通过我们这样的不断传播，我们将会让更多的成人也感受到儿童文学的美好，重新体会儿童的精神世界，从而更愉快地带领更多孩子们真正地阅读起来，真正地行动起来，以儿童文学阅读，共同筑造一个充满人文气息的幸福家园。

> 为什么纸质阅读很重要?

在各种讲演中,许多朋友经常问我,纸质书籍的阅读和网络媒体的阅读究竟哪个更好?我的回答是,在现代媒介发生如此巨大的变革的社会背景下,要拒绝网络阅读不仅是不可能的,也是没有必要的。但是,我们要注重儿童的纸质书籍阅读习惯的培养,因为纸质阅读有助于培养儿童的注意力和思考力。

如前所说,纸质阅读与网络阅读并不是水火不容的两种阅读方式。人类阅读的载体也是不断变化、不断发展的。从最早的摩崖石刻、结绳记事,到后来的竹简木刻、纸质图书,再到后来的电视电脑,阅读的形式与载体都发生了许多变化。

电视、电脑、移动终端等,不断把人们从传统的纸质阅读中拉走,电视的大屏、电脑的中屏和手机的小屏,让现代社会的阅读行为发生了深刻的变化。我曾经写过一篇文章《电视应该赎罪》,希望电视能够在黄金时间为阅读鼓与呼,把精彩的美文诗篇在黄金时段通过电视传播给观众。当然,那只是我的"一厢情愿"而已。

现在"低头族"已经成为社会的一道"风景线",纸质阅读的危机也再次凸显在我们面前。

网络阅读有其独特的功能和作用,不面对这个事实,就是掩耳盗铃。事实上,工具书的查找与阅读,新闻资料的查找与借阅,已经离不开网络。快速及时、效率高、检索方便、成本低廉、携带方便,以及有效利用碎片化时间等特点,使网络阅读逐步成为许多人尤其是年轻人的阅读方式。

但是,网络阅读也有其问题。最大的问题就是我在接受采访时提出的网络阅读对于专注力和思考力具有负面影响。

首先是对于专注力的影响。网络时代是一个"信息过剩而注意力稀缺"的时代。以网络为基础的当代经济的本质是"注意力经济",在网络时代,最重要的资源是注意力。我们知道,无论是电脑还是手机等终端产品,屏幕所呈现的内容往往跳跃性强,色彩鲜艳,会吸引和刺激人的眼球,从而分散人们的注意力。网络的超级链接让我们在一篇又一篇文章之间、一个又一个消息之间应接不暇,每一次点击,其实都是一次注意力的中断与转移。我们在进行网络阅读的过程中,注意力不断处于亢奋或者疲倦的转换之中,对于发育不够成熟的儿童来说,注意力与意志力处在成长关键期,过早地进行网络阅读,显然不利于他们相关能力的培养。这也是许多国外中产阶级家庭不让孩子看电视、上网,甚至不让孩子接触 iPad 等电子产品的原因所在。

其次是对于思维力的影响。在网络时代,我们处在一个信息不断涌来的海洋之中。碎片化的信息,让我们的思维也变得碎片化。有价值的信息与无用的信息交杂在一起,使我们淹没在信息的海洋之中。黑格尔曾经说过:在绝对的光明中与在绝对的黑暗中一样,什么也看不见。所以,我们需要厘清各种信息的真伪,需要过滤无用的信息,需要付出更多处理信息的时间与精力。

我们知道，思维品质反映了人们的智力或思维水平，主要包括深刻性、灵活性、独创性、批判性、敏捷性和系统性六个方面。以思维深刻性为例。思维的深刻性，即思维活动的抽象程度和逻辑水平，涉及思维活动的广度、深度和难度。这是一个去粗取精、去伪存真，由此及彼、由表及里，抓住事物的本质与内在联系，发现事物的规律性的过程。这个过程是一个理性的、冷静的、深入反刍的过程，需要集中才能突破。网络阅读容易向广度无限扩展，恰恰限制了这一点集中，不是提高思维深刻性的最佳阅读方式。因此，网络阅读有其利也就有其弊，在某些方面会使思维发展受到限制。

当然，我不是说电脑的阅读或者移动终端的阅读、电子书的阅读不能够培养思维的深刻性，而是说与纸质阅读相比其难度更大，不要说中小学生，就是一个成年人，在网络面前，也很难抵制各种"标题党"的诱惑和各种汹涌而来的信息的诱惑。对于成长中的中小学生，如果在阅读能力养成的关键时期，过早投入到网络阅读之中，就更难养成注意力的集中、思维的深刻性等相关能力品质。

因此，在童年尽可能让孩子们养成纸质阅读的习惯与能力，在此基础之上，再让他们了解和掌握网络阅读的方法，将网络作为一个有效的工具来使用，及时查询知识，了解新闻信息等等，并形成控制上网时间等良好习惯，是一种既顺应发展，又确保根基的良好阅读方法。

> 朗读者，读出时代心声

我曾经有幸参加了《朗读者》的新书读者分享会，深感"朗读者"这个词，无论作为一档电视节目还是作为一本图书，都已超出本身的意义，具有了特别的力量。电视、书籍这两种不同的载体，通过阅读、通过朗读者联系起来，将现代传媒与心灵需求结合，是一件应该点赞的事情。

多年前，我曾写过一篇文章，提到电视的出现，让许多人在夜晚远离了书桌、疏远了书籍。那时我就呼吁，电视应该把黄金时段留给阅读，我们应该通过电视把那些最伟大的思想、最美好的诗篇、最优秀的著作介绍给成长中的孩子，给最需要精神营养的青少年，给需要过精神生活的成年人。在《中国诗词大会》《朗读者》等电视栏目中，我看见了自己的这个梦想在慢慢变成现实。

许渊冲先生在《朗读者》一书的序言里说，人生最大的乐趣是发现美、创造美，这个乐趣是取之不尽用之不竭的，而美的乐趣来自阅读这些名篇佳作。是的，阅读不仅让人享受美，也是人之所以为文明人的一个根本。人，是这个星球上唯一能够用文字记录自己的生活与智慧，唯一能够通过阅读充盈自己的心灵、丰富自己的精神世界的生物。一个人的精神发育史就是他的阅读史，一个民族的精神境界也取决于这个民族的阅读水平。

正是基于这样的认识，17年前我发起新教育实验，就把阅读作为教育的抓手，把营造书香校园作为学校的基石，把建设书香中国作为新教育人的使命。我们还召开了中国首届领读者大会，将喜爱阅读的同行者请至现场，共同交流探讨。

领读者，就是阅读推广人，就是愿意带领大家一起阅读的人。如果说，读书是一件幸福的事情，那么领读则是在创造着幸福；如果说，读者是一个美好的身份，那么领读者则是传播美好的人；如果说，读书是一件快乐的事情，那么领读则是双重的快乐；如果说，读者是一个美丽的称呼，那么领读者则拥有双份的美丽。朗读者，其实也是领读者，而且是借助了现代媒体的力量，用智慧的方式更为有效地传播，从而说出时代心声的人。通过《朗读者》，很多人成为我们这个时代的领读者，这也是领读者的骄傲。

现在，阅读所面临的形势仍然不容乐观。除了电视这个大屏以外，我们同时还面临着另外两个屏幕的冲击——手机的小屏和电脑的中屏。当网络时代信息汹涌而来，"低头族"越来越多，阅读日渐碎片化。如何回归真正的阅读，让浮躁的心灵有安顿的地方，仍然是我们这个时代的重要课题。

所以，我们希望有更多的人成为领读者，用更多方法、在更多平台，创作出更多像《朗读者》这样的节目和作品，让人领略阅读的快乐、发现书籍的美好，一起为建设书香中国而努力。

> 做书的主人

《教师月刊》主编林茶居曾给我写过一封信。他在信中说,阅读的重要性,阅读对于人的精神成长的意义,怎么强调都不为过。同时应该注意的是,也要避免陷入"书本崇拜"和"唯阅读主义",也就是不要把阅读"神化"、绝对化。

"仗义每从屠狗辈,负心多是读书人。"这是明代学者曹学佺的诗句,读来真是让人心有戚戚。当然,此处"读书人"中的"读书"和今天我们所说的"阅读",两者的价值内涵和意义旨趣是存在差异的,但无法否认,确实有人因为读书,因为阅读,把"心"读"坏"了。

对于林茶居的来信,我想了很多。作为国家全民阅读形象大使,这些年来一直在全国各地为阅读鼓与呼,我从来都是宣传阅读的价值与意义,还真的没有认真想过阅读可能导致的误区和问题。所以,他信中谈到的阅读社会学问题,还真是提醒了我。

他的来信提出了两个重要的问题:一个就是阅读要避免陷入"书本崇拜"和"唯阅读主义",把阅读神化、绝对化的问题;另外一个就是防止因为阅读把"心"读"坏"了,防止坏书对人的负面影响的问题。这两个问题的确值得思考和研究,也应该在推广全民阅读过程中尽可能避免。

关于防止"唯阅读主义"的问题。尽管前人早已有"开卷有益"的古训,但我们的老祖宗也有"尽信书不如无书"的告诫,更有"读书贵有疑"精神的倡导。其实,只相信书本上说的东西,本身就是人不成熟的表现。

在一个人的人生发展历程中,从最初迷信父母("我爸爸妈妈说的!")、迷信老师("老师说的!")到后来迷信书本("书上说的!"),再到相信自己("我说的!")与怀疑精神("谁说的?"),是一个从盲从走向理性的过程。所以,学会怀疑,本身就是阅读的基本方法、基本要义。

宋代教育家朱熹把怀疑作为阅读方法的重要内容。他说:"读书无疑者须教有疑,有疑者却要无疑,到这里方是长进。"也就是说,读书要学会提出问题,有了问题就要追究下去,直至把疑问解决。明代学者陈献章更是把有没有疑问、有怎样的疑问,作为阅读是否有成效的标志:"前辈谓学者有疑,小疑则小进,大疑则大进。疑者,觉悟之机也。一番觉悟,一番长进。"他认为,善于提出问题,才是真正的"觉悟之机",也才是一个人进步的真正契机。

的确,智者千虑必有一失,再伟大的著作有时也会有错误。如果把书中的每一句话都当作真理,每一个论断都当作圣旨,就很容易犯本本主义、教条主义的错误,就会成为"两脚书橱",就会被书籍牵着鼻子走。明代著名地理学家徐霞客在读《禹贡》一书时,对书中"岷山导江"的说法产生了怀疑。后来,他通过实地考察,亲身探寻长江源头,终于作出了金沙江是长江上游的新结论,纠正了前代地理学著作中的错误。实践是检验真理的标准。善读书,就要善疑问,善实践,知行合一。

这样就不会把阅读神化、绝对化，就会尊重劳动人民的智慧，尊重通过实践得到的知识。

关于"把心读坏"的问题。林茶居引用了"仗义每从屠狗辈，负心多是读书人"，一个颇为有趣的典故。说的是明代学者曹学佺赴任广西右参议之后，碰到了一起官司。一天皇亲放出斗犬撕咬路人，一秀才奔跑不及，在命丧狗口之际被一杀猪佬相救。皇亲把屠夫捆绑起来连同死狗一起送到官府，要曹学佺判他死罪给狗偿命。结果曹学佺毫不畏惧皇亲宗室，判屠夫无罪。皇亲感到脸面不保，暗中重金贿赂并威逼恐吓秀才改口供，说他自己和斗犬在玩闹嬉戏，是屠夫无由杀了斗犬，要求重新审理。曹学佺勃然大怒，重判屠夫无罪；秀才因为与狗相好、认狗作友、恩将仇报，革去功名，给皇亲当狗！并在案卷上愤然写下了这副"仗义每从屠狗辈，负心多是读书人"的千古名联。

由此自然可以看出，这个故事和结论都是个案，不能够据此就得出天下读书人都不如屠夫的结论。但是，这里引发一个新的问题，那就是：什么样的书会把人的心读坏？并不是所有的书都是人的精神食粮，能够滋养人的心灵。那些不好的书可能成为精神毒药。英国作家菲尔丁说："不好的书也像不好的朋友一样，可能会把你戕害。"止庵先生也说："读一本坏书就像去垃圾场转了一圈，而你却认为自己是去旅游了一趟。"

"人是他自己食物的产物。"读什么，我们就会成为什么。阅读的高度决定了我们精神的高度。

当然，人不是被动地接受书籍的。三观不正的人，读好书也可能读出问题；善于阅读的人，读坏书也不会深受毒害。关键还是我们自己用什么样的态度去读书。一方面，我们要学会与那些伟大的书籍对话，汲取大师的人生智慧；另一方面，我们也要善于怀疑，警惕自己随波逐流，人云亦云。掌握这两点，真正成为书的主人，自然就能正面发挥阅读的价值，度过有意义的人生。

> 培养鉴赏者是文艺繁荣的重要路径

在当下,有以下几个数据值得关注:

第一,2016年第十三次全国国民阅读调查显示,2015年我国人均纸质图书阅读量为4.58本(全世界每年阅读书籍数量排名第一的是犹太人,平均每人每年读书64本)。2015年我国人均报纸阅读量和期刊阅读量均有所下降。

第二,开卷2016年5月9日至15日一周少儿畅销书榜单显示:排名前十的图书中,有悬疑鬼怪、恐怖惊悚特点的《查理九世》系列就占了7本。

第三,凤凰娱乐公布的2015年中国电影票房TOP100,位居前三的分别是《捉妖记》《速度与激情7》《港囧》,主题大多与妖怪、复仇、婚外情等相关。

从上述数据可以看出,目前的图书市场、影视市场以及网络生态中,鉴赏者的审美情趣亟待提高。在文化生活领域,劣币驱逐良币的情况时有发生。

鉴赏,其实就是精神产品的消费。改革开放带来了物质繁荣,还必须促使精神生活的升华,才能全面并真正实现人的幸福。

鉴赏,也就是精神文明的奠基。创作者和鉴赏者,是鱼和水的关系,也是一个先有鸡还是先有蛋的问题。

总体来说,高雅的鉴赏人群,必然是高品质的精神产品消费群体,并由此孵化出优秀的创作者。高雅的鉴赏者,也是深刻的精神产品评论者，能不断推动创作者水平的提升。没有高雅的鉴赏者，文艺很难真正繁荣。培养高雅的鉴赏者，培养优秀的读者与观众，不仅是精神文明建设的需要，同时也是繁荣社会主义文艺不可或缺的重要路径。

为此，我们建议：

第一，加强经典推介制度，提升鉴赏力。费尔巴哈说："人是他自己食物的产物。"我们读什么书，看什么样的影视作品，过怎样的精神生活，就会形成什么样的精神"口味"。鉴赏力是可以培养的。如果一个人真正懂得了什么才是好滋味，他就不会有兴趣吃垃圾食品。我们应该建立国家基础书目和影视作品推荐目录制度，应该举办丰富多彩的各种经典作品的导读、导赏活动，应该把电视的黄金时段和影院的最好档期留给最优秀的作品，应该加强中小学生的文学艺术教育。

第二，关注重点人群，引领大众鉴赏。虽然重点人群数量不多，但是其带动作用非常大。首先是领导干部。领导干部读什么书，看什么电影，推荐什么文艺作品，对全社会具有示范和引领作用。其次是社会名流。现在是一个偶像崇拜的时代，影视明星、网络大V等社会名流，对于引领社会风气起着非常重要的作用。如湖南卫视的汪涵开设公共图书馆、抢救民间文化遗产等行为，就影响了许多年轻人。再次是教师和父母。亲子共读、师生共读，营造书香家庭和校园，对于提升中小学生的鉴赏力具有奠基性作用。

第三，推进全民阅读，建设书香中国。一个人的精神发育史，就是他的阅读史；一个民族的精神境界，取决于这个民族的阅读水平。高雅的鉴赏者必然心灵丰盈、思想深刻，而要培养这种鉴赏者，不可能离开阅读。目前，全国各地的全民阅读还很不平衡，尤其出现了越是经济发达地区越是着力于推动阅读、越是经济欠发达地区越是忽视阅读的两极分化现象，经济与精神的同时落后让人心忧。我们建议设立国家阅读节，把全民阅读上升为国家战略，这对于进一步形成全社会的共识，推进全民阅读具有重要意义。

第四，发挥政府作用，鼓励民间参与。提高全民的鉴赏力，应该以政府为主导，以公益性为主体，辅之以市场的力量。无论是公共文艺场馆的建设与运营，各类文艺作品的创作与发行，还是各种推广活动的举办，在坚持以政府投入为主的前提下，可以通过购买民间服务的方式，将经费用在刀刃上，让专业人做专业事，提高活动品质，同时通过奖励等杠杆，支持民间参与繁荣社会主义文艺的事业。

高山流水觅知音，优秀的文艺作品需要高雅的鉴赏者。政协正是社会名流汇聚的团体，无论是鉴赏还是创作，都理应为繁荣社会主义文艺贡献智慧的力量！

> 新教育晨诵:擦亮每个日子,呵护每个生命

新教育晨诵的发展历程

一日之计在于晨。

在生命的黎明,我们应该让儿童吟诵什么?应该让儿童亲近哪些词句?如何让儿童咀嚼精神的芬芳?如何用最明亮的状态,开始新的学习探索?

在每一个清晨,我们每个人又如何开始新的一天?我们如何汲取思想的力量?如何调适心情,愉悦地迎接挑战,将一切美好在生活里落实与践行?

这是新教育人一直在思考和探索的问题。

2000年,新教育实验刚刚创建时,我组织团队编写、出版了《中华经典诵读本》和《英文名篇诵读本》,在湖塘桥中心小学等部分学校,开始了新教育的晨诵实践。

2002年,昆山玉峰实验学校成为第一所新教育实验挂牌学校,我们正式推出"一条主线——诵读活动",明确制定了新教育晨诵的实施内容与具体方案:从低年段朗朗上口、通俗易懂的诗歌,到中年段难度适宜的诗词,到高年段优秀古文和古代学者的哲理文章。这种尊重诗歌学习规律和儿童成长规律的诵读原则,迄今为止仍在遵循着。随着新教育实验学校从1所到500多所、到1000多所,全国各地实验学校的踏实践行,我

们不无惊喜地发现,"晨诵"作为一种相对简单的教育手段,却产生了超乎预期的效果。这种反差,也激励着我们继续深入地投入相关研究。

2007年,在山西运城召开的新教育年会上,我们正式推出了"晨诵、午读、暮省"的新教育儿童生活方式。总结此前新教育晨诵经验,借鉴不同流派的晨诵技法,新教育晨诵开始以课程的形式在新教育学校广泛开展。

但是,新教育实验作为一个专业的教育研究团队,以"为中国教育探路"为使命,以帮助人们"过一种幸福完整的教育生活"为宗旨,所关注的教育领域非常宽广,从教师成长到课程研发,从艺术教育到生命教育等等,以每年深度切入一个主题的方式向前推进,同时对研究质量的自我要求甚高,并且作为民间公益机构还受到经费不足、人手不够等诸多制约,导致对许多践行已久的研究项目,没能及时进行相关的总结、梳理和提升。

新教育晨诵项目也是如此。

这些年来,一方面新教育晨诵在数千所学校中践行,成为见效最快、操作性最强的特色课程之一,可另一方面,自从16年前推出的那两本《中华经典诵读本》和《英文名篇诵读本》之后,我们就再也没有研发相关读本,也几乎没有对晨诵理论进行新的全面阐释,对晨诵的操作进行持续的系统整理。诸多一线教师在开展新教育晨诵时,一直缺乏有效指导,存在着诸多不便。

经过16年的酝酿,在前三个阶段的实验基础之上,我们于

2016年，第一次正式提出新教育晨诵的理论体系和操作纲要，并且出版了从幼儿园到高中的《新教育晨诵》系统教材。

新教育晨诵的必要性

"不学诗，无以言。"孔子的这句话，将诗歌的重要性说到了极致。

将诗歌列为新教育晨诵的主要内容，当然是因为儿童需要诗歌。

儿童的语言，是最接近诗的语言。正如著名儿童诗作家金波曾经说："儿童是天生的诗人。"儿童几乎不需要太多的学习，就能够说出富有韵律、充满想象力的句子，草木飞禽，云雾雨雪，世间万物，在儿童的眼里都是诗意盎然的。

真正的诗歌，当然超越了一般的儿童语言。有人称诗歌是"艺术中的艺术，文学中的文学"，原因之一就是诗歌语言之美。诗歌的语言精练、含蓄，富有韵律感、想象力和感染力，好记好学，便于吟诵传唱。因为儿童发展语言的难度，远远低于发展音乐、绘画等其他技能的难度，儿童从诗歌诵读中所获得的滋养，从语言发展中所获得的提升，是全面又持久的。大量的相关调查已经显示，丰富词汇量是促进儿童智力发育的重要原因。在同样篇幅内，无论是简洁的童谣童诗、精美的唐诗宋词，再到现代诗、散文诗，以及一些经典如《论语》《孟子》《老子》《庄子》等，从表达的方式而言，它们都提供着极其丰富的词汇，除此之外还提供着极具个性的表达。学习诗歌自然也是积累词汇、淬炼语言最重要、最有效的方式之一。儿童的"诗性"是生命灵性的一种展现。诗歌不仅在语言之美、意境之美和音韵之美上，超过了其他文学体裁，同时，经典诗歌擅长于用鲜活的意象、丰沛的情感，帮助读者超越生活，把读者带入感同身受的另一种境界。儿童在感悟中所朦胧思考到的哲理，将在漫长的岁月中逐渐清晰，将在行动中悄悄发挥作用。所以，让儿童在人生起步的时光里，与美好的诗歌以正确的方式相遇，会在儿童心中播下诗意的种子，会在潜移默化中鼓舞儿童创造诗意的人生。

开展新教育晨诵，也是因为中国特别重视诗歌。

古往今来，中国就是诗歌的国度。诗歌，是最能体现中国人精神世界的一种表达方式。林语堂先生说："诗歌教会了中国人一种生活观念，通过谚语和诗卷深切地渗入社会，给予他们一种悲天悯人的意识，使他们对大自然寄予无限的深情，并用一种艺术的眼光来看待人生。诗歌通过对大自然的感情，医治人们心灵的创痛；诗歌通过享受简朴生活的教育，为中国文明保持了圣洁的理想。它时而诉诸浪漫主义，使人们超然于这个辛勤劳作和单调无聊的世界之上，获得一种感情的升华，时而又诉诸人们悲伤、屈从、克制等感情，通过悲愁的艺术反照来净化人们的心灵。它教会他们静听雨打芭蕉的声音，欣赏村舍炊烟缕缕升起并与依恋于山腰的晚霞融为一体的景色，它教人们对乡间小径上的朵朵雪白的百合要亲切、要温柔，它使人们在杜鹃的啼唱中体会到思念游子之情。"

尽管这种高度凝练的诗化的表达，有优势也有劣势，但无论如何，诗歌在中国，已经超出了简单的文学体裁，不仅与书法、绘画、戏剧等中国文化有着天然的联系，彼此互相促进滋养着，而且对中国人的生活方式、生活态度产生了密切的影响。虽然我们不能说学会了诗歌就掌握了中国文化，但诗歌中所承载的文化含量之重是毋庸置疑的。我们完全可以说，一部诗歌史，也是一部丰富、凝练的中国文化史、中华文明史。正如林语堂认为的那样，诗歌在中国很大程度上已经代替了宗教的作用，成为人们生活中的"一种灵感，一种活跃着的情绪"。

开展新教育晨诵的最重要原因，还因为我们每个人，无论是大人还是孩子，正生活在一个特别需要诗歌的时代。

越来越匆忙的生活节奏，让人们在奔走中，心灵越来越容易干涸。越来越强劲的网络洪流，又催生了碎片化的表述方式。人们对待外部事物越来越难以静下心来。在经济连续发展数十年的当下，过分追求物质欲望的满足，造成的却是精神生活的空虚。在社会各界不断询问"你幸福吗"这一问题的背后，在提出中国梦这一理想的背后，都隐含着对丰富的精神世界的向往，对诗意的生活方式的追寻。

诗歌的外在形式，在不经意间吻合了当下人们所需要的简短、紧凑。诗歌的本质内容，又能在最短时间里直击人心，产生巨大的能量。诗歌提供新的角度，让人重新观照思考当下的物质生活，在重新诠释中，获得生活的价值，创造人生的意义。

所以，生活在当下，我们需要用诗歌的力量，让我们共同"过一种幸福完整的教育生活"，能够在现实的土壤上，找到一种诗意栖居的生活方式，从而创造幸福完整的人生。

新教育晨诵与其他诵读的异同

古今中外，诵读都已存在。

新教育晨诵，是扎根于中国古代蒙学教育的优秀传统，汲取中外各教育流派的诵读技巧，进行突破式创新的现代课程，是一个有着先进教育理念、坚实理论基础、清晰知识框架的渗透式综合课程。

新教育晨诵强调让诗歌"擦亮每个日子，呵护每个生命"，在音乐、美术营造的意境中，通过诵读经典的诗歌，丰盈当下的生命，用仪式感促使形成积极的感悟，激发生活的热情，调整心态，健全心智，在日积月累中充实人文底蕴，帮助人们从容应对生活的诱惑与压力，创造出幸福、明亮的精神状态。

在理念和操作上，新教育晨诵与中国古代蒙学、读经（经典诵读）运动、华德福的晨诵、一般诗歌教学等各类诵读活动，分别有着部分内容和形式上的相似，但更有本质上的诸多不同。

第一，和中国古代蒙学相比，新教育晨诵与中国古代的蒙学教育的优秀传统一脉相承，重在行为习惯、核心素养的养成，适度提供适龄的相关知识。但两者有着明显的不同：古代蒙学教育所使用的读本，虽然也有四书五经等经典，但更多是当时根据需求针对儿童的临时写作，是当时的非经典。新教育晨诵则强调诵读内容的经典性，是从古今中外的诗歌中，依据新教育理念进行遴选。

一方面，有人认为，中国几千年的儿童教育就是从读经开始的。其实，这恰恰是对古代蒙学本质上的误解。古代的儿童教育，更强调行为的养成。如朱熹就提出："古者初年入小学，只是教之以事，如礼乐射御书数，及孝弟忠信之事，自十六七入大学，然后教之以理，如致知格物，及所以为忠信孝弟者。"如《三字经》《千字文》《增广贤文》《幼学琼林》《女儿经》，如明代吕得胜的《小儿语》、吕坤的《续小儿语》等是用四言、六言、杂言的形式讲做人的规范，《小儿语》的开篇就讲："一切言动，都要安详，十差九错，只为慌张。"当然，古代蒙学同时也注重知识的讲授。除了如《千字文》等书籍，既讲述做人，也不乏知识的介绍之外，还有如南宋方逢辰的《名物蒙求》、明代司守谦的《训蒙骈句》等是用四言或者骈文的形式介绍关于天文、地理、山川、园圃、花草、鸟兽等百科知识。如《名物蒙求》讲天文，"云维何兴？以水之升。雨维何降？以云之蒸""维霁斯虹，维震斯电。散为烟霞，凝为雹霰"。如元代王芮的《历代蒙求》、明代李延机的《五言鉴》等是用四言、五言的形式介绍关于历史的知识，《历代蒙求》讲秦朝："秦都咸阳，始称皇帝。吞灭六国，猛若虎噬。焚书坑儒，变易周制。"

另一方面，中国古代儿童的教材，绝大部分都是用韵语、诗歌和偶句针对儿童编写而成，读来简洁明快，朗朗上口，但从某种意义上，有些书籍并不只是为儿童编写的读本。以《弟子规》为例，古诗词学家叶嘉莹的弟子黄晓丹博士研究发现，《弟子规》的读者对象本就不是儿童，而是针对欠缺进一步接受教育机会的成年农民而写，希望他们学习后能够粗通法令、懂得规矩，因此全书完全缺失关于儿童的成长部分。

所以，新教育晨诵强调把最美的诗歌给最美的童年，把最合适的经典给最适龄的时光。在中国语言经历了古文到白话文的巨变后,我们对儿童的诵读内容强调阶梯式递进,从儿歌、童谣起步,逐渐过渡到童诗、古诗词等其他经典。我们不是为当下儿童临时编写读本,而是通过对经典作品的选择,完成文化的选编,实现中外的互通、古今的传承。

第二,和读经运动相比,新教育晨诵与其相同之处,是汲取了传统读经运动中强调内容的经典性以及大声朗诵的经验,与其不同的是,读经运动一味强调背诵,为未来做准备,新教育晨诵则特别重视所选诗歌的内容,绝大部分都是以儿童当下的经验所能够理解和感知到的。

读经运动开始于20世纪90年代,主张从幼儿时期开始学习以"四书五经"为主体的传统文化的经典著作,主要方法就是反复诵读,直到能够会背。主张读经运动的学者有一个重要的观点,就是认为儿童的吸收能力非常强,越是年龄小越是容易像海绵一样全盘吸收,"全部堆存在他生命的深处,将来慢慢地发酵,就好像种子种下去一样,将来慢慢生根发芽开花结果"(王财贵语)。所以,当下的理解不理解不重要,关键是熟读记诵为未来做准备。

我们则认为,尽管童年是人的认知能力发展最快、记忆效果最好的时期,晨诵那些美好的诗歌、经典的确也可以滋润孩子的一生,新教育晨诵也强调所读内容的经典性和熟读成诵的必要性,但是与读经运动强调在孩子记忆的黄金时段记忆大量的经典,等长大以后会慢慢地理解的方式不同,背诵如果欠缺了基本理解,就会成为死记硬背。即使今后在成长中逐渐理解,那也是把当下的认知进行100%的储蓄，为了将来的幸福而牺牲了现在的幸福。新教育晨诵特别强调所选诗歌与儿童当下经验之间的关系，强调绝大部分内容都能够被儿童理解，即"储蓄"和"开支"的平衡。诗歌中20%到30%的内容不能被准确理解，只能被模糊感知，这是"储蓄"，是投资给未来的；诗歌中70%到80%的内容能够在当下有所感悟，这是"开支"，这是让下的生命被鼓舞，当下的心灵被滋养。新教育晨诵既不是为了进行记忆力的强化训练，也不是为了记忆未来可能用到的知识，而是在于激发当下状态，调适当下心态，丰富当下的生命，以阅读养成一种诗意的生活方式。

第三，与华德福的晨诵相比，新教育晨诵汲取了华德福晨诵的仪式感，让诗歌的精神力量通过仪式来放大。两者明显的不同是，华德福学校里的晨诵基本上每天都是诵读相同的诗歌，具有一定的宗教性质，新教育晨诵则是一门相对完整的课程，并且更为节省时间，操作非常方便。

在华德福学校，一般会用一首诗歌开启新的一天。各年龄阶段通常采用同一首诗，即华德福创始人鲁道夫·斯坦纳的《晨颂》：

晨光乍泄
鸟儿的歌声穿越长空
萦绕回环
万木的祝福自大地深处
泉涌而出
我们的心灵苏醒

以感激之心

融入世界的精神

接着就是"晨圈"。老师与孩子们围成圆圈，手牵着手，配合歌曲及故事，以韵律运动的方式游戏。故事与歌曲依季节的不同而有着不同的主题。

新教育的晨诵汲取了华德福晨诵的仪式感，以及通过音乐、活动等舒展身心的做法，但是与华德福固定的带有一定宗教性质的晨诵内容等不同，我们把晨诵作为一门以诗歌为主体的相对系统完整的课程，更为节省时间，操作也更加方便。新教育晨诵的仪式感，不仅通过相对固定的诵读时间来体现，更主要的是通过每一天都固定的"开启诗"、每个课程主题都相对固定的"主题音乐"来体现。既可以在教室里，放松心灵，舒展身体，进行几分钟的"素读"，也可以通过精美的课件，甚至到相应的场合中，尽量还原现场，在相应情境下强化生命在场的美妙体验。

第四，和一般的诗歌教学相比，新教育晨诵和诗歌教学相同的是，所选择的诗歌内容都是符合儿童认知水准，吻合课程需求的，不同的是一般的诗歌教学强调知识的准确理解，晨诵则强调内容的浪漫感知，诗歌教学是语文教师的工作，新教育晨诵则可以由所有学科老师主持。

同样作为课程，语文学科的诗歌教学所选择的诗歌，是和新教育晨诵所选择诗歌最为接近的。但是，两者在读法上的不同，却直接导致了结果的不同。诗歌教学往往强调学生对诗歌知识与技能的精确掌握，对诗歌内容的准确理解。新教育晨诵则重在强调对诗歌的感受，以及诗歌对生命的滋养，强调的是诵读者的精神状态。因此，新教育晨诵在强调浪漫感知的过程中，让读者享受诗歌而不是解剖诗歌，让读者的精神状态被诗歌调节，随着叩问而深入内心，不仅完成一定程度的语言、知识积累，更在此过程中被诗歌潜移默化地濡染，润泽心灵，陶冶人格。因此，在诗歌教学中，诗歌通常是教师解剖的对象，但一位教师在新教育晨诵中，则会因为和儿童共同晨诵一首儿歌，而感到轻松愉悦，甚至回到自己的童年时光，心灵变得柔软温暖，在不知不觉中调整了工作的心态、生命的状态。

另外，虽然新教育晨诵也经常是由语文老师操刀，但晨诵不仅仅涉及语文学科和语言学习，而且晨诵也绝不是语文老师的专利。在许多学校，音乐老师、美术老师等都参与到晨诵PPT的课件设计与制作中，各科老师都可以主持每天的晨诵课程。曾经有一位小学数学老师，在新教育项目网络培训QQ群中听了好几次语文老师的晨诵经验分享，她也好奇地在数学课开始时进行晨诵，结果发现简单的晨诵之后，学生们精神振奋，学习劲头有了很明显的提高。

新教育晨诵的基本特点

和传统晨诵相比，新教育晨诵有一个最大的特点：传统晨诵是以诗为中心，新教育晨诵是以人为中心。

这是一个颠覆性的改变，是新教育晨诵课程的突破性创新。

正是因为教育主体的截然不同，从同一原点出发，传统晨诵和新教育晨诵，走出了两条渐行渐远的路。

因为以诗为中心，无论是从传统晨诵中，还是从传统的诗歌教育中，随处都可以见到对诗歌的关注。从准确理解诗歌的字、词、句，到深入了解作者的生存状态，到详细还原诗歌的创作背景……因为以诗为中心，我们在很多诗歌读本中，无论是教材还是诗集，我们都常常能够看到一个称之为"赏析"的板块，这一重点内容的重要使命，就是欣赏和分析的是诗歌。这是以诗歌为主体必然发生的现象。以诗为中心，其实就是以知识为中心。几千年以来，人类习惯于在浩瀚的知识海洋里，不断汲取知识，不断学习成长，对这一模式已经习以为常，因此对"学海无涯苦作舟"的描述大加赞赏。

因为以人为中心，自然而然地，一切应该观照的是人，观照的是生命本身。因此，新教育晨诵秉承"以人为中心"这一根本理念，以此为出发点，以读者为主体，以满足生命的渴求为目标，以满足生活的需求为目标，从而有了细节上的无数调整。无论是结合不同情境下的不同诵诗，还是对诗歌内容进行的"编织"与"叩问"，无一不是以具体方法，细致入微地观照生命，观照心灵。在这样的晨诵中，诗歌的诵读不再是从外向内的灌输，而是读者心灵与所读诗歌发生的共振，是水乳交融的阅读。在这样的晨诵中，诵读的诗歌不仅属于作者，属于过去，同时属于读者，属于现在。当读者发自内心地诵读一首诗歌时，这首诗歌就成为读者的再创造，就成为读者内心向外涌现的甘泉。

为了保障"以人为中心"能够得到贯彻，新教育晨诵课程研发中，必须坚持以下四条原则。

一是吻合儿童的身心发展。一般来说，幼儿阶段的生活与环境、小学阶段的自我与世界、初中阶段的青春与友谊、高中阶段的理想与人生，是儿童在发展的不同时期关注的重点。新教育晨诵中诗歌内容的选择，是紧密围绕儿童在不同时期的心灵需求来进行的。

二是吻合诗歌的学习特点。从儿歌、童谣到童诗，从白话文到古文，从五言到七言，从单一内涵到多重内涵，以及谜语诗、藏头诗等不同诗歌形式，注重诗歌的从易到难。新教育晨诵的内容选择，也遵循了诗歌自身的发展规律。

三是吻合生活的情境变化。根据四季的转换、气候的改变、各类节日庆典等不同情境，进行主题的安排与诗歌的选择。新教育晨诵特别强调诗歌要与当下的生活相得益彰。

四是吻合学校的学习节律。未入学时的向往期、新入学的适应期、每年开学的激励期、毕业阶段的告别期等不同的学习时期，有着不同的教育主题，新教育晨诵也尽可能顺应这些不同的主题，进行不同角度的引导。

新教育晨诵，就是这样一个以人为中心，以人的幸福完整为目标，扎根传统、立足中国、放眼世界，以童谣、儿歌、童诗、古典诗词、现代诗歌、中外经典著作片段等吻合儿童的身心发展、诗歌的学习特点、生活的情境变化、学校的学习节律进行选编的内容，循序渐进地叩问师生心灵、与师生生命编织的综合课程。

从内容的选材上，新教育晨诵课程特别注重三个方面。一是扎根传统，大力弘扬中华优秀传统文化，对《三字经》《百家姓》《千家诗》《笠翁对韵》《幼学琼林》、唐诗宋词、四书五经等传统蒙学的优秀成果，以现代教育理念精心选编。二是立足中国，以印象山水、长江、黄河、民族等不同课程，深刻展示祖国之美，激发家园之爱。三是拥抱世界，以五大洲的文明为谱系，全面而集中地体现不同国家的风情、世界诗歌的特色，激荡全人类共通的思想与情感。

新教育晨诵作为一个综合课程，特别具有五大功用。

新教育晨诵是一种仪式，叩问自我，激发生命的内在活力。仪式与形式，一字之差，效用截然相反。形式只是外在，仪式关乎内心。教育的功利化造成教育中仪式感的欠缺，导致对外缺乏敬畏，对内缺少反省。新教育晨诵从仪式感上，一则强调晨诵开始的开启诗，这是每位老师结合着班级的特点简单编写的；一则强调时间基本固定，最好是早晨，其他时间也行，新教育种子教师黎志新在教高三时，就利用每天晚自习时的5分钟，这样争分夺秒的"晨诵"仍然取得了很好的效果；一则强调以诗歌中富有哲理的优美语句，和师生自身的生命碰撞，不断进行追问。

新教育晨诵是一种艺术，晨诵者享受韵律，沉醉于美的熏陶濡染。诗歌之美，无须赘言，仅仅是朴素地诵读，就能够有所感受。新教育晨诵的最简单读法，就是朗读与叩问，以此在诗与人之间筑起桥梁。新教育晨诵的完整读法，则是诗歌、音乐、美术等不同艺术形式的结合，一首诗配上动人的背景音乐、适宜的相关图片，制作成精美的PPT，新教育晨诵的艺术之美，才达到形式上的顶峰。此时欣赏的，与其说是一首诗，不如说是一段影片；此时诵读的，与其说是诵读一首诗，不如说是演绎一段人生。这样潜移默化的熏陶濡染，是美育最为有效的方式。

新教育晨诵是一种感悟，在日积月累、调节压力中健全心智。作为文学作品的诗歌或经典著作，无论是积极进取，还是消极叹惋，都有其价值。但是，从教育的角度出发，我们特别看重所选择诗歌以及经典名著篇章中的积极思想，借助于这一类经典著作，为诵读者的心灵注入引领的力量。

新教育晨诵是一种精神，共读共情，创造幸福明亮的状态。我们特别强调，新教育晨诵不仅是给孩子的、不仅是给学生的，而是送给师生双方乃至亲子多方的一首生命的咏叹调。时光匆促，但忙碌的生活让更多人对时光不是珍惜，反倒是盲目。新教育晨诵歌唱每一天，惠及每个人，让每个人都能从诵读开始，感受美好，营造出美好的心态，让生活更为积极。

新教育晨诵是一种传承，中外古今，汲取人类文化的精粹。教育是对已有文化的选编和传承。诗歌和经典名著本身就是重要的文化载体，标准的新教育晨诵则更是融合了诗歌、美术、音乐等多种艺术门类，以立足中国、胸怀世界的整体框架，以综合课程的形式，让师生在潜移默化中广博地汲取营养。

新教育晨诵的主要形式

我们希望在每天的黎明时分，与经典诗歌共舞，让生命在每天的第一时间得以舒展，灵魂得以灵动，师生彼此鼓舞，以一种愉悦、饱满的精神，开启新一天的学习。

新教育晨诵的主要形式有日常诵诗和情境诵诗。

日常诵诗是指在一个相对固定的时间，通常选择在早晨，诵读一首诗歌。虽然名为"晨诵"，也并非一定局限于"清晨"，其他时间也完全可以进行。这些诗歌是经过精心挑选的诗歌，不仅奋发向上，积极纯真，意蕴悠远，同时还能够被儿童当下大致领略到，从而在诵读的过程中，不断加深理解，用心灵碰撞诗歌，捕捉诗中的美妙与奥秘，不断加深感悟，从而提炼出新的思考，获得新的力量。一组日常诵诗，并不是经典的简单堆积所形成的好诗大杂烩，而是经过反复挑选、按照不同年龄不同主题精心编排的诗歌课程。

情境诵诗则是在特别的日子，或者是特别的场景，有针对性地选择一些诗歌。比如教师节、母亲节、国庆节等节日时，诵读一些写给教师、母亲、祖国的诗歌。再如汶川大地震发生后，选择一些悼念遇难同胞的诗歌。比如随着气候的变化，我们在不同的节气选择关于二十四节气的诗歌，等等。在雨天读关于下雨的诗歌、在节日读关于节日的诗歌，总是能够得到更大的共鸣。

同理，特别值得一提的一种情境诵诗，是生日诵诗。这是在学生过生日时，全班师生为"寿星"送上的一首度身定制的诗。每个孩子都特别喜欢生日诵诗，就是因为这种生日诗，能够让孩子的生命直接与诗歌相连。这首生日诗可以直接根据一首诗改编，比如直接在诗歌的某个地方，把当事人的名字嵌入其中,然后让全班同学一起为他朗诵。也可以是老师或者学生专门为当事人创作的诗歌,同样由大家一起为他诵读。如何创作生日诗并不重要,重要的是:第一,生日诗一定要吻合当事人的生命特质,适合当事人,并暗含着当事人的将来,富有激励性。第二,生日赠诗具有"唯一性",切忌将一首诗反复送给多个孩子,否则这首诗的魅力就会大打折扣。生日是每个人自己的节日,生日诵诗也成了最受人欢迎和期待的一种晨诵形式。许多老师还把学生日常学习生活中的一些细节表现及作业、作品等拍成照片,和生日诗一起做成漂亮的课件,展示给孩子们。必要时还可以邀请部分父母参加生日赠诗的晨诵活动。在实践中我们发现,当老师送生日诗给孩子,孩子也会送生日诗给老师、父母,就这样在诗的诵读中,新教育晨诵也成为家校共同生活中心灵交流的一种重要方式。

新教育晨诵的诵读要点

为了服务于一线老师,2016年8月,新教育实验推出了第一套完整研制、正式出版的《新教育晨诵》课程读本。

与一般的晨诵教材只有小学阶段不同,我们根据多年践行和理论研究,按照从幼儿园到高中13年每学期一册,根据新教育晨诵研制原则,主题上围绕幼儿阶段的生活与环境、小学阶段的自我与世界、初中阶段的青春与友谊、高中阶段的理想与人生,来整体规划、系统设计。同时,为了养成学生每日晨诵的习惯,我们按照每学期16周、每周7天的内容加以安排,以便于在周末可以进行亲子晨诵，也可以由学生根据自己的兴趣选择吟诵内容。

新教育晨诵以新教育实验的卓越课程体系为框架基础，对诵读的诗歌进行主题划分、课程设计，使得读者在轻松感受诗歌的过程中，潜移默化地进行系统连贯的生命教育、智识教育、艺术教育乃至公民教育。

为此，我们对每首晨诵诗进行了"思与行"的创作。一方面解读诗歌内容，更重在叩问读者，激发读者以自身生命联系诗歌进行思考，将诗歌与读者进行编织，让诗歌真正深度滋养心灵。

同时，在每个晨诵课程中，开篇以导语进行主题简介，便于读者把握重心，在结尾设有"主题拓展"，将单一的诗歌诵读与学习、生活结合，推荐阅读相关图书、建议组织相关活动，将诗歌与生活紧密形成整体，进一步加强从知识到素养的转换。

在内容的安排上，幼儿园和小学低段，我们主要选用了童谣、儿歌和儿童诗。童谣和儿歌不仅富有韵律，读起来朗朗上口，而且和古诗相比，童谣与儿歌能够将一定的知识蕴藏在生动的形象里，滑稽可爱、富有情趣，特别能够激发低年龄段儿童的兴趣，有助于培养儿童的语感与表达能力，对于培养孩子的好奇心、观察力，开启孩子的智慧，有着不可替代的作用。

童谣、儿歌往往是民间口耳相传、集体创作的作品，文学性与艺术性受到一定限制。到了小学的二、三年级以后，则更多选择了一些优秀的儿童诗。优秀的儿童诗保持了童谣、儿歌的童趣，但需要更多的想象力和理解力。有人说："儿童诗是童心与诗美的联盟。儿童诗是儿童的心与大千世界的对话,是孩子与大自然的对话,是孩子与生活的对话,是孩子与教育者的对话,是孩子与梦想世界的对话。"正是这样的对话让儿童诗充满了童心、童真、童趣、童性,整个童年也就充满了诗意。

当然,无论是哪个年龄,我们都精心选择了一定数量的古诗,让儿童在诵读古人心声之际,能够不知不觉中亲近古文的韵律。在此基础上,我们从四年级下学期开始,用整整一年的时间,以"中华四季诗韵"为主题,按照中国农历的二十四节气,完全以古诗词为内容展开晨诵。

从五年级下学期开始,我们更加注重拥抱世界,以不同文明体系的诗歌来歌咏人类共同的珍奇,抒发人类共通的情感。

到了中学阶段,我们从之前围绕主题选诗,增加了作者专辑的选诗方式。通过对同一作者的作品进行集中晨诵,希望在课程开展过程中,融入更多作者的成长经历、诗歌的历史背景,给青少年阶段的读者更多启发。

初中阶段的"青春和友谊"主题,我们分别细化为求知(好奇、发现、传承)、珍惜(时光、物、人)、交往(亲情、友情)、自立(认识自我、悦纳自我、责任担当——对自己、对他人负责)、奋斗(立志、勤奋、耐挫、拼搏)、创造(超越过去、创造未来),结合相关的重要诗人、重要典籍,进行选材。

进入高中阶段,我们围绕"理想与人生",注重选择关于爱、人生、价值、信仰、励志的哲理诗,同样结合着重要诗人、重要典籍来选材。

但是,研制得再好的教材,也只是材料。叶圣陶先生曾经说，教材只是提供一个"例子"，不能够照搬照抄，照单全收。我们所研制的《新教育晨诵》也是如此。比如，虽然我们按照四大原则精心选择了相适宜的名篇，但是，不同地区的孩子甚至同一学校同一年龄不同班级的孩子，都有着不同的情况与发展水平，需要老师们因材施教，老师们完全可以根据自己的理解和教学的需要，在《新教育晨诵》中进行选择，也可以根据新教育晨诵课程的特点，研发出独具个性的课程。

同时，诗歌的韵律、节奏、意境，是要通过"读"来体味的。如何诵读？新教育晨诵也有着自己的特殊之处。

第一，新教育晨诵的诵读流程，一般是按照"开启诗——复习诗——新诗"的程序进行。开启诗是营造仪式感的重要环节，通常会配上相应的课程主题音乐；复习该课程前面已经学过的一首或几首旧诗（如果是第一节课，或者时间紧张时，这个环节也可以省略或者缩短），然后诵读当天的新诗。

开启诗可以选择经典诗歌中的一部分，加上老师与学生的对话，编写而成。比如有的班级选用《没有一艘船能像一本书》的诗歌，改编为：

（老师读）早安，亲爱的同学们！

（学生读）早安，亲爱的老师！

（老师读）没有一艘船能像一本书。

（学生读）也没有一匹骏马能像一页跳跃着的诗行那样，把人带往远方。

（师生齐读）让我们启程，前往诗的王国吧！

开启诗还可以根据教室名称的不同特性，自己编写。比如在《新教育的一年级》系列儿童文学作品中，详细记录了一个"萤火虫班"的故事，这个班里的晨诵开启诗就是根据萤火虫的特性拟的：

（老师读）早安，亲爱的孩子们！
（学生读）早安，亲爱的花儿老师！
（老师读）轻轻地，走进新的一天。
（学生读）擦亮每个日子，点亮心里的灯，
（师生齐读）渐渐地，让我们照亮世界吧！

第二，新教育晨诵的诵读姿势，特别建议采用自然而又昂扬、轻松而又舒展的姿势。也就是说，我们既不希望每一个人正襟危坐，不希望用标准的、固定的姿势来束缚每个人，也不希望大家东倒西歪，形成一种懒散、放肆的样态。通常而言，可以采取自然的坐姿或自然的站姿，如果有需要时，可以配合一些相应的动作，抒发、表达情感。

第三，新教育晨诵的诵读方法，不仅希望读正确、读流畅，更希望读者能够大致理解诗歌的意思，用生命诠释诗歌，并且用声音表达出自己诠释的意境。在晨诵时，老师千万要注意不要把晨诵上成表演课，而要特别强调学生对诗歌的个性化解读，所以学生自由单独的吟诵要多于集体的齐诵，要尽可能让每个孩子亮出自己的声音，感受自我的存在。

一般而言，在出示一首新诗之后，不宜让孩子们齐声朗读，而应该采用自由诵读或者默读的方式，让大家熟悉诗歌，进行理解。接着，可以由教师范读，也可以放优秀的录音范读，还可以由班内诵读好的孩子进行范读，尽可能一开始就读正确，读出美感。诵读诗歌的过程中，重教师垂范诵读，轻分析诗歌含义。诚然，对复杂的诗歌，尤其是古诗词，简单讲解，让孩子们懂得诗歌的意思，有助于在理解之后更好地诵读，是有必要的。但诗歌在晨诵中作为艺术欣赏，没有标准答案，因此不能把对诗歌的简单解读变成课文分析，否则就丧失了诗意。教师更重要的是把自己对诗歌的理解，以声音的形式诵读出来，形成一种艺术的濡染。

因为诗歌的内容都比较短，在理解的过程中，单一的反复诵读往往容易产生疲倦感，这时就可以变换各种形式来读，比如角色互读、打节奏读、个体读、小组读、唱读、问答读等。尤其是角色互读，如在 PPT 上或是在黑板上用不同的颜色或符号标注，由男生与女生分别读不同角色，重点部分全班齐读等形式，有助于学生们愉快地熟读。

另外，尽管一些诗歌在熟读之后可以自然背诵，但"读"的目的主要不是为了背诵。新教育晨诵注重的是"诵"，而不是死记硬背的"背"。所以不要刻意让学生反复背诵。

第四，新教育晨诵的读后拓展。一是指导仿写。为了增进对诗歌的理解、感受，培养自己的表达能力与写作能力，鼓励学生仿写、改写和创作都是十分必要的。最简单的仿写、改编是改词换句，即把诗歌中的某个词语换成我们需要的词语。如许多新教育的班级在晨诵"向着明亮那方/哪怕一片叶子/也要向着日光洒下的方向/灌木丛中的小草啊"这样的诗句时，就经常把"灌木丛中的小草"等换成自己班级的名称、学生的名字等。还可以采取"加小节"的方式，即在原有诗歌的后面，按照原来诗歌的韵律和形式，续上自己写的内容。这种方法比较适合那种采用并列式结构的诗歌。需要说明的是，并不是每一首诗都需要仿写、改写，这一环节不宜过于频繁。因为，过多地改写经典诗歌会使学生将诗歌"游戏化"，冲淡了晨诵的仪式感，同时，模仿只是在写作起步阶段采用的方法，太多模仿容易导致思维的僵化。

二是引导绘画。这是一种借用新教育的"听读绘说"项目的流程进行晨诵拓展的方法。近十年来，新教育实验开展的儿童"读写绘"项目受到了广泛欢迎，我们也在实践中总结了许多经验教训。经过重新梳理后，推陈出新，我们推出了"读写绘"的升级版，即遵循儿童的身心发展规律，更为吻合儿童年龄特点、学习特征的新教育"听读绘说"项目，主要针对幼儿园至小学低年级段的儿童进行的阅读指导。将该项目用在新教育晨诵中，具体为：

听，是集中注意力，专注倾听各种范读，理解诗歌内容；读，是听过之后独立诵读，提升自己的阅读力；绘，是把诗歌中所描述的内容，用图像或者言语复述，或者接龙，或者同主题创作，以涂鸦的方式画出来，增强想象力；说，是以绘制的作品为提纲，用口头语言重新解读画面，进一步诠释诗歌，提高表达力。

所以，我们在设计《新教育晨诵》的系列读本时，就在"主题拓展"中设计了"写一写，画一画"环节，把晨诵课本变成可以写写画画的作业本，这些痕迹都是阅读的痕迹，是心灵的诗痕，希望成人能够帮助孩子收藏起来，作为他们诗歌之旅的记录，也作为他们人生成长的见证。

所以，对学生而言，新教育晨诵的诗句不需要愁眉苦脸地背诵。但是，需要学生身心放松，融入到诗歌之中，把诗里欢乐、思念、伤感、奋进等一切情感，用声音读出来。读完之后，特别希望学生针对每首诗思考一些相关的问题，或者和朋友交流，或者心里默默回答，进行思考和行动。

对老师而言，新教育晨诵的诗句不仅是为了滋养学生的心灵，也同样希望润泽老师的生活。老师读诗的样子，就是孩子们心中诗的样子。新教育晨诵并不是语文课，而是一天劳作的开始，师生共同进入诗的王国，感受诗之美。它不仅进行着知识的积累，更能直接为心灵输入养分，调整着各种压力，创造出积极明亮的精神状态。所以，老师挑选诗歌时，注意与生活相联系，老师诵读这些诗歌时，可以忘记自己是老师，尽情享受诗句的美妙。

对父母而言，一切问题，归根结底都是心灵的问题，都和教育有关。家庭教育最神奇之处在于随时随地都可以成为转折点，只要下定决心，当下就是最好的教育良机。新教育晨诵课程，是为孩子的成长搭建坚实的阶梯，如果作为父母能够参与到晨诵之中，能够倾听孩子的心声，能够在节假日与孩子共同诵读，那么这些阶梯还将组成沟通父母与孩子心灵的彩虹桥，教育孩子会更得心应手，家庭会更美满幸福，生活必然也更加富有诗意。

在美好的诗歌里，珍藏着人类最伟大的智慧和最美好的情感。

试想,一个新教育的孩子,从幼儿园的最后一年开始,到高中生活的最后一段时间,每学期 16 周,每周 7 首优美隽永的诗歌,2912 次沉醉到经典的呼唤声中,用伟大的声音开启生命的每一天黎明,伴随生命的每一次拔节,这是一件多么美好的事情啊!

试想,如果中国的学校和家庭,在每一个晨间都回荡着诵读诗歌的声音,那又该是怎样动人的一幕?那又该是怎样深刻的幸福?

擦亮每个日子,呵护每个生命,这是新教育晨诵课程的目标。

擦亮每个日子,呵护每个生命,这也是新教育人的心愿。

就这样,我们在诗歌语言的润泽下,在诗性精神的引领下,过一种幸福完整的教育生活,用理论梳理着,更用行动实践着,孜孜不倦。

> 重视农村孩子的"精神正餐"

近年来,我先后考察过百余所贫困地区中小学,欣慰地看到绝大多数学校的学生营养午餐得到较好解决,采购、加工、管理等各个环节都有相对严格的制度,有力保障了孩子们的健康成长。但与此形成鲜明对比的是,一些中小学的图书馆建设与学生的阅读状况却令人担忧。

首先,中小学图书馆的图书配备品质较低。不少农村中小学图书馆的图书或者是由各种渠道的捐赠而来,或者是通过图书招标的补充而来,不符合中小学生阅读要求的图书不少,真正的经典著作却比较少。

其次,中小学图书馆的利用率低,管理水平较差。我们去过的中小学,大多都是在每天下午放学后开放一小时左右。规模大一点的学校,往往要按照年级轮流借阅,每个学生大概每周能轮到一次借阅图书。许多学校没有专门的图书管理人员,对学生缺少必要的阅读指导。

再次,中小学校长和老师对于阅读的重视程度不够。有的县城重点学校拥有大量的图书,却没有编目,成包成包的图书躺在库房睡觉;有的乡村学校因为学校翻建教学楼,把所有的图书打包送到食堂的仓库。调查中,学生在被问到"给你印象最深的一本书"时,有的人无言以对。

一个人的精神发育史离不开阅读,一个民族的精神境界取决于这个民族的阅读水平。为此，有必要大力推进农村中小学的书香校园建设，给农村孩子提供"精神正餐"，夯实农村教育的基础。

第一，加强农村中小学图书馆标准化建设。可以邀请专家参考已有成熟书目，如专业的阅读研究机构制定的中小学学生基础阅读书目等，进一步研制适合中小学生的阅读书目，作为中小学图书馆的基本书目，规范农村中小学图书馆的图书配备，遏制目前的低价招标过程中的腐败现象，确保最好的图书能够进入农村学校。

第二，组织专项行动，检查剔除劣质图书。对全国各地中小学图书馆进行一次全面自查，明确中小学图书的质量要求，将不适合中小学教师及学生阅读的图书、音像制品和电子出版物剔除出学校图书馆。在学校自查结束后，组织专业人员赴全国各地进行随机抽查。

第三，加强农村中小学图书馆的专业化建设。可以根据不同学校的规模，设置专兼职结合的图书管理员岗位，积极推进相关培训，发挥师生进行图书借阅的自组织管理工作，加强对于农村中小学师生的阅读指导，深入推进中小学的学科阅读。

第四，鼓励社会公益组织和民间团体支持农村中小学的阅读工程建设，在捐赠优秀图书、培训阅读推广人、开展各种阅读活动等方面给予帮助。鼓励阅读志愿者协助学校开展书香校园建设。

知识就是力量，阅读改变命运。身体的成长需要营养午餐，心灵的成长需要"精神正餐"。只要对精神和身体同样重视，把最美好的书籍给最美丽的童年，我们就能以阅读强壮乡村教育，以乡村教育进一步强大中国。

> 疏通文化传播的"毛细血管"

图书馆是广大群众丰富业余精神生活、提升全民阅读能力和提高人们文化水平的重要文化场所。近些年来，我国的公共图书馆在增加购置图书投入、扩大图书馆接待读者空间和开拓数字阅读及网络阅读功能等方面，取得了很大的成绩。

但是，我们应该清醒地看到，除了部分城市大型公共图书馆发展较快以外，基层中小图书馆面临着越来越萎缩甚至败落的现实。有人曾这样形容基层图书馆的现实窘境："破"（馆舍破），"旧"（藏书旧），"少"（读者少），"缺"（设备缺），"多"（人员多），"差"（效益差）。

第一，基层图书馆数量少，且分布不合理。

在城市里，一些原来处于城市中心位置的图书馆，如今很多都已让位给商业性高楼大厦，而新建的图书馆往往躲到了城市一隅，位置偏僻而不显眼，令读者难以找到。辐射范围很小，交通不便利导致许多读者往返困难，因而少来问津。

在县乡一级，情况更加不容乐观。虽然以县级图书馆为代表的农村公共图书馆依次在阅览座席、外借册次、流通人次和发放借书证等项的指标上，比重超过全国图书馆的50%，但从县级图书馆的现状来看，全国仍有数百个县（含县级市）没有图书馆；根据文化部的调研统计，到2009年，全国共有公共图书馆2850个，其中县级公共图书馆2491个。按照全国行政区划,县级公共图书馆覆盖率为85.1%,这意味着仍有很大缺口。而且,这2000多所县级图书馆未达到国家最低标准的也很多。而就乡镇一级而言,根据文化部的调研统计,我国现有的27000个左右的乡镇没有或者事实上没有综合文化设施,自然也就缺少直接面向农民的图书馆(虽然近年开展的农家书屋建设对此有所改善,但效果有待评估),即使少数拥有综合文化设施的乡镇也不一定都设立图书馆。

从国际标准来看,国际图书馆协会联合会于20世纪70年代颁布的《公共图书馆标准》规定,每5万人拥有一所图书馆,一座图书馆服务辐射半径通常标准为4公里。21世纪初,我国平均每46.8万人口、每3368平方公里面积(服务辐射半径大致为32.8公里)才拥有一座公共图书馆,与国际标准有明显差距。虽然有些省、地市公共图书馆在市辖区外建立了基层分馆或服务点,但大多属于示范性的,数量十分有限。

我国公共图书馆特别是基层图书馆数量少,分布不合理,对提高城乡居民的文化水平、提高民族和国家的文化软实力是极大的障碍。

第二,地方政府不重视,图书馆缺乏资金,硬件建设落后。

我国公共图书馆特别是基层图书馆设施状况仍然比较落后,不符合现代公共图书馆的功能要求,存在面积不足、建设年代久远等问题。

根据文化部的数据,就连地市级图书馆的面积按照《公共图书馆建设标准》,达标率也仅为25%,而县级图书馆情况则更糟糕。有41.1%的县级图书馆建于1990年以前,建筑陈旧,安全隐患大，对图书保存极为不利。

此外，图书馆的区域建设发展极不平衡，根据文化部的调研数据，以地市级公共图书馆为例，东部地区平均每馆面积为11189平方米，西部仅为4951平方米；东部地区平均每馆藏量为75.3万件，西部仅为25.4万件。

第三，基层图书馆藏书又旧又少，更新速度慢，致使图书馆对于读者丧失了吸引力。

我国公共图书馆的藏书量低，按照人均标准则更低。根据国际图联、联合国教科文组织发布的《公共图书馆服务发展指南》规定，公共图书馆人均藏书量应达到1.5~2.5册。而我国公共图书馆人均藏书量仅为0.44册，而县级以下图书馆人均只有0.1册，远远低于国际图书联合会的标准。

今天的知识更新速度几乎以几何级速度增长，每年仅国内新出版的图书就达30万种。而基层图书馆往往囊中羞涩，每年的购书经费很少。很多基层图书馆往往是每年象征性地购进少量图书，甚至与私人藏书家相比也大为逊色。

公共图书馆属于公益性单位，收入来源主要依靠财政支持，在2000~2009年，全国公共图书馆财政拨款占收入总计的比重保持在82%~90%之间。由于财政投入大部分用在了人员支出上，用于图书购置和开展活动的经费十分有限，严重制约了公共图书馆的活动开展。以县级公共图书馆为例，2009年，在全国2491个县级公共图书馆中，1030个图书馆的人员支出超过了财政拨款的80%，而675个县级图书馆全年无购书经费，占县级图书馆总数的27.1%。全国图书馆人均年购书费却仅有0.7

元,甚至有些省份图书馆人均购书费只有 0.1 元。很多县级图书馆的书,还是三四十年前购买的。

新购图书少,自然也很难吸引读者前来阅读了,这是导致基层图书馆人气不旺的一个重要原因。

第四,基层图书馆方面缺少服务意识,服务质量差;功能定位不准;图书馆的图书管理人员素质偏低。

基层图书馆往往还固守着"等、靠、要"的阵地式经营理念,缺少拉动人气的办法。对于基层图书馆来说,其阅读功能要远大于其收藏功能。然而,现实情况是,在基层图书馆本已狭小窘迫的建筑面积中,大量陈旧少人问津的图书堆积其间,占领了宝贵的有效空间。而真正能够引起读者兴趣的新书占有的空间极少,读者座位也往往很少,影响了图书馆的使用效果。此外,电子书和网络阅读的兴起,以及众多书店实行开放式服务,吸引走了大批读者。在如今这个生活节奏加快、电子阅读盛行的时代,去图书馆读书已经成为一种"奢侈的高雅"。更多的读书人宁愿待在家里,也不愿去条件极差、服务极差的图书馆。

不少图书馆缺少真正符合条件的管理人员。因为图书馆属于全额拨款的公益性事业单位,有的竟成为安排闲杂人员的地方。这造成人员队伍素质劣化,服务不能满足群众的文化需求,也加剧了图书馆的"冷清"。据一份抽样调查显示,京、沪两地 100 家专业图书馆人员中,大专以上学历者共占 59.6%,本科以上学历者不足 30%;80% 以上的专业人员需要进修图书馆学、情报学等专业知识。由此可见,我国图书馆特别是基层图书馆的工作人员总体素质偏低,专业人员和图书馆现代化所需的配套人才匮乏。

公共图书馆特别是基层图书馆的发展，确实遇到了前所未有的困境。在《人民日报》与人民网共同推出"图书馆的认知和使用情况"读者问卷调查中，在被问及"是否知道当地有正常运营的图书馆"时，超过两成（20.1%）的人表示当地没有图书馆，4.6%的人表示不清楚。在后两类人群中，超过九成（92%）的人表示当地需要建设图书馆。当被问及"不去图书馆最主要的原因"时，"馆藏不够丰富"成为最大阻碍，近七成（66.9%）的读者选择了此项。其次，"路程太远"（60.3%）、"有其他途径（比如上网）可以代替"（57.1%）和"馆藏更新速度慢"（50.7%）也成为疏远图书馆的主要原因。此外，图书馆"服务水平低下"（38.4%）、"环境不够舒适"（27.9%）及"没有去图书馆的习惯"（11.5%）都是不利因素。从中可以看出，图书馆已经越来越远离人们的生活，特别是基层图书馆的发展严重滞后。

为了能够使基层图书馆得到快速发展，使之成为城乡居民身边的阅读中心，我提出以下建议：

第一，加紧制定《图书馆法》，通过立法保障图书馆事业的发展。

早在1850年，英国议会就通过《公共图书馆法》，规定每1万人的地区设一所图书馆，地方政府应对本地区的成人和儿童提供图书馆服务，经费从房地产税中提取。这是世界第一部全国性公共图书馆法。至今，世界上已有80多个国家和地区先后颁布了250多部图书馆法规。而我国早在清末和民国时期，曾以政府及教育部的名义出台过关于图书馆的规程。随着我国人民群众精神文化需求的日益增长和公共图书馆事业的发展之间不平衡的增大，社会各界对推进图书馆立法已形成共识。通过立法，对于公共图书馆特别是基层图书馆在经费、办馆方针及科学管理等方面，将提供重要保障和支持，对于推动公共图书馆事业发展，解决当前我国图书馆事业发展面临的突出问题，进一步促进事业发展，具有重要意义。

第二，增加购书经费投入，提升县级图书馆的办馆水平，加大辐射范围，在城市街道和农村乡镇成立分馆，便于读者阅读和借阅。

各级政府应该加大对基层图书馆的经费投入，严格按照《公共图书馆建设标准》对基层图书馆进行改造或新建，保证所有图书馆在建筑面积及规格等方面达标；对于各级图书馆的购书经费占文化事业经费的比例应该有明确的规定。

为扩大辐射范围，可以借鉴苏州图书馆在各区建分馆的经验，让县级图书馆在城市街道和各乡镇农村开设分馆（对于城市已有的部分社区图书馆要理顺管理结构，纳入到县级图书馆统一管理，而已经开设的农家书屋可以纳入到乡镇分馆进行统一管理）。这样做有助于统一管理，形成统一采购、统一编目的图书配送体系，最大限度地实现资源共享，特别是适应未来促进数字图书馆统一建设的发展。街道和乡镇农村的基层图书馆在县级馆的带动和辐射下，未来将呈现出广大的发展空间。

基于乡镇财政属于县财政统一管理的现实，各县级财政应该加大投入给县级图书馆，用于建设分馆和维持日常开支。国家和省市政府也应安排专项经费扶持县级图书馆的分馆建设。在继续推进农家书屋建设的基础上，实现全国所有乡镇街道有图书馆、所有村拥有图书室的文化发展新局面。

第三，积极提高基层图书馆的服务水平，提升其公共服务的功能。

一方面图书馆要加强对图书管理人员的培训和考核，严禁图书馆成为安置闲散人员的地方。

基层图书馆的服务要有所延伸，体现其公共服务的属性。比如在免费办证免费借阅的基础上，面对所有人平等开放，包括对残障人士等，甚至像杭州图书馆那样，即使对乞丐、拾荒者也照样接纳，允许其进门阅览。在日本，图书馆的亲民性也体现在对流浪人士的包容，允许他们常在图书馆消遣，怡然自得地读书而不会受到侧目或者打扰。我们应该让图书馆工作人员懂得，在阅读面前，众生平等且理应受到尊重。

建议基层图书馆要配备免费的饮用水和空调设施，便于居民们在酷暑或严寒季节到这里休闲。在基层图书馆还要开设休闲阅览室，更多地为孩子和老人提供服务。很多儿童学生放学时间早，可以直接到这里来阅读或完成作业；而很多老人也可以在这里把大量闲暇时间用在阅读或社交活动。譬如在美国，每个镇里都有小巧而方便的图书馆，不仅担负着居民借书还书的功能，而且已经成为社交场合和文化娱乐场合。再比如，日本人的钱包内往往都有一张常去图书馆的日历小卡片，图书馆还为盲人免费配送图书，甚至有的还支持就近在便利店还书等等。因此，提高基层图书馆的服务水平，要在一些服务读者的细节上做足工夫，以使人们愿意来图书馆并使之成为重要的生活习惯。

第四，积极鼓励和扶持民营图书馆、公益图书馆等。

在城市，应该给予民营图书馆生长的政策和空间。鼓励公立图书馆与民营企业合作，建设基层图书馆。在这方面，温州市图书馆的经验值得借鉴。温州市图书馆与某民营企业合作，在全市图书配置标准未达到国家学校图书馆标准的学校中，每年建10所以上的基层图书馆，最终达到100所基层图书馆。其实，在很多城市，已经有一些民营机构创办了图书馆，甚至一些民营书店兼具着民营图书馆的功能。但是，发展一直受到政策限制，需要国家给予其宽松的空间。而在农村特别是西部农村地区，有些公益基金会以及民间公益组织在那里建立了公益性图书馆（室），其往往具有灵活性和特色，受到了当地学生和农民的欢迎。对于民营图书馆和公益图书馆，国家应该在政策和资金补助方面给予扶持，以使其为繁荣人民群众的文化生活做出更大贡献。

此外，还应鼓励城市商场和农村市场等在本场所内建设便捷而有特色的儿童图书馆，便于跟随父母前来的孩子们能够有歇息、寄存并进行阅读的场所。在这方面，新加坡邻里图书馆及区域图书馆的经验值得学习。

图书馆是人们精神家园的重要载体，如何使图书馆成为文化的重要中心，使其阅读公益性与便捷服务性得到最大程度的展现，丰富人们文化生活和精神生活的同时，提高全民阅读水平和文化水平，越来越考验政府部门的公共服务能力。因此，对于文化事业的普及性生长，我们应该从那些作为文化"毛细血管"的基层图书馆做起，而不是仅仅做大做强少数标志性大图书馆。

> 未来的图书与未来的阅读

曾经有媒体采访我关于"未来学习"背景下的阅读问题。记者提出,我们是不是可以设想下,在未来的某一天,三维成像技术进入图书出版、图书传播领域,一种充分吸收了网络媒体和纸质媒体的优势,或可称之为"三维图书"的媒体进入日常生活。那个时候,人们的阅读既能有网络阅读那样的便捷感,又能有纸质阅读那样的切实体验。那么,未来的图书可能以什么样的形态出现?它可能在哪些方面改变人们的阅读生活?

对于记者的问题,我主张要把未来的图书与未来的阅读放到未来教育、未来学校和未来学习的大框架下进行思考。

我认为,未来的学校会成为一个学习共同体。也就是说,它会由一个一个网络学习中心和一个一个实体学习中心,共同构成一个学习社区。学校的概念会被学习社区的概念所取代。每个学习中心不再是一个独立的孤岛。现在每一所学校都是一个封闭的闭环或者说相对封闭的王国,学校之间的联系和交往是偶然发生的。但是,未来的学习中心将会是一个环岛,彼此之间是互通的,真正意义上的学习共同体会出现。学生可以在不同的学习中心选择课程,也可以相互选择课程、相互承认学分,教师也可以跨越学习中心进行指导。这样一种开放的、互联的学习中心将成为趋势。未来的学习将进入一个课程为王、能者为师的新的时代,而阅读,在未来社会中也将发挥越来越重要的作用。

至于记者提出的未来的图书与阅读的方式将发生的变化，那是毫无疑问的。前几年，三维成像技术就已经进入图书出版、图书传播领域，我主持的《中国人基础阅读书目》（包含幼儿、小学、初中、高中等阶段）系列图书，就已经用了二维码的技术，把与经典著作相关的视频、影像资料收入书中。前不久，央视主持人白岩松推出了自创图书系列品牌"FromBai"，将其畅销多年的《痛并快乐着》《幸福了吗？》《白说》三本书全新再版。但是这次再版，并非简单地重新装帧付印，而是添加了二维码，增加了他特别录制的 220 小时的视频。他在这套书的发布会上提出，这种新型的出版方式可能会渐成气候，"图书出版应该是立体的——比如说《红楼梦》，能不能把诸位名家对《红楼梦》的点评以立体的方式附在新版的《红楼梦》上？书的页码没变，但是却更'厚'了——我觉得图书出版该向 3.0 时代挺进"。所以，我认为未来的图书一定是如那位记者所说的那样，是一种充分吸收了网络媒体和纸质媒体的优势的新型"三维图书"，是一种能够将虚拟现实和增强现实完美结合的新型图书，人们的阅读既能有网络阅读那样的便捷感，又能有纸质阅读那样的切实体验，甚至还能够创造亲临其境的现实感。

不仅如此，未来的图书还会出现新型的互动模式。系列动画短片《神圣机器》的设计者乔西·马利斯已经开发出一种新型的手翻动画书 *Molecularis*，其中的图画是没有上色的，读者可以自由发挥进行涂色，让它成为自己的独家图画书。

当然，未来的图书究竟以什么样的形式出现，凭我们现在的想象力可能还无法准确预料。正如5年前我们无法想象支付宝可以让我们不需要去实体银行，10年前我们无法想象淘宝可以让我们不必去实体商店一样，20年前我们还很难想象数字化阅读将成为互联网的原住民的主要阅读方式。

可以确定的是，科学技术日新月异地发展，人们会创造出更为先进、更为便捷的阅读载体。未来的纸质图书肯定会融入更多的科技含量，成为真正意义上的融媒体。一本纸质图书，可能既可以扫码听书，也可以扫码看配上文字的影像，还可以戴上特制眼镜进入虚拟现实的场景，而印刷精美的纸质书、个性化定制的专属图书，也可能会成为具有收藏价值的艺术品。

这样的变化，引发了许多人对于纸质阅读的担忧。的确，从现象上看，近年来数字化阅读的增长速度明显高于纸质阅读，但是我还是坚持认为纸质阅读仍然具有其重要的不可替代性。就连马利斯自己也承认，纸质书仍然拥有数字化图书等高科技无法比拟的优势：因为它"永远不会没电，不慎掉落在地上也没关系，不用调节屏幕亮度，总是具有高分辨率，借给别人也完全没有问题"，等等。

所以，未来的图书应该是多种形式并存的百花齐放的样态。弗吉尼亚大学珍本图书学校校长迈克尔·苏亚雷斯在接受西班牙《万象》月刊记者采访时对此充满信心。他说，尽管不断有人宣判纸质图书的"死刑"，但书本是不会消失的，"这就像写作没有取代口述，电视没有取代广播，电影没有在各种视频网站面前停止发展一样，书本也将继续与我们同在"。

至于未来的阅读方式，无疑也会更加多元化。人们会根据自己的阅读需要和阅读习惯,选择不同的阅读方式。阅读的"认知外包"模式有可能出现,即人工智能会帮助我们收集相关的主题材料,帮助我们做分类索引、文献摘要、逻辑分析、数据处理,简单的资料查询性的阅读可以委托智能阅读器帮助我们完成,我们则腾出更多的时间进行创造性阅读和欣赏性阅读。

非常有意思的是,一家致力于人工智能的纽安斯公司,已经研发了一种用于阅读的脸部、声音和语言识别系统,能够通过摄像头检测到读者是否疲惫,给出新的阅读选择建议,或者自动调节有声读物的音量以帮助睡眠。所以,未来的阅读方式会随着阅读载体的变化和科学技术的进展而发生新的变化,也是完全可以预期的。

许多人担心,在数字化的时代,人类的阅读是否会式微,会不会进入奥威尔所担心的没有人想阅读,真理变成滑稽戏的时代?个人认为不会出现这样的局面。人类是世界上唯一能够运用语言和文字来表达思维的生命体,是唯一通过不断阅读来继承和弘扬人类自己创造的智慧成果的生灵。人类要想不退化,就必须不断学习,不断阅读,不断成长。所以,无论阅读的载体、图书的形式以及阅读的方式发生怎样的变化,阅读的价值与阅读的本质不会变,人类的阅读需要也不会变。

> ## 人工智能会改变人类阅读吗？

2017年5月19日，微软联合图书出版商湛泸文化在北京发布诗集《阳光失了玻璃窗》，诗集的作者系微软人工智能机器人"小冰"。据介绍，"小冰"学习了自1920年以来500多位诗人的现代诗，训练超过1万次，其写作诗歌的思维过程与人类相似，大致有诱发源、创作本体、创作过程、创作成果等步骤。自2017年2月起，"小冰"在天涯、豆瓣、贴吧、简书四个网络平台使用了27个化名发表了诗歌作品，有大量跟帖评论，但无人知道其是机器人。该诗集出版后，在中国诗歌界引发多轮议论，诸多诗人、批评家、翻译家对此发表了各自的看法，其中反对者多而赞成者少。但人工智能发展迅速，成果惊人，已成既定事实。

这是人工智能在文学创作领域的一次尝试，联系此前已经进行过多次的围棋界的"人机大战"，可以肯定的是，人工智能已经对人类的创造能力和创造机制发起了挑战，更带给我们很多值得思考的问题。那么，在未来人工智能会对人类阅读有什么影响呢？

记得几年前的一次阅读研讨会上，有一位企业家说，他正在研究让机器人帮助人阅读的问题。我还记得，现场的几乎每一个听众，都露出了不可思议的神情。

到了2017年，这位企业家的梦想得到了部分实现，或者说我们已经亲眼看到了人工智能改变人类阅读生态的可能性。

人工智能在2017年风头出尽。除了前文所提到的"小冰"出诗集外，人工智能在多个领域高歌猛进，让人目瞪口呆。阿尔法围棋三场连胜世界围棋冠军柯洁，其升级版AlphaGo Zero在没有人类导师的情况下无师自通，轻松拿到了包括国际象棋、将棋和围棋在内的三大棋世界第一，攻陷人类智力游戏的高地。在医学和法律两个同样需要高智慧的领域，智能机器人也出手不凡，战绩辉煌。

2018年的帷幕刚刚拉开，人工智能又一次高歌猛进。一个惊人的消息传来：在由斯坦福大学发起的SQuAD文本阅读理解挑战赛中，来自微软和阿里巴巴团队的人工智能模型分别以高分战胜了人类选手，位列榜单的前两位。虽然领先分数不多，但这是人工智能首次在文本阅读测试中战胜人类，意味着人工智能在自然语言处理方面，已经达到了人类对语言词句的理解层次。

我在给新教育同仁的新年致辞中说，未来的教师一方面要与机器共舞，要善于借助智能机器人为我所用；另一方面更要努力做智能机器人无法做的事情。

智能机器人在教育上的应用，恰恰是因为传统教育中的各种方法，如死记硬背满堂灌等等，都是机器人的强项。但是，机器人很难深入人的情感深处，很难关注人的个性发展，而这些恰恰是教育的本质，是教育的真正使命。从这个意义上说，智能机器人的兴起，让我们重新审视和发现教育，回归教育的本性。

按照这样的思路，我们来审视人工智能与人类阅读，审视如何利用人工智能服务人类自身的阅读，许多疑惑也就可以迎刃而解。

首先，从根本上来说，人工智能无法替代人类的阅读活动。一个人的精神发育史就是他的阅读史。每个人的精神成长历程，在一定程度上重演了整个人类精神成长的历程。人的智慧、人的思想是无法通过基因遗传的，也无法像机器人一样通过芯片置入。尤其是作为情感熏陶、价值观培养的阅读，没有个人的深度阅读与思考，是很难做到的。所以，通过阅读，与那些最伟大的思想、最伟大的智慧对话，不仅是个人精神成长的必修课，也是整个社会进步的重要路径。不仅机器无法替代，人自己也无法代替别人进行阅读。

其次，人工智能可以帮助人类更有效地阅读。人工智能虽然无法替代人类的阅读，但是可以帮助人类更有效地阅读。如查找资料性质的阅读，未来就可以交给智能机器人去做。我们的阅读有相当一部分是阅读各种工具书，为了检索相关主题、查找资料，这样的工作，机器人比人更快捷、更准确，我们提出要求、发出指令，机器人即刻完成。这就节省了过去把大量时间放在查找资料的过程。如机器人还可以帮助人对书籍进行"初读"，了解一本书的基本观点和主要内容，为人们进一步的深入研读提供基础资料。机器人也可以根据自己的"阅读"和对读者阅读口味的了解，对图书进行分类分级，帮助人们寻找最合适的读物，等等。

再如，人工智能可以读书给人听。现在的电脑在模拟人声方面已经可以达到"乱真"的地步,能够"无限接近"真人的声音,甚至连人在朗读时的感情色彩也可以被人工智能"高仿"。无论是以生气还是开心的口吻读,无论语气是平缓还是急促,人工智能都可以有效识别,用适当的语速、语调和声音朗诵出来。这样的阅读,可以帮助人们"一心二用"地听书,也可以帮助不识字的幼儿进行阅读。

另外,人工智能可以通过虚拟现实等一系列技术,让阅读超越现有纸质载体的束缚,进入多媒体、多感官的领域。阅读时加入全息投影与成像技术,会创造一番全新的阅读体验。近几年出版的图书中已经普遍运用二维码技术,以及近年很流行的AR(增强现实)图书,已经实现了多媒体阅读的可能。

总之,无论社会怎样变化,技术如何进步,作为人的精神发育的最直接、最便捷、最有效的手段,阅读永远是必须的,而且是不可能被人工智能取代的。但是,未来的人的阅读,也不可能是传统意义上的人的阅读,从阅读方式到阅读内容,都会发生深刻的变化。未来的人,在很大程度上是一个"人机结合体",也就是说,未来的学习者,是人脑加人工智能的合体,人们会把简单的、工具性的、检索性的阅读交给智能机器人,会利用各种碎片化的时间让机器人帮助自己读书,阅读的效率和效果也会进一步提高。人工智能,将会帮助人类智慧阅读,高效阅读。

> 文化中心、精神客厅、心灵牧场:"理想图书馆"

十年前,《中国教育报》的记者曾就"最理想的学校图书馆应该是怎样的"话题,对我进行过一次专访。我的回答是:图书馆应随时随地向孩子们敞开,让爱书、懂书的人来荐书、管书,"书香校园"是学校图书馆所追求的终极目标。其实,学校图书馆只是图书馆的类型之一。那么,一个"理想的公共图书馆"到底应该是怎样的呢?

(一)

理想的图书馆首先应该是一个文化中心、精神客厅和心灵牧场。在二战中被毁的德国国家图书馆废墟上,德国人曾经刻写过这样一句碑文:"没有比毁掉图书馆更容易毁掉一个国家的文化。"的确,公共图书馆在促进社会进步、弘扬文化传统、支持地方经济、培养人才技能、激发个人创造力、提高社会整体智能水平、建设"学习型城市"等方面,都有着不可低估的作用,它是一个民族的文化中心,是一个城市的精神客厅,更是广大读者的心灵牧场。

对于一个民族的文化传承来说,公共图书馆居功至伟,它应该是一个不折不扣的文化中心。联合国教科文组织颁布的《公共图书馆宣言》明确指出,"公共图书馆是传播教育、文化和信息的一支有生力量,是促使人们寻找和平和精神幸福的基本资源","公共图书馆,作为人们寻求知识的重要渠道,为个人和社会群体进行终身教育、自主决策和文化发展提供了基本条件"。这份《公共图书馆宣言》还详细阐述了图书馆的12项使命:

(1)养成并强化儿童早期的阅读习惯;

(2)支持个人和自学教育以及各级正规教育;

(3)提供个人创造力发展的机会;

(4)激发儿童和青年的想象力和创造力;

(5)加强文化遗产意识,提高艺术鉴赏力,促进科学成就和科技创新;

(6)提供接触各种表演艺术文化展示的机会;

(7)促进不同文化之间的对话,支持文化多样性的发展;

(8)支持口述传统文化的保存和传播;

(9)保证市民获取各种社区信息;

(10)为地方企业、社团群体提供充足的信息服务;

(11)促进信息技术的发展和计算机应用能力的提高;

(12)支持并参与各年龄群体的扫盲活动和计划,在必要时组织发起这样的活动。

对于城市公共图书馆来说,搜集、保存、保护和传播地方文献,为地方和社区提供各种便利的知识食粮和文化服务,是其中心任务。基于这一使命,图书馆对于在文化程度、人生志趣和知识需求方面多元化的广大读者来说,也就成为所在城市的"精神客厅"和"心灵牧场"。

正因为如此,世界各国都非常重视公共图书馆的建设。联合国于20世纪70年代公布的公共图书馆拥有量标准为:3万人/座。目前发达国家平均公共图书馆拥有量为:瑞士3000人/座、挪威4000人/座、奥地利4000人/座、芬兰5000人/座、德国6600人/座、英国1.14万人/座、法国2.2万人/座、意大利2.6万人/座、美国3.11万人/座。而我国公共图书馆的平均拥有量只有46万人/座,1181人/平方米,人均藏书0.27册。而且大城市的公共图书馆普及率也比较低。其中北京市平均公共图书馆拥有量:55万人/座,104人/平方米,人均藏书2.8册。上海市平均公共图书馆拥有量:54万人/座,人均藏书3.53册。广州市平均公共图书馆拥有量:65万人/座,625人/平方米,人均藏书0.4册。在一项调查中发现,仅5%的受访者曾经在图书馆中读过书。

美国诗人、著名的思想家拉尔夫·沃尔多·爱默生说过,图书馆是一座神奇的陈列大厅,在大厅里人类的精灵都像着了魔一样沉睡着,等待我们用咒语把它从沉睡中解脱出来。因此,一座理想的城市图书馆,应该不遗余力地收集与保存以所在城市为中心的一切文字材料和文化资料,不仅要尽一切可能地保存,而且要尽一切可能地激活城市的历史文化记忆;应该通过各种积极的措施,来继承人文传统,推广文化和传播文明,让那些沉睡的文字与无言的文物,通过图书馆馆员和阅读推广人的努力得到复活与再生。一座理想的图书馆应该通过各种活动,吸引人们走近书籍,培养人们成为读者,让人们对自己的文化产生浓厚的兴趣和精神自豪感，让人们对未知的世界充满好奇，积极求索。图书馆还应该开创优越的环境和一流的服务，让人们来到图书馆，与古今的大师对话，与中外的名著经典沟通，不断地汲取知识的养料和精神的动力，让图书馆成为充实自我、放飞理想的"心灵牧场"。如果没有了图书馆，一个国家与民族就如同一个人失去了灵魂，一座城市就如同一座房屋没有了客厅和书房，一个人就如同一匹骏马远离了青青的牧场。一座理想的图书馆是一片神奇的沃土，读者能够在这里不断汲取营养，生命最终会如同花朵般怒放；这是一条宁静的隧道，读者能够在这里穿越时空，倾听古今中外人类所奏响的所有伟大乐章；这是一间神圣的殿堂，读者能够在这里隔绝时代的喧嚣、内心的烦躁，最近距离地接近真、善、美，让心灵吮吸知识和文化的芬芳。

（二）

一座理想的图书馆不仅要有成体系、有条理的藏书，而且要有最丰富、最美好的经典藏书。图书馆的力量源泉，来自人类的知识和文化，来自图书馆的藏书体系。

图书馆，顾名思义，就是一个收集、存放书籍的场所。1904年，浙江绍兴徐氏古越藏书楼正式向社会开放，标志着中国近代公共图书馆的诞生。在中国文化史上，无论是官方的藏书机构还是民间的藏书楼，它们演变为公共图书馆的过程，也就是从少数人独享到众人分享的过程。无论是在东方还是在西方，无论是官办还是民营，衡量一座图书馆水平最重要的标准之一，就是它藏书的丰富度与经典性。图书馆的规模和性质可以有所不同，但对于一个图书馆的评价，总是离不开对其藏书质量的评价，而经典图书品种的多少、版本的好坏，永远成为人们津津乐道的话题。

我认为，要把一个民族培养成什么模样，图书馆就要有什么样的"精神食粮"；图书馆配备了什么样的"精神食粮"，就可能把一个民族培养成什么模样。这份意义重大的"精神食粮"，就是一个图书馆应该配备的基本书籍，应该成为每个图书馆的基本藏书。因此，选什么样的书作为图书馆的基本收藏对象，需要国家通过专家、学者进行仔细的研究和考量，还需要通过立法的方式加以决定。因为在这样一个涉及古今中外基本经典的馆藏书目里，体现的是一个国家的基本文化体系，凝聚着一个民族的精神追求。

近年来，我走访的学校图书馆比较多，发现一些图书馆在藏书建设方面的问题非常严重，甚至有的已沦为利益怪圈里"有书无法读"的悲哀。我们耳熟能详的优秀童书，在许多中小学图书馆里几乎找不到踪影，而许多根本不适合孩子们读的书籍，却堂而皇之地排列在书架上。

在北京的一所小学里，我曾看到一些刚刚到校的"馆配新书"，小学生们被配给的图书中有《美学概论》《旧民主主义革命时期的中国资本主义》等。我还曾在一所小学图书馆的书架上看到《狼性商鉴》《赢在营销》《玩转广告》《小资本赚钱100招》《如何练就赚钱的本事》《开公司经商必读》《这样做生意会赚钱》《普通百姓的致富之路》《成功商人是怎样炼成的》《蒙牛管理模式》等。

不仅仅是小学，在某省教育厅发布的《中小学图书馆（室）推荐书目》中，竟赫然出现了《两性情感话题丛书：批判情人》《新编怀孕分娩育儿百科全书》《老年期内科系统疾病》《肾综合征出血热诊断与治疗》《医学细胞学与医学遗传学》，以及《甲醛生产》《降低不良品损失工作指南》《消防工作人员手册》《支点丛书：临界》《下岗职工再就业指南》《国民经济动员培训教材：工业动员概论》等。其中一部分为上、中、下册的《最新医院院长工作全书》就高达983元。

一个没有阅读的学校，永远不可能有真正意义上的教育。小学、中学教育最关键的一点，就是要善于让学生养成阅读的习惯、兴趣和能力。如果一个孩子在十多年的教育历程中，还没有养成阅读的兴趣和习惯，那么他一旦离开校园就很容易将书本永远丢弃到一边，这样的教育一定是失败的。一个没有形成阅读，尤其是没有形成读课外好书、名著和经典书籍氛围的学校，其培养出来的学生就很难有好的阅读习惯；而没有好的阅读习惯，当他面对未来的社会挑战，就很难有完整的精神生活和充实的人生。①

（三）

一座理想的图书馆，要立足当下，为未来培养一代又一代

---

① 朱永新. 书香，也醉人[M]. 深圳：海天出版社，2013.

的读者。儿童时期是一个人阅读最关键的时期之一，是人的阅读兴趣与习惯形成的最敏感的时期之一。在这个时期，孩子们一旦发现了书籍这个智慧宝藏，他们的好奇心因此得到了满足，他们就会拥有终身阅读的习惯，阅读将成为他们的重要生活方式。所以，面向未来培养年幼读者，应该是图书馆的重要职责。

世界各国公共图书馆都非常重视儿童和青少年阅读的推广工作。

如美国纽约公共图书馆每年策划为 0～12 岁的儿童讲故事，举办乐器、戏剧表演，邀约作家和画家访谈等，它的 87 个分馆每年为孩子们举行 1 万多场活动，如故事时间、木偶表演、手工制作等，还建立了专门面向儿童的阅读网站 "on-line for kids"。英国公共图书馆的 200 位馆长联合向儿童推荐 30 本必读童书，并且参与了"阅读起跑线计划"。英国公共图书馆特别为 0～4 岁的儿童举行了许多亲子共读活动，为父母和孩子提供如何通过讲故事、唱歌谣和读韵律诗的方式分享阅读的乐趣。加拿大公共图书馆不仅为孩子们准备了丰富的适合各个年龄段的儿童读物和光盘，而且还建立了针对幼儿园阶段孩子们的读书会，由图书馆的工作人员带领孩子一起读书。

相比之下，从目前的情况来看，我们的公共图书馆对这个问题的重视程度还远远不够。

据调查，我国儿童人均拥有图书 1.3 册，未成年人儿童读物拥有量在全世界排名第 68 位，是以色列的 1/50，日本的 1/40，美国的 1/30。不仅如此，在儿童喜欢看的书中，有许多是内容不健康的口袋书、日本卡通书、"无厘头"搞笑故事及校园言情小说等。而我国少儿图书馆的建设就更加落后。2006年,某经济特区新建的市图书馆甚至规定"谢绝14岁以下儿童入内",该规定被媒体曝光后,在各方面的压力下,才于一年之后设立了"少儿服务区"。

儿童是民族的希望,是国家的未来。童年是激发阅读兴趣、培养阅读能力最关键的时期。格林曾经讲过,或许只有童年读的书,才会对人生产生深刻的影响。我认为,在14岁以前,每个人真正用心读过的书籍,对自己的影响不亚于这个人的亲身经历。所以,一座理想的图书馆,要有长远的眼光、博大的胸襟,把面向未来培养少儿读者,视为己任。

(四)

一座理想的图书馆,离不开一个支持阅读推广的馆长,一群用心推荐好书的专业馆员。一支阅读推广馆员队伍的造就,乃是当今中国图书馆人才建设的当务之急。

俗话说,"巧妇难为无米之炊"。如果说藏书如米的话,那么,仅仅有米,缺乏"巧妇",也无法烹饪出一顿精神的美餐。除了基本的藏书建设之外,图书馆的另一个重要社会功能,就是推荐好书,传播新知。爱因斯坦说:"在所阅读的书本中,找出可以把自己引到深处的东西,把其他一切统统抛掉。"而帮助读者找出把自己"引到深处的东西",是图书馆工作者的使命之一。如果图书馆建好之后,不推荐书,任读者自发地去阅读,肯定是不行的。这样的图书馆，只能称为"书库"，绝不是我们心目中的"理想图书馆"。

人们的阅读趣味和阅读品位，是需要阅读推广馆员来引领的。经常被人借阅的图书往往是言情、武侠、宫廷、惊悚、玄幻、穿越、养生等题材的小说。在全国图书馆的借阅排行榜上，基本出现了这样的规律：男性读者爱看武侠小说和时事类书籍，女性读者爱看言情小说和时尚题材书籍，年轻人追捧玄幻小说，老年人爱读养生类书籍。

我个人认为，完全顺从人们的个性，让读者跟着感觉去选书来读是远远不够的。图书馆的阅读推广与个人的买书、选书还不太一样，也就是说作为公益机构的图书馆，要在既"公"又"益"两方面同时下功夫，既做好公共文化服务方面的工作，又能够在开卷有益这方面有积极的作为，也就是说，要发挥图书馆阅读推广的导向作用，把馆藏的好书佳作、名著经典，通过各种导读活动、各种推广方式，尽量面广量大地传播出去，与广大读者分享。

众所周知，书籍是人类精神的食粮。这个精神食粮的口味也和物质食粮一样，需要"营养师"的专业指导、"大厨"的科学烹饪。在当下这个时代，"酒香还怕巷子深"，图书馆工作者应当常常思考，好书是否"藏在深闺人未识"？因为来自出版社、作者角度对图书的推荐，毕竟有着市场利益的驱动，有一定的视野局限，难以像图书馆这样的第三方机构比较有公正、客观的立场，正如由中国国家图书馆主持的"文津图书奖"、由南京图书馆主持的"陶风图书奖"。因此，当图书入馆收藏之后，更需要有人去做积极主动的推介工作。

（五）

一座理想的图书馆，一定要有一整套经由各领域一流专家和权威学者，以科学、严谨、负责任的态度研制出来的常备书目，且基于书目配置起来的基本藏书资源。

对于我国中西部部分地区的基层图书馆来说，往往存在一些极其现实的问题。一方面是购书经费被不正常削减，导致图书馆藏书建设资金捉襟见肘，无法正常开展工作。许多地方上的公共图书馆反映，由于缺少经费，因此图书更新慢，以至于读者大量流失。另一方面，则是购书经费在使用上缺乏科学的书目来指导采购与收藏。现在虽然从国家到省区市都有"推荐书目"，但这些书目大多数没有经过我国一流的专家、学者进行科学的研究论证。2012年，我应邀参加某图书馆的"馆配书目"会，当时就曾明确表示：如果不能根据一定的科学程序，进行真正的书目研究，经过深入的交流，甚至激烈的辩论，而只是聚在一起匆匆开两个小时的会，哪怕邀请再多、再一流的专家、学者，也是无法把一份书目做好的。

图书馆没有好书，就意味着读者每天在吃"垃圾食品"。那么，究竟哪些书才是最适合我们国家读者的经典好书呢？

美国人出版过一本书《文化素养：美国人必须知道的知识》，选择了那些最基本、最重要、最经典的图书推荐给美国国民阅读。最近几年，我也组织了全国的阅读推广专家成立了

"新阅读研究所",已经为孩子们研制了《中国小学生基础阅读书目》和《中国幼儿基础阅读书目》,正在研制的是《中国中学生基础阅读书目》《中国大学生基础阅读书目》《中国父母基础阅读书目》《中国教师基础阅读书目》《中国企业家基础阅读书目》《中国公务员基础阅读书目》等,每份书目都经过少则十几轮、多则数十轮的研讨,从数十万本图书中选择 100 本左右的经典读物。我们希望再努力几年,能推荐出一个适合中国人的基本书目来[①]。

我相信,我们"新阅读研究所"的这些探索与尝试,能为政府有关部门在深化此类工作时提供一些有益的借鉴。费尔巴哈说过:"人是他自己食物的产物。"我们读什么就会成为什么。读什么样的书造就什么样的人。所以,当务之急应该研制一个科学严谨的公共图书馆基本藏书目录。推介好书的方式有很多,可以通过书目简报、书展陈列、故事会等形式,以丰富多彩的活动来推介。人是社会性的动物,阅读推广的活动越精彩、越频繁,就越会有更多的人被吸引着参与进来,乐于分享好书、共享知识。

一个组织的生命也在于它的活动,活动是组织生命的载体,一座理想的图书馆,应该充满着各种各样以书文化为中心的活动。图书馆藏书丰富,品种齐全,比较适合组织各种专题活动,如清明、端午、中秋、重阳等重要节日,都可以把相关主题的图书作陈列推荐,并组织有关的主题文化活动等。如果图书馆

---

① 朱永新. 我的阅读观[M]. 北京:中国人民大学出版社,2012.

如此积极作为，那么，人们走进图书馆参加一场活动，拿起一本好书，就会发现更多的好书，最终爱上读书，养成终身阅读的良好习惯。

无论以何种方式推荐好书，都需要有好的眼光，需要懂得图书，有专业背景，归根结底，就是需要爱书人、懂书人。所以，图书馆馆长和馆员，都应该是热爱阅读、支持阅读推广事业的人。① 在国外，大学的图书馆馆长都是德高望重的学者，公共图书馆也是由社会贤达人士负责管理。博尔赫斯有句名言"如果有天堂，天堂应该是图书馆的模样"，他本人就是阿根廷国家图书馆的馆长。我相信，随着时代的发展，这样的图书馆专业人员，在中国也会越来越多。

随着时代的发展，影视、网络等休闲方式对阅读造成了致命的影响，有识之士越来越认识到问题的严重性，对阅读推广的呼声越来越高，推广阅读的活动也越来越多。在这样的时代背景下，阅读推广成为许多公益组织自发自觉的行动。

公共图书馆作为政府事业单位，不可能无限度地聘用专职人员。而全民阅读已经成为政府的要求，阅读推广是需要无限度去做的事。在这样的矛盾下，理想的图书馆要善于利用、积极利用全社会的各种阅读推广团队，并肩工作，协力同行。② 比如"新教育萤火虫亲子共读"的公益项目，在全国 30 多个城市建立了工作分站，其中郑州、成都、百色等地的分站，就与当

---

① 徐雁. 阅读的人文与人文的阅读 [M]. 北京：科学出版社，2014.
② 王余光. 阅读，与经典同行 [M]. 深圳：海天出版社，2013.

地图书馆建立了密切而良好的合作。当地图书馆提供场地，分站的公益团队义务开展公益阅读活动，迄今举办了数十场活动，郑州分站还因此荣获了2012年度"河南省图书馆最佳公益团队"的称号。

一旦在阅读的每个层面都与一个这样的公益团队合作，都有这样的社会志愿者加入，图书馆的影响力也就容易深入到民间，而图书馆也就因此成为阅读推广的公益枢纽。

（六）

一座理想的图书馆所提供的公共服务，必然是快捷、便利而富有效率的。

联合国教科文组织颁布的《公共图书馆宣言》明确指出，"公共图书馆是地区的信息中心，它向用户迅速提供各种知识和信息。每一个人都有平等享受公共图书馆服务的权利，而不受年龄、种族、性别、宗教信仰、国籍、语言或社会地位的限制。对因故不能享用常规服务和资料的用户，例如少数民族用户、残疾用户、医院病人或监狱囚犯，必须向其提供特殊服务和资料"。中国图书馆学会在2008年颁布的《图书馆服务宣言》中，也强调了现代图书馆秉承的对全社会开放的理念，以及承担起实现和保障公民文化权利、缩小社会信息鸿沟的使命，提出了"对社会普遍开放、平等服务、以人为本"的基本原则。

本着这个原则，一座理想的图书馆应该尽可能地让读者感到便捷，取消各种不必要的限制门槛。国际上很多图书馆还书不需要任何手续，任何人在任何时候借还都很方便。我曾经在欧洲的一个小镇上看到，到了晚上，图书馆虽然不再对外开放，但门口会为读者设置好一个大还书箱。当然，这是建立在社会的诚信基础上的，但总体来说，它体现出的是一种"以读者为本"的服务精神。如果借书、还书的手续很复杂，人们主观上当然都不愿到图书馆去。

图书馆的人文精神，主要体现在"以读者为本"的服务精神。具备了这种精神，就能创造性地开展图书馆读者工作。如借书归还问题，新加坡国家图书馆借助无线射频识别技术（RFID），实现了借阅率增长30倍而工作人员却减少了2000人，借书和还书都自助完成，读者在高峰期的等待时间比以往使用传统的条形码扫描技术节省了80%的时间。如在地点分布上，苏州就把社区图书馆办到了家门口：图书馆和社区合作，社区出钱买图书，然后社区和图书馆联网，在社区就可以借图书馆里的书，非常便捷。再如图书馆要尽可能让工作时间与一般读者的阅读时间、工作时间错开，尽可能地延长开放时间等。

所有的门槛都是面向双方的。图书馆的门槛增高，不仅拦住了更多读者，也使得图书馆丧失了读者、丧失了活力。让读者通过图书馆感受到阅读的幸福，让走进图书馆的门槛不断降低，一直降低到没有门槛，则是一座理想图书馆的永恒追求。

总之，公共图书馆作为公共文化机构，它不仅在传播文化，同时也是在创造文化。由这枢纽而传播、创造的公益精神,会转化成为精神的"正能量",会吸引更多人走进图书馆,图书馆的社会文化作用才可以更好地发挥起来。

> 高铁阅读:最美的风景

　　阅读事关文化的传播、文明的传承,是人类进步的阶梯,是通往幸福的桥梁。一个人的精神发育史就是他的阅读史,一个民族的精神境界取决于它的阅读水平。高铁不仅仅是一个交通的工具,也是传播文明与文化的载体。从国际惯例来看,地铁一直是各国尤其是发达国家图书和报刊销售的主要场所,一些重要的畅销书和有影响力的报刊,都不会放弃地铁这样重要的传播渠道。"高铁时代"下,高铁成为老百姓生活的一部分,在高铁上借鉴国际地铁推广阅读的做法具有十分重要的意义。

　　倡导和推进"高铁阅读"具有深厚的现实基础。首先,高铁车厢舒适、卫生、安全、高效,提供了良好的阅读环境。其次,高铁上的读者群基数庞大而且相当稳定。高铁已是老百姓首选的出行方式,高铁动车组2017年全年发送17.13亿人次,预计未来每年的客运量将超过30亿人次。再次,高铁准时准点,时间相对固定。"十三五"期间,高铁将实现北京至大部分省会城市之间2～8小时通达,相邻大中城市1～4小时快速联系,主要城市群内0.5～2小时便捷通勤。

　　倡导和推进"高铁阅读"有利于促进全民阅读工作。阅读推广工作是一件时间长、见效慢的文化工作,绝非一朝一夕之功,需要全社会长期共同参与和努力。在具体的实施过程中,必须要依靠更多抓手,创新更多形式和内容,才能保证阅读推动的可持续性。高铁作为流动的公共场所,连接着一个又一个城市,维系着四面八方的旅客,影响着人们的生活方式和生活理念,既是宣传器也是播种机,是难得的阅读推广阵地。在"高铁阅读"强大的引领示范作用下,相信"地铁阅读""航空阅读"也会随之跟进。这些公共阅读是传播阅读文化的重要途径,能够有效增强人们的阅读意识,促使人们养成阅读的习惯,从而凝聚社会正能量,创建学习型社会,进而确立现代市民意识,培育现代生活方式,养成现代文明行为,提高人民素质,为民族复兴提供强大的动力支持和良好的人文环境。

倡导和推进"高铁阅读"有利于增强国家文化自信。文化自信是一个国家、一个民族发展中更基本、更深沉、更持久的力量。增强文化自信和阅读推广工作相辅相成,不可分割。阅读推广工作能够夯实国家文化软实力的根基、传播当代中国价值观念、展示中华文化独特魅力、提高国际话语权。高铁作为中国的大动脉、"一带一路"倡议建设的重要组成部分,大力推进"高铁阅读"不仅能提升高铁服务水平,提高市场对高铁服务的预期,有效强化高铁正面形象,而且能增强高铁"走出去"的软实力,促进文明对话和文化交流,宣传和推广我国文化,传播思想价值理念,增强国家文化自信,树立国家良好形象。

倡导和推进"高铁阅读"有利于促进文化消费升级。我国经济发展进入新常态,人们的社会生活交往需求将会不断高涨,精神文化消费需求也将不断高涨。把倡导和推进"高铁阅读"作为一项积极主动的文化供给侧改革举措,对于扩大健康向上的居民文化消费具有重大意义,能够提高文化消费的质量,从而刺激诞生新的商业模式，促进经济社会持续健康发展，不断提高人民生活品质。

为此，建议：

突出宣传，提高认识，加强"高铁阅读"理念推广。将全民阅读提升到国家战略高度充分体现了党和国家对全民阅读这项文化民生工程的高度重视，标志着党和国家将全民阅读纳入国家战略层面进行整体布局。在此大背景下，建议将"高铁阅读"作为推进全民阅读的重要抓手，通过多种媒体进行宣传，广泛传播"高铁阅读"的价值和意义。从国家机关、事业单位开始推进，发挥公众人物作用，必要时聘请或者评选"高铁阅读"形象代言人，让全国人民深刻理解"高铁阅读"的内涵和意义，从而真正行动起来，形成珍惜时间、昂扬向上的良好精神风尚。

政府主导，开放合作，引导鼓励社会力量参与。推进"高铁阅读"带有公益和市场的双重属性，铁路公司作为国有企业，应该主动承担起该有的社会责任，同时发挥市场作用，引导已有的阅读基金支持"高铁阅读"，引入文化机构、文化企业、互联网公司等社会力量进行商业运作，探索和创新推进"高铁阅读"的PPP模式。目前高铁上提供的阅读材料十分有限，质量和数量有待提升，建议扩充"智慧高铁"内涵，建设多种形式的"高铁图书馆"，扩展12306网站微信功能，建立高铁数字化阅读平台，仿效目前已经施行的"订餐"服务开通"订书"服务，满足旅客多样化、个性化的服务需求，推动精准阅读，不断改善阅读体验。一方面，充分利用大数据等信息化工具，将旅客的阅读行为实行积分制管理；另一方面，做好高铁图书的推介工作，不断加强阅读相关延伸服务。此外，可以设计以阅读为主题的旅游线路，形成高铁旅游和阅读推广的良性互动。

拓展外延，统筹兼顾，整体推进"高铁阅读"工作。阅读作为个人和民族共同的一项精神工程，应该突破时间和空间的限制。倡导和促进"高铁阅读"同样需要翻越时空界限，注重铁轨上和铁轨下的相互联动，借鉴国内外已有的国民阅读推广活动经验，利用各种平台和途径多措并举，开展形式多样的活动，不断扩大影响范围。建议成立"高铁阅读指导委员会"，加强领导，建立长效机制，统筹协调各方面资源；设立"高铁阅读"读书节或读书年，开展"高铁图书漂流"和"高铁阅读"分享、研讨、评比等活动，让全社会参与到全民"高铁阅读"的大潮中；深入开展高铁阅读文化研究，启动"高铁阅读"调查以获得数据支持，有针对性地推进"高铁阅读"。在具体实施过程中，可以从乘客密集、覆盖区域广的京沪高铁等重点线路入手，逐步向一般线路推广。此外，督促各级相关部门"从娃娃抓起"，建立儿童阅读分级体系，从小养成"走到哪、学到哪"的阅读习惯。

总之，大力倡导和推进"高铁阅读"是深入贯彻落实十九大报告"坚定文化自信，推动社会主义文化繁荣昌盛"的体现，能够进一步推进全民阅读，增强人民群众对公共文化服务的获得感，提高全民族科学文化素质和社会文明程度。

> 高校图书馆是全社会的珍珠

高校图书馆是我国公共图书馆体系中非常重要的组成部分，是学术与文化资源的积淀之地，也是学校形象、气质、品位的集中展示之所。

高校图书馆如何做好社会化服务——包括面向中小学校、面向中小学教师的服务，这是我一直在思考的问题。

高校图书馆对社会开放，做好社会化服务，本来是高校的一项基本职能。因为，高校本身是用纳税人的资金建立和运营的，作为社会公共机构，理应为全社会提供良好的公共服务。同时，通过这样的服务，也有利于开拓信息资源共享、激发社会创新和高校自身的创造。

正因为如此，许多国家在相关问题上明确要求，制定了相关规范。比如，美国图书馆协会曾表示，"大学图书馆应该像对待本校师生一样，为社会用户提供服务，满足他们的信息需求"。日本政府也对国立大学图书馆提出社会用户"不限制身份和目的，可以利用大学图书馆图书资料"的要求。

进入21世纪以来，我国高校也加快了图书馆对社会开放，做好社会化服务的步伐，如2010年发布的《国家中长期教育改革和发展规划纲要》提出，高校图书馆要面向社会开放资源，提供社会化服务；2015年颁布的《普通高等学校图书馆规程》明确规定：有条件的高等学校图书馆，应尽可能向社会读者和社区读者开放；2018年1月1日起正式实施的《中华人民共和国公共图书馆法》第四十八条规定："国家支持学校图书馆、科研机构图书馆以及其他类型图书馆向社会公众开放。"这些都为包括高校图书馆在内的学校图书馆开放社会服务，提供了强有力的政策支持。

虽然高校图书馆提供社会化服务是国际惯例和世界趋势，也有法律的保障，但是在实施过程中还是阻力重重，步履艰难。在全国人大讨论公共图书馆法的相关条款时，常委们就有截然不同的两种意见，而在社交网络的有关讨论中，不赞同高校图书馆提供社会化服务的声音竟然占了绝大多数。如《人民日报》官微发布的"高校图书馆是否应向社会免费开放，你怎么看？"这条微博之下，获得点赞数位列前十的评论，所表达的均是不支持此种做法的意见。

为了弄清楚包括上述高校图书馆提供社会化服务问题在内的高校图书馆改革与发展过程中存在的问题，2018年，受教育部委托，民进中央开展了"加强高校图书馆建设"的调研，来自山东、河北、江苏、浙江、北京的十多位高校图书馆馆长参与了调研或座谈。调研结果表明，当前高校图书馆建设在硬件建设、馆藏资源配置、图书采购和资产管理模式、人力资源建设和开展社会化服务方面都存在不少问题。

在提供社会化服务方面，主要有以下两个方面的障碍：

一是思想意识方面的障碍。有人对我国"985"高校的图书馆网站进行了调研，发现除了一家无法打开图书馆网站外，38家高校图书馆中只有12家提供了关于社会读者的有关信息，而有面向社会读者专项制度的仅有5家。究其原因，主要还是思想意识方面的问题。

大部分高校图书馆管理者往往过高估计了社会化服务可能带来的管理风险、校内外读者利益冲突等问题，如担心社会闲杂人等多了以后，不能保障学生的财产安全和人身安全；担心高校的日常教学和秩序管理受到冲击；担心给图书馆工作人员带来更大的工作负担；担心高校图书资源和座位资源有限，无法满足社会人士的图书需求等。应该说，在这些担心中，有的担心不是没有道理，但已经开展这方面工作的高校图书馆也用事实证明，提供社会化服务完全是有可能的。

比如作为陕南地区最大的文献信息资源中心，陕西理工学院图书馆与汉中市政府签订了图书馆共建共享协议，在学校图书馆同时挂牌成立"汉中图书馆"，专门为当地市民开辟了社会读者阅览室，图书馆所有的开架书库和阅览室向社会读者开放，为市民提供了零门槛、无障碍的服务，使学校文献信息资源惠及汉中市民，取得了良好的社会效益。

有人说，汉中只是一个小型城市，高校图书馆社会化服务实施的难度不大，但是大城市人口众多，如果高校图书馆向社会开放会导致一些问题。其实大城市的大学也更多，便利条件也更多，只要精心管理，应该是可以有所作为的。

二是资源条件方面的障碍。资源条件方面的障碍主要表现在图书资料的资源和阅读空间的资源不足。

关于图书资料的资源不足问题，许多高校图书馆认为，自己的图书资料专业性和学术性比较强，与社会公众的阅读需要差距较大，开放的效果也未必好。不同高校存在专业结构差异，这对图书馆图书资源建设具有很大影响，如设置医学院与未设置医学院的高校，其医学类型书籍、医学专业数据库的资源总量差距可以相差几十倍之多。除了纸质文献以外，高校图书馆采购数字资源的方向也多优先考虑校内学科特色，社会读者更加需要的文化类、普通报刊类、多媒体类数字资源往往很难得到满足。这固然是客观存在的事实，但劣势有时候可以成为优势，专业性、学术性强的图书资料同样可以发挥很大的作用。如地处以汽车产业为主要产业的武汉经济技术开发区的江汉大学图书馆，将辖区内的汽车企业作为图书馆开展信息服务的首要目标，向开发区内的东风汽车公司等企业开放文献信息资源，开设研究包厢，开通电子信息资源的远程访问，有针对性地提供专题信息检索、代检代查、文献传递、数字参考咨询等服务内容，还主动上门为企业员工办理借阅证，开展信息检索与使用培训，指导员工有效利用图书馆信息资源，不仅提高了高校图书馆图书资料等信息资源的利用率，而且发挥了高校为地方社会经济服务的作用。

关于阅读空间的问题。据许多高校图书馆反映，由于图书馆的环境、氛围、配套设施较优，常常是学生自修的首选场所，尤其在各种考试复习期间，面向本校师生提供充足的座位都有困难，根本不可能再向社会开放。2014年底，四川大学图书馆在对外开放的第4天，就匆匆忙忙发出暂停办理社会读者借阅证的通知，理由就是无法提供足够数量的座位。

其实，这些矛盾在信息技术高度发达的今天，完全可以通过实时监控图书馆人数、网络预约、错开高峰等方法有效解决，也就是说，可以通过"互联网+"的路径，建立起更加灵活、更加开放的高校图书馆管理机制，实现更高水平的社会化服务。在实践中，就已经有一些高校图书馆将自己拥有的大量珍贵古籍、名人捐赠、稀见文献等馆藏，通过数字化甚至3D展览的形式加以社会化利用，使尘封的馆藏重见天日，焕发生机。

当然，除了上述两个方面的障碍外，管理上的障碍也是重要的原因。高校师生作为高校图书馆的传统服务对象，群体构成相对简单与纯粹，管理也比较有序和可控，社会读者则身份多元、构成复杂，管理也容易无序和失控。但是，这些是完全可以通过大数据、人工智能等现代技术手段优化管理得到有效解决的。

综上分析，高校图书馆社会化服务其实是"非不能也，乃不为也"。当务之急，就是如何借鉴国内外高校图书馆社会化服务的经验教训，根据新时代高校图书馆转型的新趋势，发挥高校图书馆专业化、学术性强的优势，运用"互联网+"的新媒体渠道，更好地为社会读者打造一个没有围墙的图书馆。

根据相关的实践探索和研究，我国高校图书馆社会化服务的模式可以在以下几个方面进一步深化。

一是进一步加强对社会的援助服务。我国的公共图书馆建设总体来说比较落后，截至2017年底，我国公共图书馆数量为3166个。而据美国图书馆协会统计，2016年时，全美约有各类图书馆12万个，平均每2500人就有一个图书馆。其中公共图书馆约 1.65 万个，比麦当劳连锁店的数量还多。由于公共图书馆资源缺乏，高校图书馆对社区和边远贫困地区的社会援助服务就应该更加自觉。我国的部分大学已经开展了主动帮助贫困偏远地区的教育文化发展，支持基层图书馆的建设等工作。

如厦门大学图书馆开启的援建农村图书馆项目，通过提供图书资源、技术支持、业务指导、信息培训等项目支援新农村建设，并在当地建设了大学生实习基地，为后续援助服务提供保障。深圳市文体旅游局策划启动了一个"图书馆之城"项目，鼓励深圳各高校与公共图书馆开展紧密合作，建设了"深圳文献港"信息服务平台，向社会开放文献资源，开展信息咨询服务，为当地的知识创新、自主创业提供了支持。

二是进一步加大对社区的开放力度。高校图书馆向社区开放的程度是社会化服务的一个晴雨表，也是衡量高校图书馆社会化服务水平的一个重要指标。高校图书馆免费对社会用户提供文献借阅、信息检索等基础性信息服务，也可以对社会用户，特别是企业与创业创新团队提供信息咨询、科技查新、电子数据库文献下载、信息素养培训、学术及创客空间利用等有偿服务。

由于我国中小学图书馆建设和社区图书馆建设相对落后，因此对于我国中小学师生来说，高校图书馆是一个重要的获取知识与信息的场所。但是，从目前的情况来看，我国高校图书馆的开放是非常不够的。

如北京市的高校，在 2016 年累计有 56 所高校图书馆对中小学生开放，一年后就减少到 48 所。而且这种开放多是象征意义上的，因为开放时间非常少，不仅国家法定节假日及寒暑假不开放，而且周末也不开放，唯一一所周末开放的是北京信息科技大学图书馆。有70%的高校图书馆还规定必须提前两周"预约"，给参观设定了"门槛"。就这一点来说，国外许多大学图书馆与中小学几乎是无缝对接的，鼓励中小学师生利用高校图书馆学习，做研究性课题；也鼓励高校图书馆与企业合作，为当地社区民众举办科普讲座、信息培训等活动。我在日本上智大学做访问学者期间，就经常看到高校图书馆为社区举办各种"公开讲座"等。

三是进一步拓宽与社会合作的途径。高校图书馆的社会化服务不应该只局限于图书馆空间内，不应该仅仅是"输出"，更应该做好利用与"输入"社会资源的工作。高校图书馆要用开放的思维，与当地教育文化部门、博物馆、美术馆、科技馆、名人纪念馆等机构，以及当地的社会名流、科技精英、成功企业家、劳模英雄、优秀教师等人才建立广泛的联系，通过名家讲堂、翻转课堂、真人图书馆、馆际交流等活动，引入各种优秀的教育资源，丰富和完善高校图书馆的活动内容，补充高校的不足。

以师范大学的学校图书馆为例，如果我们师范院校的图书馆在对中小学师生开放的同时，能够有意识、有计划地邀请当地名师到图书馆开"名师讲堂"，讲述他们的成长之道。甚至可以在高校图书馆建立名师工作室，鼓励优秀教师带着师范生一起阅读教育理论著作，讨论教育教学的案例，帮助其制定实习方案等，这对于师范大学的师生成长无疑是非常宝贵的资源。

而对于一线教师来说，在"输出"的同时，也可以利用高校图书馆的丰富馆藏，进行专业阅读和专业写作，让自己成长得更快更好。

总之，高校如何提供社会化服务，如何更好地为中小学服务，这是一个很好的问题，也是一个没有现成答案的话题。高校图书馆就像一颗珍珠，不仅在大学生的学习中起着至关重要的作用，在推进社会文明的过程中，也有着重要的作用，只是现在还基本处于"养在深闺人未识"的状况。这个问题随着社会文明的发展，随着终身学习时代的来临，将会成为受到越来越多人关注的问题。我们可以借鉴已有的成果经验，一起携手努力，共同创造和探索。

> 农家书屋：让书籍走进生活

近几年，农民阅读的问题受到了从政府到媒体的高度关注。农家书屋被写进了 2009 年的《政府工作报告》。作为国家公共文化服务体系的重要组成部分，大力发展农家书屋，已经成为政府重要的文化政策。按照农家书屋的建设标准，每个书屋配备不少于 500 种的 1500 册图书、30 种报刊、100 种音像制品，需要投入 2.5 万元。为此，每年的总投入大概在 10 亿元。

在 2009 年举行的以"全民阅读与新农村文化建设"为主题的中国出版高层论坛上，柳斌杰先生作了主旨演讲。他说，文明传承和民族兴亡的历史证明，国民阅读力和阅读水平在很大程度上决定一个民族的基本素质、创造能力和发展潜力。我国是农业大国，农民占人口绝大多数。农村地区良好文化环境的形成，广大农民群众良好阅读习惯的养成和整体文化素质的提高，对于改变他们的命运，对于建设先进文化、培育文明风尚，对于建设全体公民具有更高文明素质和精神追求的国家至关重要。因此，把农家书屋建到村上，把全民阅读扩大到农村，切实解决农村、少数民族地区人民群众看书难、看报难的问题，培养农民阅读习惯，提高广大农民的知识水平和文化素质，这是卓有成效地推进新农村文化建设的重要举措。

我非常赞成"农家书屋"建设，农民非常需要阅读。但是，当阅读没有成为一个人的生活方式的时候，他永远不可能真正地走进阅读。所以,在已经有人担心有书无屋或者有屋无书的基础上,我更担心有屋有书而无人读书。农家书屋作用的真正发挥,必须有一群热爱读书的农民。

研究发现,阅读最关键的时期是儿童时期,这是人的精神饥饿感形成的关键时期,是阅读兴趣与习惯形成的最敏感的时期。在这个时期,孩子们一旦发现了这个智慧宝藏、思想之渊,他们的好奇心得到了满足,他们就会拥有终身阅读的习惯,阅读就会成为他们的生活方式。即使他们今后仍然留在农村,仍然像父辈一样做农民,他们也会与图书为友,而且,他们将会是心灵充盈、眼界开阔、脚踏实地又可能有所创新的新一代农民。

但是,全国许多农村学校还没有图书。我在一次调研时了解到,贵州山区的一个县,200所学校没有一册藏书。

因此,我们主张,把农家书屋建在村小学,让那些最需要读书的孩子能够有书可读;为农家书屋配书的时候,把孩子们最喜欢的书优先配齐。这对最大限度地发挥农家书屋作用具有非常重要的意义。

目前最大的矛盾是行政体系的鸿沟。村小学是教育部门管的,而农家书屋是新闻出版部门管的。我们希望相关部门能够为了同一个目标而联起手来,共同为农村的文化建设服务。

具体来说就是:第一,由新闻出版部门提供图书;第二,由学校提供场地和管理人员;第三,双方共同商定书目,其中有50%左右适合教师和学生阅读的书籍,50%左右适合成年农民阅读的农业科技、实用技术、文学等书籍。

一个农村孩子真正爱上了阅读,或多或少会悄然影响一个家庭的读书氛围。从拯救农村孩子的阅读入手去改变农民的阅读理念，会收到事半功倍的效果。而且今天的孩子就是明天的父母，有了热爱阅读的父母又必然会教育出喜欢阅读的孩子。如此一来，让书籍深入走进孩子的生活，真正走进农村的万千家庭，阅读的种子就会真正扎根在乡间的土地上。

> 书香一缕,心香一路:书香城市需要书香宾馆

我曾经多次说过,一个城市最美丽的风景应该是阅读的风景,一个书香充盈的城市才能够成为美丽的精神家园。城市之美不仅在于外在的山水树木、街道建筑的感官之美,更在于内在的思想之美、人文之美,而且往往是后者孕育着前者。书香城市往往有着自我超越的市民、催人上进的组织、简单宁静的生活和自觉创新的文化,这是书香城市的生命之美、灵动之美。

书香城市是一个立体的工程,需要书香家庭、书香校园、书香企业、书香社区,需要作为城市精神客厅的书店,也需要作为城市窗口的书香宾馆。

宾馆是宾客来到一个城市的第一个驿站,宾客对于一个城市的第一印象也由此产生。宾馆是宾客旅途中的驿站,不仅是身体睡觉休息的地方,也是心灵休憩调整的场所,这就需要阅读与思考。正如以流浪为生命常态的印第安人的那句谚语一样:别走得太快,等一等灵魂。如果在苏州的任何一家宾馆的房间里都能够找到最好最美的图书,那么人们就能感觉到宁静、温馨和惬意,而且对这个宾馆和城市也会充满喜爱甚至敬意。所以,我建议率先在苏州创建"书香宾馆"。具体构想是:

第一,在苏州所有对外营业的宾馆酒店的房间写字台上陈列 10 本经过精心挑选的图书。

第二，这10本图书由专业阅读机构如新阅读研究所研制推荐，内容有介绍苏州历史风情的旅游书，有中外经典名著，有时尚流行的畅销书等。每半年或一年更换一次。

第三，每家宾馆在总台配备100种图书，书目放在房间的书架上，旅客可以选购或者选读。

第四，苏州新华书店负责图书的配置与补充。

第五，每次更换的图书，原则上由宾馆作为员工奖励或者赠送给社区图书馆、边远地区中小学等；对于有困难的宾馆，由文化广播电视新闻出版局代表政府按照5折价格回收，作为奖品赠送给开展阅读的先进单位。

第五，如果住宿的旅客喜欢房间的图书，可以向服务台购买结账，也可以请服务员代为邮寄。

第六，放置图书的小书架作为活动的宣传窗口，可印制书香城市、书目研制单位Logo。

第七，可与企业联合举办该项活动。企业提供相关经费，活动以冠名、推出一本相关图书、在小书架上印制相关信息等方式，介绍该企业。

第八，在苏州试点以后，可以在全国推广苏州模式。进一步推动书香城市的建设。

其实，在南京、苏州等地，已经有一些"书香宾馆"的萌芽。在南京一家由凤凰出版传媒集团办的宾馆里，就已经做出了这样的尝试，把出版集团里的优秀读物陈列在宾馆里，供旅客阅读和购买。在苏州也有"书香人家"这样从命名上就体现出与书籍结缘的连锁酒店。如何将民间的阅读种子培育成林，是政府在书香城市建设中的重要使命。

  宾至闻书香,静夜睡更香。有书陪伴的夜晚是美好的,书香充盈的城市是美丽的。全民阅读的号角刚刚吹响,落实为每个人的行动还需要漫长的努力。书香为伴,这努力的一路也是幸福的一路。让我们一起行动起来,让我们生活的每个角落里,都洋溢着芬芳。

> "让城市因热爱读书而受人尊重"

  1995年正式批准设立"世界图书日"之后，2001年，联合国教科文组织启动了一个新项目：世界图书之都。作为"世界图书日"的承继，它被公认为是当下全球图书与阅读领域中最成功的项目。

  "世界图书之都"是一种荣誉，由相关组织每年推选一座城市，以表彰它在图书出版和公众阅读方面做出的贡献。被确定为"世界图书之都"的城市，以一年为单位，围绕阅读、出版、创作、版权等主题，面向全社会、面向广大民众，举办各种由作家、出版人、图书销售商和政府相关部门、民间相关组织共同参与的活动。到目前为止，已有17座城市成为"世界图书之都"，其中包括亚洲的四座城市：2003年，印度新德里；2009年，黎巴嫩贝鲁特；2013年，泰国曼谷；2015年，韩国仁川。

  2014年，青岛市与深圳市曾申请"世界图书之都"，两城均为我国全民阅读水平较高的城市。特别是深圳市，连续26年人均购书量排全国第一，市民人均日阅读时间超一小时，每万人即拥有一座图书馆，曾被联合国教科文组织评为"全球全民阅读典范城市"。

  有国内媒体在相关的报道中发出追问：我们离"世界图书之都"究竟有多远？报道认为，我们将"世界图书日"误解成了"世界读书日"，只强调"阅读"，未涉及"出版"与"创作";其次,"基本忽略了版权概念"。

我是非常同意媒体朋友的意见的。我们把"世界图书与版权日"(World Book and Copyright Day)错误地翻译为"世界读书日"。这直接导致了两个问题:第一,我从2003年开始就在全国政协和全国人大提出要建立国家阅读节,因为有了"世界读书日"而成为被拒绝的理由;第二,包括深圳在内的城市在申请"世界图书之都"时,比较重视的是阅读,而相对忽视了出版与版权与知识产权保护方面的工作。

1995年,国际出版商协会在第二十五届全球大会上提出"世界图书日"的设想,并由西班牙政府将方案提交联合国教科文组织。后来,俄罗斯认为,"世界图书日"还应当增加版权的概念。所以,联合国教科文组织于1995年11月正式确定每年4月23日为"世界图书与版权日",请注意,因为是西班牙政府提出的申请,所以这个纪念日同时也是西班牙著名作家塞万提斯和英国著名作家莎士比亚的辞世纪念日。这也是我一直希望中国把孔子诞辰日作为我们国家的阅读节的原因所在,我们需要一个原汁原味的属于中国的阅读节。

所以,媒体朋友希望深圳重新申请"世界图书之都",我是非常赞成的。这些年来,我一直关注着深圳在阅读方面做出的努力,我认为深圳是无愧于这个称号的。这个年轻的城市,这个曾经一度被认为是文化荒漠的城市,经过改革开放40年的洗礼,经过多年自觉的文化建设,已经成为中国的阅读之都,成为全民阅读的重镇。

从2000年开始,深圳市把每年11月定为深圳读书月。深圳市秉承营造书香社会、实现市民文化权利的宗旨，每年举办三四千场读书文化活动，创出了深圳读书论坛、经典诗文朗诵会、"年度十大好书""年度十大童书"、领导荐书、诗歌人间、中小学生现场作文大赛、书香家庭、赠书献爱心、绘本剧大赛、青工阳光阅读、手机阅读季、海洋文化论坛、温馨阅读夜等许多知名品牌活动。深圳读书月吸引了来自全国数百家出版机构和数万名慕名而来的读书人，年度参与人次由首届的170多万上升至现在的1000多万，读书月已经成为深圳一张靓丽的城市名片。

从2003年开始，深圳实施"图书馆之城"建设计划。经过12年的努力，建成了比较完善的公共图书馆系统，拥有大小图书馆621家，其中，226家主要图书馆实现"统一服务"，实现了全市文献资源的共享和大流通。深圳的自助图书馆规模也已达到220家，全市图书馆（服务点）近千家。

从2014年开始，深圳开始实施"一区一书城，一街道一书吧"发展战略，一大批书城和书吧正在建设之中。

深圳拥有全世界单店面积最大的书城——占地8.7公顷、经营面积4.2万平方米的深圳书城中心城，拥有面向成人的人文社科、语言文字、经济管理、生活、科技、艺术等各类专业书店，和针对儿童的少儿书店，以及星光悦读栈、益文书局、弘文书店等特色书店。还有"永不落幕的24小时约会地"——中心城24小时书吧以及"深圳晚八点"的精彩纷呈的文化主题活动。

深圳的民间阅读推广机构和推广人也渐成规模。深圳先后举办了多期阅读推广人培训班，已经有140余人获得了"阅读推广人"资格。深圳读书会、深圳大学读书会、小妇人读书会、后院读书会等各种阅读推广机构活跃在深圳的各个角落。我前不久参加了深圳三叶草故事家族成立十周年的庆典,原本是几个人的松散组织,现在已经拥有几十个阅读QQ群,每年组织千余场阅读活动。

有媒体记者曾经写道:"对于如今的深圳人来说,天天都是阅读日。从已经坚守了19年的深圳读书月,到每天异彩纷呈的读书活动,读书已经成为深圳人血脉中的文化基因,深圳也因热爱读书成为一座更受人尊重的城市。"我想,如此高的赞誉一点也不为过。深圳完全具备申请"世界图书之都"的条件。

如果说我对深圳继续申请"世界图书之都"有什么具体建议,我想可以从以下几个方面着手:

第一,启动深圳的"城市写作计划"。世界上很多城市,都有这样非常有意义的写作计划,邀请国外的作家到自己的城市生活一段时间,可以把自己未完成的书稿带来,然后把在这个新城市的体验融入书中;也可以对这个城市进行新的探寻,写出自己想写的故事。我最近正在看冯骥才先生的《漩涡里》一书,其中就谈到奥地利政府邀请他去写维也纳的故事。上海从2008年开始就启动了一个叫作"上海写作计划"的项目,至今已有超过90位外国作家参与到这个项目之中,"留下了各自的丰富、独特的体验,并将为期两个月的停留时间无限延展到自己的书写记忆中"。深圳这样一座充满活力与创造精神的城市,有着太多的美丽故事,邀请国内外知名的作家来体验、写作,对于深圳申请"世界图书之都"无疑是有重要意义的。当作家们用自己的母语写出他们眼中的深圳，当深圳的故事为世界更多的人所熟悉，当深圳的主题图书出现在世界各地的书店时，阅读、写作、出版，自然就融为一体了。

第二，做好版权与知识产权保护的工作。深圳是我国知识产权创造最为活跃的城市之一，2017年深圳PCT国际专利申请量达20457件，占全国总量的43.07%，连续14年高居全国榜首。在第十九届中国专利奖评审中，深圳获专利金奖5项（含外观设计金奖），占全国总数的20%，居全国大中城市第一。在第三届中国商标金奖评审中，深圳获商标金奖3项，占全国总数的12%。为了做好版权与知识产权的保护工作，深圳市先后成立了版权局、版权协会，加强了对影视动漫、音乐、软件、文学、创意设计、数字内容等产业的知识产权的研究与保护。今年年初，深圳市内容产业知识产权联盟正式成立，该联盟将加快深圳内容产业链知识产权服务资源的战略整合，提升内容产业知识产权创造、运用、保护、管理和服务的整体水平。

2018年8月，《深圳经济特区知识产权保护条例（草案）》首次提交深圳市六届人大常委会第二十七次会议审议，这是深圳运用特区立法权，对知识产权进行最严格保护的重大措施。深圳的这些做法，应该纳入申报"世界图书之都"的内容之中，用事实和数据讲述深圳的版权和知识产权保护的工作。同时继续深化、细化这方面的工作。

第三，继续打造深圳出版与传媒的品牌。深圳作为一个新型城市，出版和传媒的资源与北京、上海以及世界的许多大都市仍然有比较大的差距，但是，无论是海天出版社，还是《深圳特区报》《深圳商报》《晶报》《深圳晚报》、深圳电视台、深圳广播电台等，都非常有活力和特色。深圳出版集团以图书的编辑出版、发行和文化产品流通为核心业务，多元化经营涉及教育培训、数码科技、物业管理、书业软件、文化艺术用品及广告等行业，在业内外获得了广泛认可。接下来如何进一步做强做大，与国内外的出版传媒深度合作，引进更多的品牌出版与传媒机构，出版更多的精品力作，把深圳建设成为出版传媒的强市，是深圳申请"世界图书之都"需要下功夫之处。

"让城市因热爱读书而受人尊重"，这是深圳人的文化追求，也是深圳给自己城市的精神定位。我相信，只要深圳人努力向着这个目标前行，获得"世界图书之都"的称号，只是时间问题。

> 以阅读为翼：新教育实验的阅读理论与实践

新教育实验是以教师成长为起点，以营造书香校园等十大行动为途径，以帮助新教育共同体成员过一种幸福完整的教育生活为目的的教育实验。阅读，是新教育最基础、最关键的行动。

在未来教育中，当下教师教、学生学的教学活动，将会演变为教师成为学生成长伙伴，学生学习活动成为主旋律。在通往未来的这条路上，阅读将成为最重要的工具，对教育成效起到决定性作用。

一、新教育在阅读理论上的探索

新教育在阅读方面，曾经提出五个重要的理论观点。

我们认为，一个人的精神发育史就是他的阅读史。如果把精神成长与躯体成长做个比较的话，躯体的成长更多是受遗传基因的影响，个体的精神成长却不完全依靠基因遗传，而与后天阅读息息相关。人类的历史有很多的精神丰碑，要达到或者超越那些精神高峰，阅读和思考是极其重要的途径。只有通过阅读，通过与孔子、孟子等先贤达人的对话，和文艺复兴时期的大师们交流，才能达到那个时代他们的思想境界。没有阅读就不可能有个体心灵的成长，不可能有个体精神的完整发育。人类精神的阶梯就这样随着重复阅读而不断延伸。

我们认为，一个民族的精神境界取决于这个民族的阅读水平。长久以来，我们一直都仅将阅读看作个体的行为。这样的认识是片面的。一个国家、一个民族的共同阅读决定了其精神力量，而精神的力量对于一个国家软实力与核心竞争力的培育，起着关键作用。国际阅读协会在一份报告中指出，阅读能力的高低直接影响到一个国家和民族的未来。阅读对我们不断强化文化认同、凝聚国家民心、振奋民族精神、提高公民素质、纯净社会风气、建构核心价值等都具有不可替代的作用。为了我们民族的精神力量的养成，为了我们未来的终极前途，我们应该把阅读上升到国家战略的高度来认识。

我们认为，一个没有阅读的学校永远不可能有真正的教育。学校教育尤其是义务教育，通过最有效率的课堂教育方式，将人类的知识高度集约化、效率化和组织化，在有效的时间内教给我们的孩子，作用就相当于母乳。但教科书不是真正意义上的原生态的思想。如果一个孩子终生都吃母乳，我相信他肯定是一个发育不良的孩子。一个人的精神发育如果离开了自主阅读，离开了对于人类经典的阅读，就不可能走得很远，精神发育肯定不健全。学校教育最关键的一点是，让学生养成阅读的习惯、兴趣和能力。如果一个学校将这个问题解决了，主要的教育任务应该说算是完成了。学校教育不仅要像提供母乳一样给孩子们提供最初的滋养，更要通过提倡自主阅读让孩子们学会自由飞翔。

一个书香充盈的城市才能成为美丽的精神家园。日出而作，日落而息，这是古代田园牧歌式的生活场景。在城市的霓虹下，一个真正的家园,应该是一幅怎样的图景?从外观上,它可以千姿百态,从内在而言,却必然有着强大的精神力量,才能唤起人们的归属感。这种精神力量,只能从人而来。一座城市的真正的美,还在于这座城市里的人的品位和气质。而人的品位和气质,通过阅读而来。最优秀的城市就应该拥有最善于阅读的市民。一个城市最美丽的风景应该是阅读的风景,一个文明的城市应该是学习型的城市,有着自我超越的市民、催人上进的组织、简单宁静的生活和自觉创新的文化。其核心要素是学习型市民,市民的素质决定城市的竞争力。而有书香的城市,有阅读氛围的城市,才是令人向往的美丽城市,才是都市人真正的心灵家园。

共读、共写、共同生活才能拥有共同语言、共同价值观和共同愿景。在今天,无论是学校还是社会,都亟须重建共同的话语、共同的语言、共同的价值观。我们需要以真诚的共同行动来创造共同的未来。我们首先需要拥有共同的历史、共同的英雄、共同的文化符号、共同的心灵密码。这就是说,我们亟须通过共读,通过对话和相互用文字交流(共写),来实现真正的共同生活。 新教育实验认为,共读、共写、共同生活,是过一种幸福完整的教育生活的必由之路。这意味着这样一种文化上的努力,即恢复书香传统以及书写传统,在现代生活背景下,通过对传统文明以及人类文明的反思继承,逐渐形成新的价值观,将班级、学校、家庭、社区、国家重新凝聚起来,冲破个人主义屏障,打破人与人之间相互隔离的状态,恢复生活的整体性和人与人之间的联系,从而不断地创造新的更加美好的未来。

阅读，它源自书籍却不限于书籍，我们通过不同种类的阅读，乃至阅读不同的生活、不同的人生，进而改变我们自己，改变我们的社会，改变我们的世界。阅读对一个人、一个学校、一个城市、一个民族的意义，我们怎样去强调也许都不过分。

（一）对人类，阅读是一种生命本体的互相映照

新教育认为：阅读，对个体的精神成长至关重要。没有阅读就不可能有个体心灵的成长，不可能有个体精神的完整发育。每一个人的生命都是一粒神奇的种子，童年蕴藏着不为人知的秘密，而阅读能够唤醒这种潜藏着的美好与神奇。

精神发育最重要的通道就是阅读。因为人类最伟大的智慧、最伟大的思想没有办法从父母那里拷贝和遗传，而是深藏在那些最伟大的经典书籍之中。阅读对于生命唤醒的独特价值在于：书籍在生命独自面对另外一种精神与情感的情境时，架设起了灵魂交流的场域，使阅读本身和人精神的汇通变成可能，从而充盈了个体生命的精神生活世界，赋予了个体生命更多的意义，让人不断实践高尚的人生价值。这种读者与作者之间、读者与读者之间的互相映照反复出现，也就意味着自我教育的不断实施。

（二）对教育，阅读是一种最为基础的教学手段

雨果曾这样说："书籍是改造灵魂的工具。人类所需要的，是富有启发性的养料。而阅读，则正是这种养料。由此，学校

的重要性便显示出来了……书籍的朝代开始了,学校为它准备条件。"(维克多·雨果:《莎士比亚论》,译林出版社 2013 年版。)苏霍姆林斯基也曾经讲过,一个学校可以什么都没有,只要有了为教师和学生精神成长而提供的图书,那就是教育。从中我们可以看到,两位大家对学校教育与阅读寄予了多么大的期待。

的确,学校教育在这两百年里发生了翻天覆地的变化,读书似乎已经成为学校的代名词,学校已然成为"书籍的朝代"的主要殿堂。因此,在学校中,书籍是最不可缺少的材料和财富。在新教育看来,阅读是一种最为基础的教学手段,是贯穿于整个教育教学过程的基本要素。如果一个孩子在十多年的教育历程中,还没有养成阅读的兴趣和习惯,那么一旦他离开校园就很容易将书本永远丢弃到一边,这样的教育一定是失败的。

(三)对社会,阅读是一种消弭不公的改良工具

书籍是促进社会公平最好的方式。阅读能够让弱势群体的教育状况得到改善,让人自身变得丰盈,逐渐成为优质教育群体,进而改变命运。斯蒂芬·克拉生在《阅读的力量》一书中用大量的数据对比证明,学校和家庭阅读环境好坏、图书馆有无和多少、藏书多寡、父母教师读书与否、学生阅读量大小等因素与学生成绩的好坏密切相关。

对于学校而言,硬件设施是教育的基础,但决定教育水平的是软件水平,决定软件水平的关键是阅读水平。只有在宁静的阅读氛围中,孩子们才不会感到边缘化、差异化。因为阅读

能带来精神的宁静和丰盈，消弭物质的匮乏和贫困。重视阅读的学校，即使校舍很蔽陋，它也完全有可能是一所优秀的学校。

（四）对个体，阅读是一种弥补差距的向上之力

阅读尤其是儿童阅读，对影响人的志向、人生观、品格情操和生命状态的重要作用，已经得到了广泛的共识。

新教育认为，阅读首先是一种活动，即人的意识、思维、心智、认知、情感等全部参与的向上活动；其次是一种需要渐进培养能力的活动；最后是人建构其精神意义和文化生活过程的活动。尽管每个生命体都先天存在不同和差异，但阅读却是一种可以通过后天培养、人人都能掌握的能力。教会孩子阅读，让孩子拥有阅读的能力，他便会通过与书本的对话，拥有积极的人生观；会通过所阅读到的正能量的内容，不断修正自己对人生和世界的态度看法，从而提升自己的综合素养，养成向上的高尚品格。

（五）对生命，阅读是一条通向幸福的重要通道

心理学告诉我们：阅读是通向内心安宁的一条通道，它除了能解决人的生存之外，还能给心灵以慰藉，让人真正地拥有幸福。好的书籍，就是一位最好的心理医生。在我们的校园里，如果有大量的阅读时间，有大批热爱阅读的孩子，那么校园的管理将变得容易，令人头痛的教学问题也会得以改善。当学生进行自由阅读时，班级会非常安静，一般不会有秩序问题。

在中国教育的大背景下，作为民间教育行动先行者的新教

育实验,我们将阅读作为改变教育生态的切入点,将营造书香校园作为最重要的教育行动,力图在校园、教室乃至家庭,将阅读放在最基础的位置上加以观照,使教育回归本真。

二、新教育在阅读实践上的行动

正如德国哲学家费希特所说:"行动!行动!这就是我们生存的目的。"行动哲学是新教育的标志之一。新教育人不仅积极探索阅读理论,同时自觉地践行着。

(一)营造书香校园:阅读立校

营造书香校园,就是通过创造浓厚的阅读氛围,整合丰富的阅读资源,开展多彩的读书活动,让阅读成为师生最日常的生活方式,进而推动书香社会的形成。新教育实验从最初的"六大行动"到如今的"十大行动",都将"营造书香校园"作为各大行动之首。这是因为新教育作为一项基于教育行动的实验,将阅读作为撬动教育教学改革的重要基础和行动源头。

在全国参加新教育实验的3000多所学校中,营造书香校园往往成为他们参与新教育项目的首选,他们会将学校图书馆、年级图书广场和班级图书角建设作为首先予以重视和投入的方面。这一方面源于新教育重视将阅读作为实验的起点,另一方面他们认识到,无论是教师还是学生,阅读是孩子们面临的第一个重大问题,是孩子们不可规避的第一道门槛,也是使学校焕发出勃勃生机的重要基础。无论是在图书室,还是在教室,乃至学校的走廊，书籍都能触手可及。

在新教育学校，阅读活动的开展更是千姿百态、丰富多彩，从9月28日的校园阅读节，到形形色色的阅读主题月；从图书漂流到图书跳蚤市场；从阅读之星评比到阅读班级竞赛；从自制图书展示到撰写图书评论；从图书戏剧表演到名著影视欣赏……

新教育人坚信，没有书香充溢的校园，就没有真正意义上的学校；没有书香的校园，教育只是一个训练的场所。我们希望，书香校园是新教育实验为学校打下精神底色的一项最重要的活动。

（二）倡导共读理念：共同生活

早在2007年的新教育年会上，我们就提出了"共读、共写、共同生活"的理念。新教育所倡导的"共读"理念，是基于教育与学习是建立在一种有效对话基础上的理解。最好的学习应该是充满着魅力的知识与学习者对话的过程，是教师和学生的对话过程，是师师之间、师生之间、生生之间对话的过程。而学习本身就应该是一个共读、共写的过程，是一个共同生活的过程。阅读作为这种对话的前提和必要条件，共读便是教育过程中的较好的选择。

在共读的实践中，新教育强调父母与老师应该成为孩子的阅读榜样与伙伴，并认为童年的阅读将决定儿童之间的差距。新教育主张家校互动、亲子共读，让学生和老师、家长都卷入到共读中来，每一段时间大家共读一本书，一起交流和讨论，共同编织阅读分享的生活。通过共同的阅读，老师、父母才能真正走进孩子的心灵，从而避免成为"同一屋檐下的陌生人"。

为了推进家校共读工作，2011年11月，新教育成立了亲子共读研究中心（后更名为新父母研究所）。以亲子共读、家校共育为特色，以萤火虫亲子共读、种子教师计划、新父母学校、新露特殊教育阅读、童话学校等公益项目为依托，开展阅读推广工作，6年中做了6000多场公益活动，超过800万人次的父母与孩子参与了活动。

新教育不仅倡导家庭中的亲子共读，而且倡导校园里的师生共读，包括教师之间的专业共读，甚至是学校行政、教学、后勤人员的教育共读。在新教育的学校里，教师、学生、父母之间每天的共读活动，以及共读以后的共同交流，使得亲子之间、师生之间和教师之间的情感交流也得以实现，相互的认同感、接纳感增加，从而使得教育教学管理达到事半功倍的良好效果。通过共读的方式，让每个人都能形成坚持阅读下去的动力，不断地共同分享讨论和深入触摸经典所带来的愉悦与思考，从而建构每个人生命中必要的智力背景和基本的思维能力。这种必要的共读，让人能够真正窥得阅读的光芒，让人从对冰冷书本的疏离中渐渐喜欢上阅读，从而养成阅读习惯，使专业阅读成为师生的重要生活方式。

（三）探索儿童课程：幸福童年

新教育一直主张，把最美好的童书给最美丽的童年。

长期以来，我们只关注儿童的躯体发育，而忽视了关心儿童的精神成长，以致现在很多儿童成了躯体上的"巨人"，精神思想上的"矮子"。事实上，童年的秘密远远没有被发现，童书的价值远远没有被认识。儿童时期的阅读，是刻骨铭心的，是历久弥新的，更是深入骨髓的。童年的阅读，是人生的底板。童年的阅读，决定着人生的未来。让孩子们亲近书、喜欢书、阅读书，这就是打通了他们走进更广阔的精神世界的通道。我们新教育团队重视给孩子们选择最美好、最适合、最生动的书籍，在他们心田播撒这些美丽的种子，希望这些美丽的种子，经过无数岁月，最终在他们漫长的人生历程中怒放出美丽的花朵来。

多年来，新教育实验团队一直在探索将阅读课程化，努力使阅读不再仅仅成为语文课的补充，而是学生各科学习和日常教育教学生活中的重要内容。"晨诵、午读、暮省"，就是我们的探寻成果之一。

晨诵，就是每天清晨用一首诗开启孩子生命中新的一天。新教育晨诵，是扎根于中国古代蒙学教育的优秀传统，汲取中外各教育流派的诵读技巧，进行突破式创新的现代课程，是一个有着先进教育理念、坚实理论基础、清晰知识框架的渗透式综合课程。新教育晨诵强调让诗歌"擦亮每个日子，呵护每个生命"，在音乐、美术营造的意境中，通过诵读经典的诗歌，丰盈当下的生命，用仪式感促使形成积极的感悟，激发生活的热情，调整心态，健全心智，在日积月累中积累人文底蕴，帮助人们从容应对生活的诱惑与压力，创造出幸福、明亮的精神状态。

午读，就是在每天中午（不仅是中午时分，也包括每个白天的某些教育教学的过程），让孩子们阅读那些符合他们年龄阶段的书籍。新教育认为：童年不是一个静止的房间，它是一段由浪漫到精确，由粉红到天蓝的彩色阶梯。二年级和四年级，不是相近的两个教室，而是隔了几重天地的截然不同的世界。因此，每一年的阅读也就应该符合它们各自的不同特点。新教育的"毛虫与蝴蝶"儿童阅读项目的研究，通过对低段读写绘一体实验、中段的大量阅读实验、高段的整本书共读实验的研究，越来越使得这种有针对性的阅读呈现出非常明显的"教育治疗"效果。许多孩子都开始自觉地远离电视、远离游戏，整个精神面貌有了非常明显的改观。同时，还改善了无数亲子、师生、家校关系。

暮省，指的是学生每天在完成学业以后，梳理、思考与反省自己一天的学习生活，并且用随笔、日记等形式记录下来，同时师生之间也可以通过日记、书信、批注等手段，相互编织有意义的生活。教师与学生用日记记录自己的成长，亲子之间、师生之间用词语相互激励、抚慰，成了新教育实验重要的组成部分，以及日常的生活方式。

新教育以阅读为主导内容的儿童课程，通过多年的实验，产生了大量感人的故事，也激励了参与实验的教师和学校，也让那些父母感动不已，让人们真正地感受到了一种幸福完整的教育生活。

（四）重视教师阅读：专业成长

与其他教育实验不同的是，从开创新教育实验之初，我们就把教师的专业成长作为实验的逻辑起点。新教育实验从草创时期的"教育在线"网站开始，就不断汇集了全国一批又一批中青年教师，通过互相交流获得成长，从而奠定了新教育实验开展的基础。

新教育对于专业阅读有这样的两点基本共识：第一，如果没有教师的专业阅读，就没有教师的真正意义上的成长与发展。通过这些年的探索，新教育实验逐渐摸索出一条"专业阅读＋专业写作＋专业交往"的教师专业发展的"三专"模式。如果说专业写作是教师站在自己的肩膀上攀升，专业交往是站在集体的肩膀上飞翔，那么，教师的专业阅读则是站在大师的肩膀上前行。第二，对于任何一个具体的专业领域而言，都存在着一个最合理的知识结构；专业发展，必然会经历一个"浪漫——精确——综合"的有机过程；每一门类知识的掌握，都存在着一条由浅入深的路径；对每一个教师而言，都存在着一条独一无二的阅读路径。在特定发展阶段中的具体的教师，面对特殊的场景，一定有一本最适合他阅读的书籍。新教育实验强调应关注根本书籍，即奠定教师精神及学术根基、影响和形成其专业思维方式的经典书籍。能够成为一个教师的根本书籍意味着，他能深刻理解这本书，而这本书也能成为他思考教育教学问题以及阅读根本书籍的原点。新教育实验强调知性阅读，希望教师通过对书籍的聆听、梳理、批判、选择，在反复对话中，将书籍中有价值的东西吸纳、内化到自己的结构之中，从而使原有的知识结构得到丰富、优化或者重建。

新教育的各种专业发展共同体，如新教育种子教师团队，新教育网络师范学院等，凝聚了一群拥有教育理想和激情，渴望成长与发展的优秀教师。

（五）研制推荐书目：精神配餐

我们认为，倡导阅读的重要性是让人们重视阅读并开始阅读，而精心研制适合各领域、各人群阅读的书目，则是解决引导人们该"读什么"的问题，基础书目的推荐与阅读推广是重建民族共同的核心价值和文化认同、提高全民族阅读水平的一项基础性的文化工作，也是一项非常重要的利国利民、功在未来的战略性基础工程。

早在20世纪末新教育发轫之前，我在苏州大学就组织大学教授和全国知名学者进行中小学生和教师阅读书目的研究与推广，曾陆续组织出版过《新世纪教育文库》，文库的编选分小学、中学、大学、教师四个系列，每个系列有书目一百种（其中重点推荐书目二十种），在全国各地的学校以及网上产生较大影响，成为许多中小学开展阅读的重要参考书目。

自2006年起，新教育实验研究团队研制了"毛虫与蝴蝶——新教育儿童阶梯阅读"的童书书包受到了老师、父母、孩子们的普遍欢迎。2010年8月，我们成立了新阅读研究所，并立即组织研究团队进行书目研制工作。自2011年4月开始，我们陆续发布了《中国小学生基础阅读书目》《中国幼儿基础阅读书目》《中国中学生基础阅读书目》（分初中、高中两个阶段的书目）、《中国企业家基础阅读书目》《中国中小学教师基础阅读书目》《中国父母基础阅读书目》等书目。我们还启动了中小学学科阅读书目的研制工作。在研制书目的过程中，新教育尤其注重价值引领，强调书目中蕴含民族文化根本精神和人类的基本价值。这些年来，新阅读研究所还为扶贫基金会、静新教育基金会、中国青少年基金会、天图教育基金会等提供书目和专家支持。

（六）倡导精神扶贫：阅读推广

我们认为，通过阅读能够帮助受助者获取资讯、增长知识、舒缓情绪，从而促进受助者自我调节、克服困难、摆脱困境、实现自我，这本身就是一种慈善。由此可见，阅读推广是实现公益慈善的有效途径，也是公益慈善活动一种新的生发点和探索。这一点，对于教育公益尤其如此。

从最初的关于读书的西部农村支教活动开始，到研制"毛虫与蝴蝶——新教育儿童阶梯阅读"的童书书包，到根据新阅读研究所研制的系列书目研发的"中国小学生基础阅读书包"等系列书包，再到新教育移动图书馆、新教育童书馆、新教育完美教室图书馆、新教育萤火虫工作站等。经过多年的良好运作，新教育逐渐形成了学校申请、社会公示募集、定向资助、阅读教师培训、图书捐赠、经典阅读课程提供等方式，形成了比较好的阅读公益模式。如台湾慈济基金会曾经资助 200 万元，购买童书书包 15000 套发放给了甘肃、内蒙古、青海、山西、北京等省区市的打工子弟学校以及新教育部分实验区学校等几百所学校的班级中，让孩子们读到了最好的文学经典图书。

时至今日，新教育的阅读公益行动，仍在新教育共同体的各个团队中不断地开展着。我们希望通过我们的努力,让更多的人特别是落后地区和弱势群体也能沐浴到更多的阅读之光。

(七)呼吁战略升级:全民联动

我们呼吁把阅读作为国家战略。新教育认为,阅读应该成为一个国家和民族的重要文化战略。一个民族的思想基础和核心价值体系的建设离不开阅读,中华民族共同的精神家园建设更离不开阅读。共同的阅读,是促使我们这个民族形成共同语言和共同精神密码的关键,是构建我们这个民族核心价值体系的重要途径。

为此,我们建议设立国家"阅读节",呼吁制定《国家阅读大纲》、成立国家全民阅读指导委员会、建立国家阅读基金,将阅读提到国家战略的高度上,从而有效地推动全民阅读,大兴阅读之风,建设书香四溢的文明和谐社会。

新阅读研究所作为公益阅读研究和推广的重要力量,近几年在面向全社会的阅读工作上,做了积极探索。我们开展了"新阅读大讲堂"公益活动和读书会活动,组织了数百场专家讲座及老师家长自发进行的阅读分享。我们举办的"中国年度童书榜"评选,以专业评价为阅读提供内容上的引领。我们领衔发起的"领读者联盟"汇聚了大大小小数百家阅读推广机构,成为推动阅读的生力军。我们主办的"领读者大会"成为阅读推广人的研讨盛会。我们的行动不仅得到社会广泛好评,更重要的是通过这些活动,将阅读的种子广泛播撒到社会各界。为建设书香社会,我们正在矢志不移地努力。

阅读研究是永无止境的探索，阅读推广是漫无边际的传播。新教育实验17年如一日地推动阅读，至今仍在路上。我一直很喜欢《朗读手册》一书中的一句话："阅读是消灭无知、贫穷与绝望的终极武器，我们要在它们消灭我们之前歼灭它们。"我想，阅读更是让我们收获智慧、富足、幸福的精神之翼，我们将不断自我超越，永远向理想的高空飞翔。

·代后记·

回望阅读这一路

整理完这本书稿,有着诸多感慨。

阅读是一种教育的方法、手段,阅读也是一种大的教育。我一直对新教育同仁说,即使我们其他什么事情都没有做好,只把阅读这一件事情做好了,那么,我们就已经功莫大焉。但事实上,把阅读这一件事情做好又谈何容易?

对于我来说,阅读两个字是如此辽阔、如此庄严、如此神圣。

自觉不自觉地,我似乎已经把自己的生命交付给了阅读。因为,从我的个人成长来说,我的生命、我的精神,得益于阅读的不断滋养。从我发起的新教育实验来说,阅读是所有实验项目的基石,是重中之重。尽管 20 多年的耕耘有了一些成果,但是相对于整个时代对阅读的呼唤,相对于人们对阅读的忽视,我们应该去做的,还有太多太多。

新教育诞生的直接起因,就是一颗心被阅读点燃的过程:

1999年底,《管理大师德鲁克》一书中的那句"仅仅凭自己的著作流芳百世是不够的,除非你能够改变和影响人们的生活",深深震撼了我。在那之后,我开始走出书斋,不仅走到了基础教育第一线,还逐渐走到了阅读推广的第一线。

2002年,新教育实验在苏州昆山玉峰实验学校正式起航。这个实验一开始就推出了"六大行动",位于六大行动之首的是:营造书香校园。我对我的新教育同仁说,即使新教育其他事情什么都没有做,能够真正地把阅读做好,能够通过学校的阅读来撬动中国全社会的阅读,它的贡献也就非常了不起了。

2003年,第一届新教育实验研讨会正式举行,第一批新教育实验学校也正式挂牌。这一年,我当选为全国政协委员。在这一年的两会上,我正式提出了建立国家阅读节的提案。同时,提出了新教育关于阅读的几个主要主张——一个人的精神发育史就是他的阅读史,一个民族的精神境界取决于这个民族的阅读水平,一个没有阅读的学校永远也不可能有真正的教育,一个书香充盈的城市才能成为真正的家园。

从2003年开始,我从未放弃过对阅读的呼吁,我们的新教育团队,也从未放弃对阅读的研究、实践与推广。

2005年,我们推出了《新世纪教育文库》,公布了小学生、中学生、大学生、教师的书目各100种。

2007年,我们在山西运城召开了新教育实验第7届研讨会,会议的主题是"共读、共写、共同生活"。以"毛虫与蝴蝶"儿童阶梯阅读和"晨诵、午读、暮省"的儿童生活方式为基础的新教育儿童课程在会议上正式亮相,第一批以推广儿童阅读为特色的新教育榜样教师在会议上言说了他们的成长故事。阅读的效用、童书的神奇，在老师、孩子身上展现得淋漓尽致，许多参会者感动震撼到泪流满面。

2010年9月，由我直接推动的新阅读研究所在北京成立，先后推出的《中国小学生基础阅读书目》和《中国幼儿基础阅读书目》受到媒体和专家广泛赞誉，被曹文轩教授等称为"中国最好的儿童阅读书目"，中学生、大学生、企业家、教师、父母、公务员等书目研制工作也全面完成，并出版了相关导读手册。新阅读研究所先后荣获了由《中国新闻出版报》、腾讯网等颁布的2011年、2012年全国阅读推广机构大奖和年度致敬阅读推广机构。

2011年11月，新教育亲子共读中心在北京成立，后更名为新父母研究所。以推广亲子共读为主要任务的新父母研究所在成立的一年多时间里，在全国30多个城市建立了"萤火虫工作站"，直接汇聚着近2万名父母；在全国各地开展了200多场关于阅读的公益讲座和活动，直接参与者近9万人次；发布了近500则"新父母晨诵"，读者3000余万人次……以"点亮自己，照亮他人"为宗旨的萤火虫精神，帮助千万父母、孩子点亮了阅读的心灯。在推动阅读中至关重要却长期缺位，甚至因为错误的教育理念而成为儿童阅读阻力的父母群体，就此深度卷入到阅读之中、教育之中。

2012年1月，《人民日报》用难得的大篇幅发表我的长文《改变，从阅读开始》，与此同时，整合我多年思考的《我的阅读观》一书由中国人民大学出版社正式出版。这一年，我被国家新闻出版总署聘请为国家全民阅读形象大使，柳斌杰署长亲自为我颁发了聘书。比这些更让我激动与自豪的是：这一年，中央电视台举行全国十大读书少年评选，海选产生的30个候选人中新教育的孩子有17名，最后获奖的十大少年中，新教育的孩子有6名。阅读，让这些孩子的生命变得美好；孩子，将让我们的世界变得美好！这就是热爱阅读的魔力，这才是精神生命的传承，绵延不绝，生生不息！

从2003年全国两会开始，一直到今年，我已连续16年在全国两会呼吁建立"国家阅读节"，把全民阅读作为国家战略，建立国家阅读基金，成立国家阅读推广委员会，加强社区图书馆建设，把农家书屋建在村小，给实体书店免税，国家领导人带头做阅读的模范，打击盗版图书，繁荣网络文学，加强高校图书馆建设，给农村孩子提供"精神正餐"……几十个关于阅读的提案建议，记录着我这些年为阅读的鼓与呼。

16年过去了，设立国家阅读节的提案没有成为现实，但时光从不辜负任何真诚的努力。我与新教育同仁、与诸多阅读推广的行动者们一起欣慰地看到，阅读的理念已经被更多的人接受，全民阅读的氛围越来越浓厚，阅读率连续下降的趋势也得到遏制。据不完全统计，全国已有400多个城市设立了城市读书节，如苏州、深圳等地的读书节已经发展成为城市的重要文化活动。许多城市和学校根据我们的提议，把每年的9月28日孔子诞辰日作为自己的阅读节、阅读日。

在阅读推广的路上，我们并不孤独。这条路上，不仅有越来越多的朋友共同前行，我们的努力，也一直受到媒体朋友的高度关注。每年我们为阅读鼓与呼的声音,经过媒体的热情帮助,被不断向着更大更远的领域传播。比如,自2005年《中国教育报》评选我为推动阅读的十大人物后,不断有新教育的老师也因其持续的行动、感人的事迹,获此殊荣——许新海、常丽华、陈东强、王林、窦桂梅、管建刚、刘畅、时朝莉、李庆明、高万祥等等,几乎每年都有新教育的老师入选榜单。

2012年底,《中国新闻出版报》评选了四个推动阅读的年度机构和年度人物。由我担任名誉所长的新阅读研究所和我本人都榜上有名。其中,给我的颁奖词是这样写的:"从央视全民阅读晚会现场到全民阅读形象代言人,到以一己之力推动新阅读的朱永新怀着激情、循着理想行走在新教育实验和阅读推广的道路上。通过倡导'晨诵、午读、暮省'的阅读生活方式,他使中国教育充满活力。毋庸置疑的是,在过去的10年里,朱永新一直站立在中国阅读推广的精神之巅。"

报社没有搞任何形式的颁奖活动,甚至也没有通知我本人。我是在事后多天偶然翻到那张12月28日的报纸,才得知这个消息。对于他们的鼓励,我心存感激。但是,说我以"一己之力"或者说我个人"站立在中国阅读推广的精神之巅",是不符合实际的。因为,如果没有新教育同仁的共同努力,没有政府、媒体和同行者的共同努力,任何个人都难有真正的作为。其中,《中国教育报》的读书周刊,就是我们的同行者。

2013年初,利用春节长假,我修订完成了一本小书《书香,也醉人》。在该书后记中我写道:生活节奏越是匆促,越需要保持从容的心境,精神世界污染越重,越需要浸染一份醉人的香氛。传统的纸质图书飘溢着纸和墨的香味，随着电子书的普及，纸质图书的命运已经受到了很大的挑战。如今的电子书尽力在模仿纸质书的所有细节与功能，包括翻页的声音、墨汁的痕迹，或许在将来，也能模拟出纸和墨的香味。我相信，改变的永远是形式，而实质的内容，精神的书香，永远不会消失。

2016年9月28日，新教育研究院新阅读研究所在北京举办了首届领导者大会，以"改变，从阅读开始"开启了一年一度的领读者的全民阅读推广盛典。此后几届的主题分别是"阅读，从儿童开始""文学化的儿童文学课堂""儿童阅读与世界未来"。

2017年，新阅读研究所在人民教育出版社召开了新教育实验的学科阅读项目的启动大会，全面开启了对中小学所有学科的学科书目研制工作。《中国教育报》《中国图书传媒商报》进行了专题报道。2019年底，第一批中小学学科书目将正式发布。

与此同时，我们还组织力量翻译了国外一批重要的阅读理论著作，如赫希的《造就美国人：民主与我们的学校》《知识匮乏：缩小美国儿童令人震惊的教育差距》《我们需要怎样的学校？》《新文化素养词典》《阅读力》等；组织出版了《新世纪教育文库》，架起了阅读理论界与一线实践者之间的桥梁。

是的，书香醉人，不忍释卷，阅读推广，余香满怀。每一年的《政府工作报告》把推进全民阅读，建设学习型社会，作为重要工作部署。接下来推进全民阅读的行动，会有着怎样的精彩，让人满怀期待。

回望，不是为了顾影自怜，尽管我们走过的这一路，的确并不平坦。回望，也不是为了自我陶醉，尽管我们这一路上，的确得到过额外的奖赏。推动全民阅读，就像爬山。如诗人所写的那样："半山腰所见是平庸之景。最美丽的花多半在山顶，在岩脊下，被风滋养。"回望，是为了审视我们的来路，总结行走的经验与教训；回望，是为了鼓舞我们自己，因为我们还只是站在半山腰，前路仍然漫长。

回望，更是为了展望。展望我们的明天，展望我们这个伟大的民族，如果整个社会都被书香萦绕，如果大人孩子都手不释卷，那时那刻，我们的祖国，我们每个人，该会有着怎样美好的成长，有着怎样的自信与自强？

通过阅读，我们可以创造出更多财富，从物质上富裕；通过阅读，我们可以心灵宁静祥和，从精神上幸福。在新的时代里，以阅读造就中国人，一定不是一个梦想，而是每个中国人在精神上的自我需求。

我希望，这本书能够协助大家，在这个需要终身学习的时代，更好地成就自我。我相信，一定会有越来越多的人投入到阅读的研究和推广之中。就在整理这部书稿的过程中，我和一些推广阅读的专家就共同发起成立了"中国阅读三十人论坛"，希望汇聚更多力量，更好地推动阅读。

我深信，书香中国，绝不是梦。为推动阅读而鼓而呼，我愿永远在这条芬芳的山路上，不断登攀。

朱永新

2019年9月，于北京滴石斋

· 编后 ·

"全民阅读丛书·名家系列"图书

2019年,正值中华人民共和国成立70周年之际,习近平总书记在甘肃考察时提出,要提倡多读书,建设书香社会,不断提升人民思想境界、增强人民精神力量,中华民族的精神世界就能更加厚重深邃。习近平总书记热爱读书、倡导读书,曾在多个场合强调阅读的重要性,倡导和推进全民阅读已成为党和国家的重要共识。自2014年起,全民阅读连续六年写入《政府工作报告》,今年明确要求,"倡导全民阅读,推进学习型社会建设"。

深圳是我国全民阅读最早的推动者,自2000年创办深圳读书月,至今已二十年。第十六次全国国民阅读调查报告(2019)显示,深圳在城市阅读指数、城市个人阅读指数、城市公共阅读服务指数三项榜单上排名第一,被评价为"全民阅读活动开展最早、活动影响力最大、活动效果最好的代表性城市"。深圳拥有20年的城市阅读史和40年的城市发展史,用实践充分证明了以全民阅读作为城市战略选择的前瞻性和正确性:从石破天惊的制度革新到举世瞩目的经济成就,从世人戏言的"文化沙漠"到国际认定的文化繁荣,深圳不断刷新城市成长的纪录,不断展示破茧新生的力量。

深圳高举的阅读旗帜,是对中国读书传统的历史性继承和创造性转化。2013年10月,深圳荣获联合国教科文组织颁发的"全球全民阅读典范城市"称号。这个荣誉属于热爱阅读的全体深圳人,也属于传承着中华民族阅读传统的全体中国人。这个荣誉代表了中国人民热爱读书的形象,从中可以看到中国人对全民阅读的推崇和卓越贡献。

为纪念深圳读书月创办20年暨深圳全民阅读发端20年,深圳出版集团全力打造了"全民阅读丛书"系列出版项目,由所属研究机构深圳市全民阅读研究与推广中心负责策划承办,计划持续开展全民阅读理论研究和专著出版,旨在建构阅读理论和阅读学科体系,为我国全民阅读科学化、专业化发展提供理论支撑。

丛书第一期推出"名家系列",聚焦我国全民阅读领域的优秀专家学者,荣幸地邀请到王京生、朱永新、聂震宁三位作者,分别围绕"阅读与城市发展""阅读与国民教育""阅读与时代变革"三大主题编撰思想文集。三位作者高屋建瓴,著述颇丰,历年来关于全民阅读的观点和论述常见于报端,是我国全民阅读事业发展的亲历者、推动者和领航者。

王京生先生是联合国教科文组织"孔子奖章"获得者,提出的"文化流动论"曾在理论界投下巨响,颠覆"文化积淀论",驳斥"文化沙漠说",为深圳这座年轻的城市正名。他是城市阅读"第一人",亲手撒下深圳全民阅读的第一颗种子,提出的"实现市民文化权利""让城市因热爱读书而受人尊重"等理念为城市阅读赋予了神圣使命,引领深圳阅读事业不断前行。

《让城市因热爱读书而受人尊重:阅读与城市发展》一书记录了作者从2000年至2019年二十年间关于城市推动阅读文化发展的经典论述。率先提出"以读书为荣、以读书为乐、以读书为用""阅读是最好的可持续发展"等理念,影响深远。深圳全民阅读领先于其他城市的,不仅仅是这项事业起步最早、坚持最久,更重要的是其前瞻性的战略部署、强大的理论体系、先进的文化理念,是全民阅读"深圳样本"的重要组成部分。该书以战略篇、理念篇、实践篇、对话篇、读书篇共五个篇章予以呈现,梳理了城市阅读的宏观战略、理论支撑、核心理念、具体实践以及个人读书感悟,系统阐述了阅读、文化、创新、发展之间的重要关系。

朱永新先生是国家"全民阅读形象代言人",是新教育实验的积极探索者和带头人,致力于为中国教育改革探路,主张以阅读重塑教育生活。他提出的阅读观堪称教育界经典理念,"一个人的精神发育史就是他的阅读史,一个民族的精神境界取决于这个民族的阅读水平,一个没有阅读的学校永远不可能有真正的教育,一个书香充盈的城市必然是一个美丽的城市,共读共写共同生活",深刻阐述了阅读对个人成长和国家发展的重要意义。

《造就中国人:阅读与国民教育》一书站在教育改革家立

场,直面全民阅读现实问题,提出"阅读三问":阅读为什么很重要?中国人应该读什么?今天我们应该怎么读书?该书认为,作为文化素养形成的路径,阅读是拥有核心知识的关键所在;共同的阅读不仅提高国人的文化素养,同时缩小了教育差距,促进教育公平。书中推出了面向幼儿、小学生、初中生、高中生、大学生、教师、父母、公务员、企业家等不同阅读群体的九个书目,共900个图书推荐条目第一次整齐亮相,用严谨的治学精神和扎实的研制工作为全民阅读导航,为国民教育献策。

聂震宁先生是全民阅读的倡导者和领读人,是全国政协委员首份"开展全民阅读"提案的第一提案人,被誉为"首位阅读导师"。他以作家、出版人、学者、全国政协委员等多重身份矢志不渝地推动全民阅读发展,在国内首次提出"阅读力"概念及阅读学理论,指出"阅读力的培养实际是对人们思维能力的培养","阅读力"问题应被视为人类阅读研究的起点与归宿,"阅读力"比"阅读率"更难得。

《改变,从阅读开始:阅读与时代变革》一书收入的文章绝大多数是第一次结集出版,记录了作者在大变革时代对全民阅读与国家民族命运的所思所想。在世界格局深刻演变、科学技术颠覆性创新的今天,阅读人口前所未有地扩大,阅读成为非常重要的文化战略和生活方式。该书用阅读为时代把脉,历数自改革开放以来我国重要转型期的全民阅读发展历程,在国家层面探讨倡导全民阅读、设立全民读书节庆、推进全民阅读国家立法等举措,不仅有利于读者了解早期全民阅读的推广情况,也深入阐释了全民阅读的现实价值和历史作用。

感谢三位作者的辛苦付出，他们的信任和支持极大地鼓舞了我们从事全民阅读专著出版的信心和热情。作为"全民阅读丛书"的首发之作，本系列丛书从宏观层面探讨了全民阅读战略布局和发展方向，希望后续的系列丛书能继续得到广大业界同仁的支持，让我们得以为全民阅读事业发展贡献一份绵薄之力。

当前，中国特色社会主义进入新时代，中共中央、国务院支持深圳高举新时代改革开放旗帜、建设中国特色社会主义先行示范区。第二十届深圳读书月正值这一伟大时期，提出"先读为快 行稳致远"的年度主题，这也是深圳全民阅读站在新起点开启新征程的豪迈宣言。为者常成，行者常至。文化示范，阅读先行。谨以此丛书为祖国70周年华诞献礼！

深圳市全民阅读研究与推广中心

2019年10月11日

"全民阅读丛书·名家系列"图书

《让城市因热爱读书而受人尊重——阅读与城市发展》
王京生 著

　　记录作者从2000年至2019年二十年间关于城市推动阅读文化发展的经典论述,包括战略篇、理念篇、实践篇、对话篇、读书篇,系统阐述了阅读、文化、创新、发展之间的重要关系。

《造就中国人——阅读与国民教育》
朱永新 著

　　以教育改革家立场提出"阅读三问":阅读为什么很重要?中国人应该读什么?今天我们应该怎么读书?研制900个图书推荐条目为全民阅读导航,为国民教育献策。

《改变,从阅读开始——阅读与时代变革》
聂震宁 著

　　用阅读为时代把脉,历数自改革开放以来我国重要转型期的全民阅读发展历程,有利于读者了解早期全民阅读的推广情况,深入阐释了全民阅读的现实价值和历史作用。